中央财经大学 | 财经类院校研究生精品教材

Central University of Finance and Economics

中央财经大学教学团队项目（经济心理学）成果

中央财经大学应用心理专硕建设成果

Economic
Psychology

经济心理学

窦东徽　于泳红 编著

北京师范大学出版集团
BEIJING NORMAL UNIVERSITY PUBLISHING GROUP
北京师范大学出版社

图书在版编目（CIP）数据

经济心理学/窦东徽，于泳红编著. —北京：北京师范大学出版社，
2019.9（2023.2重印）
　ISBN 978 - 7 - 303 - 23621 - 3

财经类院校研究生精品教材
　Ⅰ. ①经…　Ⅱ. ①窦…②于…　Ⅲ. ①经济心理学
Ⅳ. ①F069.9②B84

中国版本图书馆 CIP 数据核字（2018）第 081976 号

教　材　意　见　反　馈	gaozhifk@bnupg.com 　010-58805079
营　销　中　心　电　话	010-58807651
北师大出版社高等教育分社微信公众号	新外大街拾玖号

JINGJI XINLIXUE
出版发行：北京师范大学出版社　www.bnup.com
　　　　　北京市西城区新街口外大街 12-3 号
　　　　　邮政编码：100088
印　　刷：三河兴达印务有限公司
经　　销：全国新华书店
开　　本：787 mm×1092 mm　1/16
印　　张：19
字　　数：326 千字
版　　次：2019 年 9 月第 1 版
印　　次：2023 年 2 月第 2 次印刷
定　　价：88.00 元

策划编辑：何　琳　　　　　责任编辑：王星星　朱冉冉
美术编辑：李向昕　　　　　装帧设计：尚世视觉
责任校对：赵媛媛　　　　　责任印制：马　洁

财经类院校研究生精品教材系列丛书

编委会

（按姓氏笔画排序）

总　序

改革开放四十年来，尤其是党的十九大以来，中国经济社会发展取得了举世瞩目的成就，党和国家事业发生历史性变革，中国人民向着决胜全面建成小康社会，夺取新时代中国特色社会主义伟大胜利，实现中华民族伟大复兴的宏伟目标奋勇前进。习近平总书记指出，"建设教育强国是中华民族伟大复兴的基础工程，必须把教育事业放在优先位置"，"加快一流大学和一流学科建设，实现高等教育内涵式发展"。

实现高等教育内涵式发展，研究生教育是不可或缺的重要部分。2013年，教育部、国家发展改革委、财政部联合发布《关于深化研究生教育改革的意见》，明确提出研究生教育的根本任务是"立德树人"，要以"服务需求、提高质量"为主线，以"分类推进培养模式改革、统筹构建质量保障体系"为着力点，更加突出"服务经济社会发展""创新精神和实践能力培养""科教结合和产学结合"与"对外开放"，为研究生教育改革指明了方向。

深化研究生教育改革，要重视发挥课程教学在研究生培养中的作用，而高水平教材建设是开展高水平课程教学的基础。2014年，教育部发布《关于改进和加强研究生课程建设的意见》；2016年，中共中央办公厅、国务院办公厅发布《关于加强和改进新形势下大中小学教材建设的意见》；2017年，国务院成立国家教材委员会，进一步明确了教材建设是事关未来的战略工程、基础工程。

中央财经大学历来重视教材建设，加强研究生教材建设是中央财经大学研究生教育改革的重要内容之一。从2009年起，中央财经大学实施《研究生培养机制综合改革方案》，提出了加强研究生教材体系建设的改革目标，并先后组织了多批次研究生教材建设工作，逐步形成了以"研究生精品教材系列、专业学位研究生教学案例集系列、博士生专业前沿文献导读系列"为代表的具有中央财经大学特色的研究生教材体系。

呈现在读者面前的"财经类院校研究生精品教材系列丛书"由多部研究生教材组成，涉及经济学、管理学、法学三个学科门类，所对应课程均为中央财经大学各专业研究生培养方案中的核心课程，均由教学经验丰富的一线教师组织编写。编者中既有"国家级教学名师"等称号的获得者，也不乏在专业领域造诣颇深的中青年学者。本系列丛书以"立足中国，放眼世界"的眼光和格局，本着扎根中国大地办大学的教育理念，致力于打造一批具有中国特色，具有较强思想性、科学性、系统性和时代性的，适用于高等院校，尤其是财经类院校研究生教学的专业教材，力求在各个专业领域内产生一定的影响力。

"财经类院校研究生精品教材系列丛书"的出版得到了"中央高校建设世界一流大学(学科)和特色发展引导专项资金"的支持。我们希望本丛书的出版能够为相关课程教学提供基本的教学方案和参考资料，能够启发研究生对专业知识的学习和对现实问题的思考，提高研究生运用理论知识解决现实问题的能力，进而培养具有良好职业素养、掌握前沿理论、具备国际视野的高层次创新人才。

编写"财经类院校研究生精品教材系列丛书"，我们虽力求完善，但难免存在不足之处，恳请广大同行和读者批评指正。

"财经类院校研究生精品教材系列丛书"编委会

2018 年 8 月于北京

序 言

经济心理学：兴盛下的思考

窦东徽

记得 2008 年我在加州大学伯克利分校心理学系做访问学者时，我的导师彭凯平教授在一次闲聊中跟我说起理查德·塞勒（Richard Thaler）的禀赋效应（endowment effect），并对这一理论大为赞赏，认为塞勒说了一个看似简单的道理，却能够深刻解释经济生活中的许多现象。彭老师当时就预言："理查德·塞勒五年内可能会拿诺贝尔奖。"这一预言最终变为现实则是在 2017 年，虽然比彭老师的预测晚了几年，但证明了彭老师的预见力和"是金子总会发光"这一颠扑不破的道理。

对我而言，与彭老师的一番谈话则有另外的重要意义——这是我第一次接触到与经济心理学相关的概念。在此之前，我一直对认知偏差一类的理论和研究感兴趣（如认知失调、基本归因错误等），并着迷于日常生活中司空见惯的现象背后的反常规律。后来我读了斯科特·普劳斯的《决策与判断》，其中控制幻觉、直觉启发式、框架效应、锚定效应和心理账户等理论不断戳中了我的兴奋点——我庆幸自己终于找到了一个与个人兴趣高度契合的领域。

毕业之后，我有幸进入中央财经大学社会与心理学院心理学系从事教学和科研工作。在一所以财经类专业为主的高等院校做经济心理学既"得天独厚"又"势在必行"。心理学系教师的研究逐渐聚焦于经济心理学方向，形成了一定的规模和特色。我系开设的"经济心理学"课程在全校广受欢迎，有些经济类专业将其列为本专业必修课或限选课，而作为通识课的"经济心理学"（全校选修课）课堂也是"人满为患"，平均每学期选课人数在 200 人以上；我系教师频繁参加国内外会议，展示研究成果，影响力与日俱增；2015 年，社会与心理学院开始招收应用心理专业硕士，以经济心理学为主打专业，报名火爆，近三年每年报名录取比都在 10∶1 左右；心理学系与其他院系（尤其是经济类专业院系）的合作交流日益紧密，发现了不少共同关注的主题和合作的契机。

2017 年，理查德·塞勒获得了诺贝尔经济学奖，是继赫伯特·西蒙（Herbert Simon，中文名司马贺）和丹尼尔·卡尼曼（Daniel Kahneman）之后第三位有心理学背景并获得此奖的学者，这又为所有经济心理学（行为经济学）领域的学习者和研究者注入了强心药。因为和卡尼曼一样，塞勒的重要研究发现所依赖的思路、工具和方法完全来自心理学。而之前的诺贝尔经济学奖得主的研究发现也都多少涉及经济心理学的主题。例如，托马斯·谢林（Thomas Schelling）探讨过微观动机和宏观行为之间的关系；乔治·阿克洛夫（George Akerlof）、罗伯特·席勒（Robert Shiller）关于人类心理如何驱动和影响经济的论述，以及安格斯·迪顿（Angus Deaton）关于金钱和幸福的研究等。

从期刊影响力和文章发表的情况也可以反映出经济心理学的变化。从 2012 年到 2016 年，5 年的影响因子统计发现，《经济心理学杂志》（*Journal of Economic Psychology*）的影响因子从 1.7 上升到 2.2，在经济类期刊中的排名由 81/275 上升到 81/347，在心理学和综合学科期刊中的排名由 48/114 上升到 48/128。与经济心理学主题有关的研究不断出现在顶级期刊上，如奚恺元（C. Hsee）教授等人关于过度赚取现象的研究发表在《心理科学》（*Psychological Science*）上，周欣悦教授有关金钱的研究发表在《人格与社会心理学杂志》（*Journal of Personality and Social Psychology*）上，《科学》（*Science*）上有托马斯·托尔汉姆（Thomas Talhelm）与国内学者关于"稻米理论"的研究等。2018 年 7 月 27 日，中国心理学会第十二届四次常务理事会的决议同意了"经济心理学专业委员会"的设立申请，挂靠单位为中央财经大学社会与心理学院，由我系辛自强教授牵头负责各类学术活动。

这一切都预示着经济心理学的热度正不断提升，并一改交叉学科、分支学科的传统印象，显示出主流显学的气象。但繁荣并不能代替思考。2017年12月，中央财经大学社会与心理学院主办的学术年会上，举行了一场"经济人假设和现实世界研究"的论坛，来自心理学、社会学和经济学领域的几位专家学者相聚于此，围绕这一主题，举行了一场别开生面的对话。对话中的一些主题也启发了我对经济心理学的过去、现在和未来的一些思考。结合讨论的主题和我个人的想法，我总结了以下一些问题与读者分享。

一、经济人假设错了吗

亚当·斯密（Adam Smith）关于经济人假设的论述，来源是对于人性"天生自利"的解读及盛行于西方的享乐主义和功利主义思想。经济人假设作为一种规范性理论，一直都是主流经济学的基石，并被当作标准化的分析工具使用。近年来，行为经济学研究多次获得诺贝尔经济学奖，其最大特点就是对经济人假设的反对。

首先，斯密本人也不认为自利是人类经济行为的唯一动因，在《道德情操论》中，斯密认为利他动机（如同情）也同样存在于人类内心并支配着个体的行为。因此，他一方面主张自利动机促进公共福利（看不见的手），另一方面主张道德、正义和公平实现公共福祉，形成了著名的"斯密悖论"。事实上，斯密将自利和利他视作实现公共福利最大化的两种途径和手段。

经济人假设自诞生之初便受到了来自经济学本领域的诸多批评，主要原因就在于，经济人假设所描述的人的行为似乎和现实世界中的自然人的行为并不一致。提出人的行为是受自利原则驱使的、"经济学第一原则"的经济学家弗朗西斯·埃奇沃思（Francis Edgworth）也承认这一原则"并不是一个客观的东西"；德国的历史学派和新历史学派则反对经济人假设对于人性以偏概全的描述，主张经济学应全面地反映人性，以"真实的人"代替"自利的人"；阿马蒂亚·森（Amartya Sen）在《伦理学与经济学》一书中说，对自身利益的追逐只是人类诸多动机中最为重要的动机，其他的如人性、公正、慈爱和公共精神等品质也相当重要。

　　面对指责和挑战，坚持经济人假设的经济学家进行了一些反驳和回应，比如，约翰·穆勒（Jhon Mill）认为经济人假设只是一种合理的理论抽象，合理地省去了人类的某些品质和特征，而这是进行抽象理论建构所必要的。更多经济学家则对这一假设进行了修正和扩展，试图在利己和利他动机之间建立有机的联系，如托马斯·内格尔（Thomas Nagel）认为，外显的利他行为会以间接的方式或在未来给个体自身带来好处；加里·贝克尔（Gary Becker）将自利的范畴从单纯对于财富的追求扩展到对于名誉、社会地位、尊重等精神方面的追求；还有学者从进化心理学的研究发现中找寻证据，证明许多利他行为背后都有利己的动机。

　　更多的经济学研究者则在运用模型工具分析经济行为时，将情绪等非理性因素看作影响因素，要么作为随机因素进行统计控制，要么作为变量引入分析，逐步放宽约束以提高结论的适用范围，从根本上来讲，还是在维护经济人假设地位的基础上进行修正和扩展。

　　从经济心理学和行为经济学研究者的视角来看，经济人假设则无法完全对现实中人们的行为和选择进行解释。人们的真实行为往往背离了经济人假设的预期，如主流经济学中建立在经济人假设基础上的期望效用理论有几条重要的不可动摇的公理，如占有性、可传递性、确凿性等相继被证明、被破坏，而且这种偏离并不是随机的，而是一种"可预测的错误"（predictable error）。因此经济心理学研究者从根本上反对经济人假设，他们在各种违背这一假定的行为"异象"中探寻经济行为的真实普遍规律，并在此之上建立自己的理论。

　　二、如何看待经济行为中的理性和非理性

　　经济人假设中的核心是"理性人"假设。在亚当·斯密的表述中，经济人理性是指人们在市场活动中，出于对自身利益的考虑，会对得失和盈亏进行精密计算。而马歇尔的古典经济学则将理性人原则和追求个人利益最大化等同起来。因此，当代语境中的理性人假设可以被概括为两点：第一，人是"计算"的；第二，人是"算计"的。

　　和经济人假设一样，理性人假设也一直面临批评和挑战。首先是心理学领域中精神分析学派的研究和发现，都指出人存在着非理性的特征，而主流经济学对这些发现始终置若罔闻；赫伯特·西蒙提出"有限理性"（bounded rationality）的思想，认为由于存在生理、时间和资源等方面的限制，人们在进行决策时无法像机器一样穷尽各种可能，因此往往以"满意解"替代"最优解"。近年来，经济学的研究发现，诸如激素、内感觉、动作等躯体化因素对于个体经济决策存在重要影响，而这些因素显然不是理性思考的要素。经济心理学（行为经济学）的发现表明，人们的经济决策总是系统性地背离理性预期。

事实上，对于人类的"非理性"行为也应当区别看待。非理性行为从结果和表现上看都违背了理性预期，但其实可以分为三类。第一类是个体由于认知的局限无法正确和完整地认识问题情境而导致的偏差，如启发式偏差、控制幻觉、锚定效应等；第二类是由于人类根深蒂固的认知特点导致的非理性行为，如过度自信、对于损失和不确定性的厌恶、从众和羊群效应等；第三类是个体对于由态度、情感和价值观等因素决定的心理效用所赋予的权重超过了经济效用，如献血、捐助等利他行为以及最后通牒游戏中为了公平而放弃收益的行为等。

这三类行为都违反了经济理性原则，但前两者可以归为认知谬误的范畴，其结果只会造成经济效用的损失，而第三类行为则很难用"正确"和"错误"进行界定，这类行为更多的是超越经济理性的行为，以牺牲经济效益最大化而换取心理和社会效用最大化。

三、未来属于"经济人"还是"社会人"

经济人假设最遭人诟病之处在于其对人性狭隘而片面的概括。从经济伦理的角度，这是一种中性的理论抽象，无可厚非；而从社会伦理的角度，这种"去人性化"的抽象则有消极的内涵和不良的外部性。近来，许多研究者主张以"社会人"的概念来取代"经济人"。这一主张涉及与经济人假设完全不同的有关人性的看法。在这些学者眼中，自利原则不是决定人类行为的唯一动因；经济学研究的人是具有情感、态度、价值观的社会性动物。

心理学的研究则将社会人的主张进一步扩展。在许多学者看来，自利非但不是决定人类行为的唯一原因，甚至连主要原因都算不上。个体不仅具有独一无二的性格态度和偏好，更重要的是具有寻求尊重和归属、与其他人建立情感联系的强烈需求。社会性需要对于个体来说是首要的，利他和合作等亲社会行为并非出于自利的目的，而是人类与生俱来的天性。比如，心理学家马修·利伯曼（Matthew Liberman）等人提出默认网络（default network）的概念，认为人在认知空闲的时候往往是在思考自我与他人的关系，而不是在算计个人利害，因此，社交是人类的天性和本能；亲社会行为对个体有着更重要的意义。例如，伊丽莎白·邓恩（Elizabeth Dunn）等人发现，同样是花钱，将钱花在别人身上的人，比将钱花在自己身上的人体验到更多的快乐和幸福。

此外，心理学者普遍认为：人们存在两种思维模式——经济思维（financial thinking）和社会思维（social thinking）。正常来说，人们会由于面对的问题和所处情境的不同在两种思维模式间进行切换。但由于社会对于经济和金钱的过度强调，使得个体长时间陷于经济思维，而面对社会问题时不能很好地切换，用经济思维解决社会问题就会导致诸多矛盾和冲突。

另外一个值得思考的问题是：未来属于经济人还是社会人？

一种观点认为，未来是经济人的世界。一方面，经济人面对问题总能做出合乎理性的最优选择，使得自身收益不断扩大和累积，最终以资源优势在竞争中胜出（这是一种近似社会达尔文主义的观点）；另一方面，由于信息易得性的增加（例如，网络让信息的获取更加便利）和信息预警（有关非理性的知识不断普及），更多的人会摒弃非理性决策的模式而转变为理性的经济人。这两种情况都将导致经济人增加，社会人减少。

另一种观点则认为，未来是由社会人主导的。首先，人类个体和种群心理模式的进化速度总是滞后于经济和科技的发展的。这就决定了在可预期的未来，只要世界仍由人类统治，相对于日益复杂的现实世界，人类仍然是有限理性的。各类认知缺陷、思维惯性以及态度、情感和价值观仍然会让人的选择背离理性，也就是说，人类仍将作为"一群会犯错误的可爱生物"生活在未来世界中；其次，科技的进步和社会的发展，使得物质资源日益丰富，终有一天会让全人类摆脱资源稀缺。在这样一个物质条件"受用不尽"的世界里，人类将不再追逐物质利益，而是更多将注意力放在艺术审美、科学探索、人际交往和发展天性等方面，此时，理性计算就变得不再必要了。这时的人类才是真正意义上的"社会人"。

四、人工智能的发展会取代经济人吗

这是一个非常有趣的话题。首先，科技正在以人们难以想象的速度发展，且未来的趋势难以预测。且不说人工智能会不会取代经济人，按照科幻作家刘慈欣的观点，人工智能（机器）在未来取代人类都不是什么令人惊异的未来图景。其次，假设未来世界仍然是由人类主宰，那么，高度发达的人工智能会让经济人的存在变得没有必要吗？我个人认为，人工智能由于计算方面的优势，可能会替代金融、会计等行业的从业人员的工作，但是能否完全取代经济人，则取决于人类的自我选择。因为机器可以替代人类计算，但不能替代人类体验。经济活动除了逐利，还有参与感的实现。有些人炒股可能不单单是为了赚钱。有研究发现，彩票市场和股票市场存在跷跷板效应，当彩票奖金池不断累积，资金就会从股票市场投入彩票市场，而当有人中了大奖，奖金池变空，资金又从彩票市场流入股票市场。这种变化不能单用逐利来解释，另外的原因是，在部分人看来，炒股和买彩票本质都是一种游戏（game），参与其中，"玩的就是心跳"。同样，机器炒股，可能由于计算优势让人赚钱，但没有亲自参与买进卖出的决策，没有伴随涨跌的喜悦和心痛的交替，体验方面是大打折扣的。这就好比人类在围棋领域面对阿尔法围棋（AlfaGo）这样的人工智能已经难求一胜，但不会影响人与人之间对弈的乐趣。只要人类喜欢游戏和竞赛，热衷于在同类智力比拼中证明自己，就会展现经济人计算和算计的一面，此时再强大的人工智能也只能在旁边冷眼观看。

五、经济心理学如何助推社会进步

在经济心理学（行为经济学）发展的第一阶段，研究者都热衷于指出人类进行经济决策时犯下的各种荒谬的"可预见的错误"。但是这种对于人们非理性的揭示并不是经济心理学的根本目的，否则这门学科就成了智力优越感的炫耀。理查德·塞勒的伟大之处，就在于他发现了人类行为的"错误清单"之后，致力于将经济心理学推进到第二阶段，就是探讨如何利用经济心理学来提升人们的健康、福利和幸福。塞勒和卡斯·桑斯坦（Cass Sustein)所著的《助推》(Nudge)就是这样一种令人肃然起敬的探索。

塞勒和桑斯坦认为，公共政策在"放任自流"和"强制"之间还有第三种选择，就是用心理学的方法和结论进行"助推"。"助推"一词的原意是"用胳膊肘轻碰"，引申为一种温和的提醒或引导。不同于迫使(boost)，助推强调两个概念：第一是"温和的强制"，即不以牺牲个体自由选择为代价；第二是"选择设计"，即运用心理学的方法和结论巧妙地设置选项，让个体以自由选择的方式采取设计者想要的结果，且这一结果往往是兼顾个体和公共利益的。同时，这种选择设计一定是低成本、简便易行的，却往往能起到四两拨千斤的效果。

如何区分"boost"和"nudge"呢？举几个例子。清晨起床对于有些人来说是特别痛苦的一件事，为避免迟到和误事，多数人都会采用定闹钟的方法，但实际结果是，有些自制力不佳的人会在朦胧之中把闹钟按停然后接着睡。于是有人设计了一种会跑的闹钟，想要让它停下来，必须下床到处追着它跑，这种方法不错，但还是会让人不快，所以还是一种"boost"。后来在一些校园里，有人采取了一种办法，让起床困难的学生和喜好早起的异性同学结成对子，让异性同学每天早上打电话"叫醒"起床困难的学生，结果很有效，而且过程中没有负面情绪，这就是"nudge"。

还有，美国洛杉矶附近有一条滨海公路，转弯处，常由于车辆行驶过快导致事故。如何让车辆减速？"boost"的方法是加提示标或设置减速带，但更"nudge"的方法是，将临近转弯处道路中间白线间距变小，这样会给司机造成自己车速突然变快的错觉，因此司机会有意识地减速。

可喜的是，助推在我国的经济生活中也有了一些实践和应用。例如，在台湾地区，有人设计了一种鼓励募捐的"鼓掌墙"，当人向捐款箱投钱后，墙上的几十个机械手会有节奏地鼓掌，让捐款人感觉到反馈和赞许。上海之前推行老人持老人卡乘公交车免费，导致很多老人喜欢在早高峰时段坐公交车去锻炼或买菜，结果车上拥挤不堪，因为免费乘车的老人卡让老人产生了"不去坐车就亏了"或"坐一次赚一次"的感觉。后来市政府取消了老人卡，转为发放现金补助，结果早高峰乘车的老人大大减少。垃圾分类一直难以实现，有人想了办法，发放和相应垃圾桶颜色相同的垃圾袋，有一定效果，但也不理想，但这个问题在杭州得到了很好的解决。当地的办法是：将垃圾分类作为幼儿园留给孩子的家庭作业，结果家长都会积极支持或帮助孩子完成这项作业，问题迎刃而解。

总之，经济心理学的很多发现都可以运用，对于整个社会的福利改进有无限的创造空间。

经济心理学不仅挑战了传统的经济学，自身也面临着挑战，经历着整合与发展；经济心理学所传递的不仅是知识，更是一种科学的思维方式和与之相关的敏锐的洞察力；经济心理学不仅是一门有趣的学科，更是一门有用的学科。

读者手中这本《经济心理学》是我和同事于泳红老师多年教学和科研工作积累的梳理和总结，并借助中央财经大学研究生精品教材项目的支持得以顺利出版。其中，我负责撰写了第一、二、三、四、五、八、十一、十二、十三、十四、十五章，于泳红老师撰写了第六、七、九、十章。在总体内容安排上，我们尽量涵盖经济心理学的基本问题，并涉及新近的一些研究进展；在章节内容安排上，我们秉持从简到繁、由浅入深的原则，从概念介绍到理论解析，最后到现实应用；在语言和行文风格上，我们力求通俗和严谨并重，兼顾易读性和学术性。本书适合心理学专业的本科生、研究生作为相关课程教材使用，也适合对经济心理学相关领域感兴趣的非专业读者阅读。

此书顺利出版和许多人的努力和帮助是分不开的。首先，感谢北京师范大学出版社的何琳编辑，她的认真负责与耐心细致是本书能顺利出版的重要保证；感谢中央财经大学研究生院的刘秀娟老师在出版过程中给予的帮助和支持；感谢续志琦、赵靓、顾丹妮、李紫薇等研究生在资料收集和文字校对方面奉献的时间和精力；感谢我的同事于泳红副教授奉献的精彩章节；感谢辛自强教授一直以来的鼓励和对本书出版情况的关注；也要感谢我的太太及双方父母，他们承担了许多家务及照料年幼女儿的工作，让我能够有更多的时间投入到书稿的写作中。

"梦为远别啼难唤，书被催成墨未浓。"能力和时间所限，书中难免有不足之处，望同行及读者不吝指出，帮助我们不断改进。愿这本书的出版，能够吸引更多人加入经济心理学领域的研究和问题探讨中来，让经济心理学这门日渐兴盛的学科展现出更多改变现实和增加人类福祉的作用。

窦东徽

2019 年 8 月于中财大厦

目录

Contents

第一章　经济心理学概述

　　有这样一门学科，它关注的问题与人们的日常生活密切相关，却曾经不被大多数人知晓；也是这门学科，它让两门看似差别迥异、毫无关联的学科发生了有趣的连接；还是这门学科，它发现在最需要理性的时刻，人们却常常犯下最不理性的错误；同样还是这门学科，它研究的是一类日常的行为，却总是在揭示无比深刻的人性问题。这门曾经默默无闻如今却备受瞩目、充满智慧与挑战的学科就是经济心理学。

　　随着美国卡内基梅隆大学的心理学教授赫伯特·西蒙、普林斯顿大学的心理学教授丹尼尔·卡尼曼以及理查德·塞勒分别在 1978 年、2002 年和 2017 年获得诺贝尔经济学奖，人们日益发现心理学居然与经济学有如此紧密的联系，作为交叉学科的经济心理学竟然如此重要。在这一开始的章节中，我们先介绍经济心理学的概念和内涵，接着回顾经济心理学发展的历程，最后呈现经济心理学当前的研究领域和研究主题。

🔆 课前热身

　　1. 根据你的直觉，你认为经济心理学应该研究哪些问题？

　　2. 你身边从事与经济有关行业的人士，如何看待心理学和他们所从事的工作内容之间的关系？

　　3. 亚当·斯密说："当我们从较好的处境落到一个较差的处境时，我们所感受到的痛苦，甚于从差的处境上升到一个较好的处境时所享受到的快乐。"这句话蕴含着什么深刻的思想？

一、经济心理学的概念及内涵

　　经济心理学，英文为 Economic Psychology 或者 Economical Psychology，通常被定义为研究人们对生产关系、经济政策和经济机制的心理反应规律的科学。就其所涵盖的领域而言，有广义的经济心理学和狭义的经济心理学之分。广义的经济心理学将围绕和服务于经济建设和发展的主题都纳入其范畴，包括管理心理学、劳动心理学、人事心理学、就业心理学、广告心理学、工程心理学、工业心理学等；狭义的经济心理学则主要探讨经济行为产生的心理机制以及经济事件的心理效应，主要包括消费心理学、投资心理学、税收心理学、保险心理学、储蓄心理学、赌博心理学、慈善心理学等具体领域，更多地涉及个体或群体在获得货币之后的经济心理行为的机制和规律。

二、经济心理学的历史与发展

经济心理学作为一门学科诞生之前，相关的主题便已散见于经济学和社会心理学的论述当中。但由于学科自身和外部环境的诸多原因，使得经济心理学的发展经历了一波三折的过程。第二次世界大战之后，经济心理学得以复兴，并在现代社会呈现蓬勃发展的态势（辛自强，2014）。

（一）经济心理学的诞生与早期发展

经济心理学毫无疑问是经济学和心理学相结合的产物，然而，在科学心理学于1879年诞生之前，已经有经济学家探讨与经济行为有关的心理学问题了。如同凯默勒和罗文斯坦（2010）指出的："当经济学最初被确认为一个专门的研究领域时，心理学还没有形成一个学科，许多经济学家也兼做他们那个时代的心理学家。"这个时期的代表人物有亚当·斯密（图1-1）。

图1-1 亚当·斯密

"经济学之父"亚当·斯密，于1776年出版《国富论》，提出自由市场作为"看不见的手"的概念，把人类行为归结为"自私"的本性（"经济人"假设）；然而，在这之前的1759年，他还出版过《道德情操论》，把人类行为归结为"同情"这类道德情操，而且该书深刻洞察了人类的很多经济心理现象。例如，他提出："当我们从较好的处境落到一个较差的处境时，我们所感受到的痛苦，甚于从差的处境上升到一个较好的处境时所享受到的快乐。"这句话实际上描述了今天经济心理学中的一个基本概念——"损失厌恶"。

虽然如此，我们并不能把这些论述当成经济心理学的开始，因为这个时代还不曾用科学的方法探讨心理问题，更不要说经济心理问题。斯密理论的重要性在于展示了人类的双重本性：自私与同情之间的纠缠。自私是行为的强大动力，然而人类能超越自私，同情他人，维系社会关系。当今的经济心理学也一再证明人类并非是纯粹自私的"经济人"，他有社会性、道德心和正义感。

另一位在这个时代充当经济心理学家的是苏格兰人查尔斯·麦基（Charles Mackay，图1-2）。他是诗人、

图1-2 查尔斯·麦基

记者。他因为写了一本令人印象深刻的书而让世人铭记，这本书名为《非同寻常的大众幻想与全民疯狂》（*Extraordinary Popular Delusions and the Madness of Crowds*），书中记录了人类历史上众多疯狂的事件，而起始的三篇都与经济事件有关："金钱癫狂：密西西比计划""南海泡沫""郁金香狂热"。

南海泡沫

17世纪末至18世纪初，长期的经济繁荣使得英国私人资本不断集聚，社会储蓄不断膨胀，投资机会却相应不足，大量暂时闲置的资金迫切寻找出路，而当时股票的发行量极少，拥有股票是一种特权。1689年至1714年，英国政府因为打仗欠了1000万英镑的债务，找南海公司（South Sea Company）大量发行股票。当时人们相信，美洲的秘鲁和墨西哥地下埋藏着大量黄金，只要南海公司的商船到达那里，就会源源不断地载着黄金回到英国。于是投资者趋之若鹜，其中包括半数以上的参众议员，就连国王也禁不住诱惑，认购了价值10万英镑的股票。由于购买踊跃，股票供不应求，公司股票价格狂飙。从1月份的每股128英镑上升到7月份的每股1000英镑以上，6个月涨幅高达700%。在南海公司股票示范效应的带动下，全英所有股份公司的股票都成了投机对象。社会各界人士，包括军人和家庭妇女，甚至大名鼎鼎的物理学家艾萨克·牛顿爵士都卷入了漩涡。1720年6月，为了制止各类"泡沫公司"的膨胀，英国国会通过了《泡沫法案》(Bubble Act)。自此，许多公司被解散，公众开始清醒过来，对一些公司的怀疑逐渐扩展到南海公司身上。从7月份开始，首先是外国投资者抛售南海股票，国内投资者纷纷跟进，南海股价很快一落千丈，9月份直跌至每股175英镑，12月份跌到124英镑。"南海泡沫"由此破灭。事后牛顿曾感慨道："我能算准天体的运行，却无法预测人类的疯狂(I can calculate the motions of heavenly bodies，but not the madness of people)。"（查尔斯·麦基，2010）

法国社会心理学家加布里埃尔·塔尔德(Ga-briel Tarde，见图1-3)在1902年出版了《经济心理学》，这可能是"经济心理学"这个术语的首次使用(Roland-Lévy & Kirchler，2009)。它提醒人们要用心理学的观点分析经济行为，因而该书的出版被视作经济心理学诞生的标志。塔尔德强调了经济现象的主观方面，如货币因人们的信仰、思想等的不同而具有不同的主观价值；他提出了心理预期的观点，认为股票市场中证券的价格受股民心理预期影响（俞文钊，鲁直，唐为民，2000）。

图1-3　加布里埃尔·塔尔德

但塔尔德在出版《经济心理学》两年后就去世了，经济心理学当时并没有引起人们的重视。

约翰·梅纳德·凯恩斯(John Maynard Keynes，见图1-4)以倡导政府应积极干预经济的"凯恩斯主义"而闻名。出生于英格兰的凯恩斯天资聪颖，28岁就已经成为英国著名的《经济学杂志》的主编。作为投资者的凯恩斯是极为成功的，据说他每天早晨会躺在床上，花半小时的时间考虑投资策略。他为剑桥大学管理一只基金，在他的有效管理下，该基金增值超过10倍（拉斯·特维德，2013）。凯恩斯的许多

图 1-4　约翰·梅纳德·凯恩斯

有关股市和投资的主张，现在看来极具经济心理学的意义。比如，他认为长期预测是困难的和不准确的，"时间和无知的神秘力量"永远领先一步。当时许多投资者和经济学家特别喜欢做长期预测，喜欢说"从长远来看"，而凯恩斯则认为股票价值虽然在理论上取决于其未来收益，但由于进行长期预测相当困难和不准确，故投资大众应把长期预测划分为一连串的短期预测。为了表达自己的观点，凯恩斯说了一句名言："从长远来讲，我们都会死的(In the long run，we are all dead)。"这句话虽然存在不同的解读，但主要的意思就是说长远未来的事情其实很难预测，能够被准确预测的、确定的事情唯有"死亡"。凯恩斯还有两个有关股票和投资的精妙类比：选美竞赛理论和空中楼阁理论。

选美竞赛理论

凯恩斯认为，选股票就像参加一场选美竞赛，规则是从一百个佳丽里面选出六个，而你选择的这六个人如果和大众的选择吻合程度最高，你才能获得胜利。这其实很像股票投资：你认为这个股票有价值没用，大家都认为有价值才有意义。于是存在三种可能的策略：

- 根据个人判断力选出最漂亮的。
- 根据个人认为的众人的平均判断力选出最漂亮的。
- 运用智力推测一般人推测的一般人的意见。

第一种策略是许多新手投资者习惯采用的策略，而根据规则，这一策略是无效的，可以直接排除；第二种策略则被一些"聪明"的投资者采用，但他们忘了，这一推断仍然是基于自我的判断做出的，无法排出主观的因素；第三种策略则要求人们站在一个智力平庸的人的立场上推测其他普通人的选择，这种策略是真正有效的，但由于涉及三层推理，对认知能力存在较高的要求。

空中楼阁理论

凯恩斯认为，一般大众在预测未来时都遵守一条成规：除非有特殊理由预测未来会有改变，否则即假定现状将无定期继续下去。其实他讲的空中楼阁理论类似于我们熟悉的击鼓传花游戏，无论是股票、楼市还是收藏品市场，只要鼓声不停，这个游戏就要继续玩下去，证券或商品的价格会在"接力"中逐渐攀升，而鼓声一停，泡沫破灭，最后的持有者就成了悲惨的"接盘侠"。

凯恩斯还提出证券价格取决于投资者心理预期形成的合力、投资者的交易行为充满"动物精神"等主张。与其同时代的经济学家相比，他以卓越、敏锐的洞察力更早地意识到了心理因素和经济行为之间千丝万缕的联系。

即使有塔尔德、凯恩斯这些巨擘加持，但在20世纪前半期，经济心理学也一直没能发展起来，其原因是多重的。原因之一是这一时期的心理学本身仍处于较为弱势的学科地位，还不足以影响经济学。"20世纪初，经济学家希望把他们的学科当成自然科学一样来研究，那时的心理学还刚刚起步，并不很科学化，经济学家们认为，将心理学作为经济学的基础不够稳固，他们对那个时代的心理学有反感……于是导致了一场把心理学从经济学中排除出去的运动。"（凯默勒，罗文斯坦，2010）虽然在20世纪上半期有个别经济学家（如凯恩斯）呼吁过对经济行为进行心理学观察，但是到20世纪40年代初，心理学的讨论已经从经济学中消失了。原因之二是这一时期心理学本身就不重视"心理"问题。1913年，行为主义学派在美国确立，并迅速产生世界性的影响，致使心理学本身都不关注心理了，不可能专门去研究经济心理问题。这一时期，无论是心理学还是经济学都完全为激进的实证主义思想所支配，都在尽力排除那些不能直接观察和量化的心理因素。20世纪上半期的心理学是行为主义的天下，到20世纪中期，行为主义被反思和批判后，心理过程的研究才得以逐渐恢复，经济心理学的发展才有了可能的空间。除了学科自身的问题外，20世纪上半期的社会背景也不利于经济心理学的发展。原本酝酿了经济心理学思想的欧洲，经历了两次世界大战以及各种社会运动和动荡，这是抑制经济心理学发展的外部因素之一。总之，无论是心理学自身还是经济学，无论在欧洲还是北美，20 世纪上半期似乎都缺乏经济心理学发展的良好条件(辛自强，2014)。

(二)经济心理学的复兴

第二次世界大战后，经济心理学研究又悄然兴起，其标志是 1942 年法国经济学家雷诺(P. L. Reynaud)出版的《政治经济学和实验心理学》一书。该书试图用实验心理学来解释经济现象。雷诺后来又相继出版了《经济心理学》(1964 年)和《简明经济心理学》(1974 年)等著作(俞文钊等，2000)。

第二次世界大战前后，大批欧洲心理学家移居美国，使经济心理学得以在美国发展起来，这方面的代表人物是卡托纳(George Katona)。卡托纳 1901 年出生于匈牙利，1921 年在德国哥廷根大学获得心理学博士学位。1933 年，他移民美国，曾在美国农业部负责调查第二次世界大战后的经济心理，1946 年后一直在密歇根大学领衔经济行为的研究项目。他的著作包括《经济行为的心理分析》(1951)、《强大的消费者》(1960)、《大众消费社会》(1964)、《心理经济学》(1975)等(Wärneryd，1982)。

卡托纳的贡献在于提出了关于宏观经济过程的心理学。他曾帮助美国政府运用心理学的方法应对战争引起的通胀问题。他设计了测量消费者期望的方法，后来称为"密歇根大学消费者情绪指数"。使用该指数，他成功预测了战后美国经济会出现繁荣期，然而那时传统的计量经济学指数预测会出现衰退。他 1951 年指出："经济研究对于心理学的需求在于需要发现、分析经济过程背后的力量，经济行为、决策和选择背后的力量……没有心理学的经济学不能成功解释重要的经济过程，没有经济学的心理学没有机会解释人类行为最重要的一些方面。"(转引自 Roland-Lévy & Kirchler，2009)

卡托纳批评了他那个时代的经济学，并认识到心理学对于经济学的重要意义。处于经济活动中心地位的人是一个能动的主体，不能只被视作"黑箱"。人是有自由意志的，会受到偏见、心情、冲动、信息不足等因素影响，因而需要探讨经济过程背后的心理机制。然而，那个时代的很多著名经济学家，如保罗·萨缪尔森(Paul Samuelson)、米尔顿·弗里德曼(Milton Friedman)，都极其反对引入心理学知识。他们坚信只分析那些集合数据(如价格和数量)就足够了，根本不需要分析行为背后的动机或其他心理因素(Lewin，1996)。可以说经济学中的行为主义，比心理学中曾经有过的行为主义更为极端，持续时间也更久。

比卡托纳稍晚一些的美国心理学家赫伯特·西蒙为经济心理学做出了更为基础性的贡献。1943 年，西蒙在芝加哥大学获得政治学博士学位，1949 年后一直在卡内基梅隆大学工作，担任心理学、计算机科学的教授，还教授管理学和组织行为学方面的研究生。可以说，从大学毕业以后，他一直"生活在跨学科的空间里"（西蒙，2002）。他在人工智能、认知心理学、决策等领域都有杰出的贡献，1978 年因为对"经济组织中的决策过程进行的开创性研究"荣获诺贝尔经济学奖。

西蒙批评了理性模型，认为人类只有有限的理性。西蒙认为人类心理在提出和解决复杂问题方面的能力是非常有限的，这要求人们建立关于真实世界的一个简化的模型，用这个模型获得一个令人满意的问题解决方案即可，而未必要寻找最优方案。他说："当我们放弃了关于人类行为的先入为主的古典和新古典（注：这里指的是经济学）的假设，观察实际决策和解决问题的过程时，我们看到的是具有有限理性的人，他利用启发式技巧寻求令人满意的——足够好的——行动方针（西蒙，2002）。"他还说："我顶多只能把令人满意作为目标。追求最好只能浪费宝贵的脑力资源。最好是好的大敌。"西蒙在决策等方面的重要研究大多是在 20 世纪 50 年代前后完成的。这些工作大大推动了人们对经济决策的重视，"有限理性"理论为心理学进入经济学提供了机会：以实验观察人类决策的心理过程，而不是像传统的经济学那样停留在数学模型的推演上。

综上所述，经济心理学经历了在欧洲的初创后，由于种种原因并没有真正发展起来；20 世纪中期（40 年代末至五六十年代），主要是在美国又重新兴起（或者说"复兴"）。心理（或认知）过程在心理学中的地位的恢复，以及西蒙基于认知范式开展关于决策的研究，带动了更多心理学家（如特沃斯基和卡尼曼）进入经济心理学领域。不过，还要指出的是，20 世纪中期的形势并没有那么乐观。卡托纳和西蒙在这一时期对心理因素和心理过程的分析，以及所指出的理性的有限性，虽然都吸引了经济学家的注意，"但并没有根本改变经济学的方向"（凯默勒，罗文斯坦，2010）。虽然如此，经济学和心理学之间的坚冰似乎在快速融化，经济心理学的春天就要来临。

（三）现代经济心理学的繁荣

到 20 世纪 70 年代以后，社会科学家、经济学家都开始普遍认识到经济心理学的重要性(Kirchler & Hölzl，2003)，经济心理学进入了快速发展时期。这一时期，经济心理学作为一门学科的发展逐渐获得了组织和制度上的保障。这种制度的保障最早在欧洲取得进展。1976 年，第一届经济心理学欧洲讨论会在荷兰召开，制定了每年开会一次的制度；1981 年，第一届经济心理学国际讨论会在法国巴黎召开，同年，《经济心理学杂志》(*Journal of Economic Psychology*)在荷兰创办；1982 年，国际经济心理学研究会成立，该组织每年举办一次研讨会，并负责主办《经济心理学杂志》，还举办一些经济心理学的专题培训班以及面向研究生的暑期学校。

此外，还有一些与经济心理学相关的学术组织。国际应用心理学会的第九分会就是经济心理学分会。该学会会刊《应用心理学》(*Applied Psychology*)在 1999 年和 2009 年两次出版经济心理学的专辑。美国建立了行为经济学促进协会，由它主办《社会经济学杂志》(*Journal of Socio-Economics*)。

除了上述体制上的突破外，卡尼曼和特沃斯基的一系列创新性的研究以及所提出的前景理论(Kahneman & Tversky，1979；Tversky & Kahneman，1992)成为经济心理学这一时期的代表性成就，它吸引更多学者参与到这个领域中来。2002 年，卡尼曼获得诺贝尔经济学奖，更是成为这一领域获得经济学和心理学界共同认可的有力证明。

不仅心理学家，经济学家在这一时期也广泛接受了心理学，为经济心理学的发展做出了贡献。在经济学内部，从 20 世纪 80 年代开始，现代行为经济学兴起。行为经济学和经济心理学的研究领域和方法大致相同，虽然二者的目的有些不同：前者指经济学家通过观察现实的经济行为来补充、完善经济理论，发展有现实解释力的经济理论；后者是心理学家把经济行为作为各种人类行为中的一种，试图探明经济行为的心理机制，并建立心理学的一个分支学科——经济心理学(Furnham & Lewis，1986)。由于行为经济学和经济心理学的高度相似，那些推动行为经济学的经济学家也同时推动了经济心理学。这方面有代表性的经济学家包括芝加哥大学的理查德·塞勒、加州大学伯克利分校的乔治·阿克洛夫(他因开创性地将社会学和心理学应用到宏观经济研究中而获得 2001 年度诺贝尔经济学奖)、耶鲁大学的罗伯特·席勒(他因在资产价格、非理性行为等方面的研究获得了 2013 年度诺贝尔经济学奖)等。

进入 21 世纪后，经济心理学的各主要领域都逐渐繁荣起来，下文具体分析经济心理学各领域的现状和当下的热点议题。

三、经济心理学当前的研究主题

当代经济心理学研究的主题主要集中在决策和博弈、金融、投资、消费等领域，近年来，社会生态心理学、进化心理学、具身认知和认知神经科学研究的兴起又不断为经济心理学的研究开辟着新的领域。总结起来，当前经济心理学的研究主题可以概括为四个方面。

（一）宏观经济结构和变化对个体心理的影响及相互作用

从社会生态心理学的观点来看，自然和社会环境在一定程度上影响人类个体的心理和行为，同时个体的心理和行为又反过来在一定程度上塑造他们所处的环境。宏观经济结构和经济运行对于个体心理和行为的影响正在被越来越多的研究所重视。

1. 与经济有关的种群生活史

一些心理学家已经考察了生活史中的早期经济生活方式对个体心理和行为特征的影响。如有些学者发现土耳其的农民和渔民相比牧民更倾向于整体性的知觉方式（Uskul，Kitayam & Nisbett，2008）；还有学者发现以合作收益较高的活动（如捕鲸）为日常经济生活方式的社会成员比从事合作收益较低的活动（如园艺）的社会成员有更强的合作意向（Henrich，Boyd，Bowle et al.，2005）。类似地，一些学者还发现主要经济作物的耕种方式能够在很大程度上解释文化差异，主要表现为在水稻种植区长大的个体比在小麦种植区长大的个体更倾向于整体性思维，表现出更强的人际互依性（Talhelm，Zhang，Qishi et al.，2014）。

2. 与经济有关的个体生活史

有关贫困（资源短缺）的研究发现，贫困者表现出更多的短期行为（Baumeister & Heatherton，1996），这支持了刘易斯（Lewis，1959）提出的"贫困文化"（culture of poverty）理论。该理论认为，贫困不仅困扰人的当前生活状态，还会衍生出一系列价值观和行为方式，使贫困者陷入生活和财务状况继续恶化的恶性循环之中。由于贫困者这类特殊的决策和行为模式通常都与较低的自我控制有关，因此对这一现象的一种解释是，贫困（或资源短缺）造成了个体用于自我控制的认知资源的损耗。曼尼等人以印度南部泰米尔纳德邦（Tamil Nadu）种植甘蔗的农民（属于印度的低收入阶层）为被试进行的一项现场实验发现，收获之前农民在瑞文测试（SPM）和斯特鲁普（Stroop）任务上的表现显著低于收获后的表现（Mani，Mullainathan，Shafir et al.，2013），而之前一项有关长期持续的贫困状态与 17 岁时工作记忆受损存在相关的研究也支持了贫困造成认知资源损耗的假说（Evans & Schamberg，2009）。

3. 宏观经济运行走势

人类个体也会对宏观经济的变化做出适应性的反应，口红效应（lipstick effect）即是一个典型的例证。口红效应是指在失业率增加、经济活力下降的经济衰退时期，口红这类美容产品的销量却逆势增长的现象（辛自强，2012）。有研究者通过实证方法证明了这种效应，他们对 1992 年 1 月至 2011 年 4 月美国失业率和 5 类产品的支出情况进行分析，发现失业率增加时，人们会分配更多的支出在化妆品和个人护理产品方面；接下来的实验室实验中，接受了"经济低迷"观念启动条件下的女性被试对能够提升吸引力的产品的支付意愿显著高于"一般时期"条件（Hill，Rodeheffer，Griskevicius et al.，2012），见图 1-5。

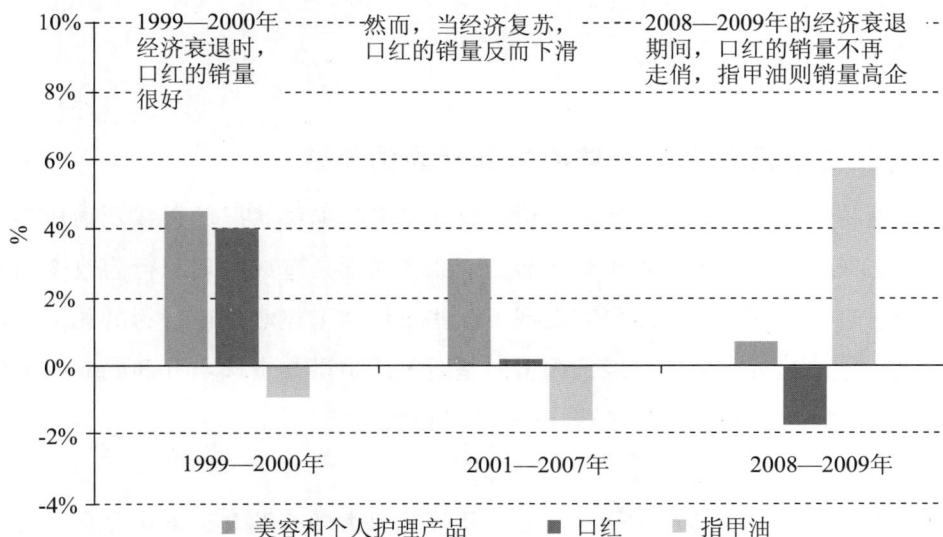

图 1-5 口红效应

与之相似，研究者证明了美国经济学家乔治·泰勒（George Taylor）提出的"裙摆指数"对于经济走势的预测作用：他们细分了法国某权威时尚杂志上裙子的长度，并将"美国每年的所有月份里有百分之多少的月份处于衰退期"作为世界经济好坏的指标,结果发现,经济形势好的时候裙子长度短,经济形势差的时候裙子长度长,若将经济指标后调 3 年,曲线拟合最好(Baardwijk & Franses,2010)。类似的指标还有反映经济涨跌的"鞋跟指数""长发指数",以及反映汇率变动的"汉堡指数",反映失业率的"扑克指数"和"啤酒指数"等。这些指数能够作为反映经济走势的敏感指标,也说明了整体经济运行状况能够在很大程度上影响个体的心理偏好和行为决策。

4. 个体心理对经济系统的反向塑造作用

社会生态取向强调个体和环境的相互作用。个体的特定心理行为被经济系统所塑造和影响,同时也会反过来影响经济系统的运行状态。研究者就曾发现,1925 年瑞典、美国、墨西哥和俄罗斯儿童故事中与成就动机有关的词汇数量能够有效预测这些国家 25 年后的经济爆发性增长(McClelland,1961)。一项研究发现了媒体报道及总统就职演说中的乐观思维内容与股票市场波动之间的关联,结果显示,2007—2009 年《今日美国》经济版中包含乐观思维的内容越多,1 周及 1 个月后道琼斯工业股指下跌越多 (Sevincer,Wagner,Kalvelage & Oettingen,2014),研究者推断,媒体宣扬的乐观情绪容易导致社会成员的工作懈怠,从而影响经济走势。

(二)微观经济刺激对个体心理和行为的影响

微观经济刺激包括个体的经济地位、收入水平、损益状况、金钱及物质奖励乃至金钱概念或符号启动等。对于个体而言,经济因素是造成心理和行为改变的重要因素。最直观的体现是,许多研究发现了某些变量和个体心理或行为的相关,而事实上,真正导致这种相关的是经济因素。基斯·斯坦诺维奇(Keith Stannovic)所著的《这才是心理学》一书中列举了这样一个"烤箱法避孕"例子。

中国台湾地区曾经进行了一项调查,目的是调查哪些因素和当地青少年对避孕工具的使用有关,以便找到能够解决青少年怀孕问题的方法。数据收集上来之后,研究者发现有一个变量与避孕工具的使用相关最强,就是家中电器(烤箱、风扇等)的数量。如果这一关系成立,那么减少青少年怀孕问题的办法就是实施"免费烤箱计划"，即给青少年家庭发放烤箱，而这显然是荒谬的。事实上，避孕工具的使用以及家庭电器的数量都与家庭经济收入相关，经济收入高的家庭通常拥有更多电器，同时经济收入高的家庭往往会给予儿童更多的安全性教育。

金钱对个体的影响也是这一主题关注的重点。作为最常见的微观经济刺激的金钱，对个体而言具有非凡的心理意义。首先，它不仅能够满足人们的安全和健康等基本生理需求，还有助于满足自尊和快乐等高级心理需求（Diener & Seligman，2004）。例如，研究发现金钱能降低生存焦虑（Zaleskiewicz，Gasiorowska，Kesebir et al.，2013）；现金比资产更能提高生活满意度（Ruberton，Gladstone & Lyubomirsky，2016）。其次，金钱作为一种条件强化物，可以与各种不同商品和服务产生心理学意义上的条件关联，因而其强化作用最终可以脱离强化条件而变得比较独立（饶恒毅，徐四华，2011），这就意味着，即使是脱离了实体的金钱概念或符号，同样会对个体产生超乎想象的影响。有研究发现，启动金钱概念会让个体工作更努力（Vohs，Mead & Goode，2006），被金钱概念启动的个体更能够抵御社会影响（Liu，Smeesters & Vohs，2012），周欣悦等人（2009）发现金钱概念启动能够缓解生理疼痛和由于社会排斥所导致的心理疼痛，研究者由此提出"金钱资源理论"。该理论认为，金钱是一种社会资源，在某种程度上是社会关系的替代。最后，与金钱有关的经济地位、财富水平、概念及符号也会产生一些消极的影响。例如，金钱概念启动让人更容易做出不道德行为（Kouchaki，Smith-Crowe & Brief，2013），金钱概念启动让人更不诚实（Tang，Chen，Sutarso et al.，2008），甚至银行员工被启动了与银行文化有关的概念后，不诚实的行为都会增加（Cohn，Fehr & Maréchal，2014）。金钱导致的"自足感"还会减少个体的亲社会行为，如金钱概念启动降低了捐款及助人的意愿（Liu & Aaker，2008；Vohs，Mead & Goode，2006），甚至儿童在被启动金钱的符号概念后，助人意愿都会降低 Gasiorowska，Zaleskiewicz & Wygrab，2012）。

实验证据：金钱概念启动影响儿童的亲社会行为

研究者选取了7～8岁的儿童为研究对象，并通过一系列实验证明，不理解金钱工具性的儿童会受到金钱的象征性的影响，并表现在亲社会行为上。

实验 1　金钱观念启动是否影响儿童的亲社会行为与自利偏好

假设 1：实验条件下的儿童比对照条件下的儿童表现出更强的自利偏好。

将儿童随机分为 A、B 两组。

(1)A 组看画有硬币和纸币的海报；B 组看画有鲜花、野草、垃圾等事物的海报。

(2)问 A 组能否辨认硬币和纸币；问 B 组能否辨认鲜花和垃圾。

(3)5 分钟后要求被试画出与海报主题相关的东西。

启动结果是：A 组画的全是硬币，B 组画的几乎全是鲜花，只有 2 个儿童画了垃圾。

操作：进行贴纸分配游戏

(1)亲社会游戏：被试需要在(1.1)、(1.0)之间做出选择，决定贴纸的分配方案。(1.1)表示自己与同伴同时得到 1 张贴纸；(1.0)表示自己有 1 张而同伴没有。

(2)分享游戏：被试需要在(1.1)、(2.0)之间做出选择，决定贴纸的分配方案。(1.1)表示自己与同伴同时得到 1 张贴纸；(2.0)表示自己有 2 张而同伴没有。

此游戏可以测试儿童的利他程度：(1.1)代表利他行为，(1.0)、(2.0)代表利己行为。结果见表 1-1。

表 1-1　每组中选择"不自私"方案的儿童的百分比

组别	亲社会游戏	分享游戏
控制组	96.8%	69.8%
实验组(金钱启动)	76.2%	56.4%

可以看出，在实验组(金钱启动)中，儿童的亲社会行为发生的比率显著低于控制组。

实验 2　金钱观念的启动是否会改变儿童的助人行为

假设 2：相比于控制组的儿童，金钱启动中的儿童将更少帮助别人。

启动操作：给儿童随机分配四种实验条件。

(1)条件一：装有硬币的篮子；条件二：装有纽扣的篮子；条件三：装有纸币的篮子；条件四：装有纸张的篮子。

(2)让儿童从篮子里依次取出 5 件、11 件、3 件物品。

（3）让儿童计算总共有多少件物品。

操作：找蜡笔游戏。儿童被要求去较远的角落找蜡笔，从一个混有各色蜡笔的盒子里找紫色蜡笔，然后带回给实验者。（儿童带回的蜡笔数反映了其助人意愿。）

结果：实验组（金钱启动）儿童收集的蜡笔数明显少于对照组（非金钱启动）。

结论：金钱启动将会削弱儿童帮助他人的意愿；相比于控制组中的儿童，金钱观念启动的儿童会更少帮助别人。

最后需要关注的是，人在微观经济刺激下的行为并非总是自利取向的。例如，在最后通牒游戏中，方案的接受者（乙）往往会因为在意公平而拒绝甲提出的分配方案，使得两人的收益均为0，背离了"少总比没有好"的理性人预期；同样，在最后通牒游戏的变式——独裁者游戏中，面对只能完全被动接受分配方案的乙，拥有绝对分配权的甲明明可以选择1分钱都不分给对方，但在多数情况下，甲会给乙分一部分钱，甚至全部都给乙。以上两个实验都说明，超越个人收益最大化的选择也是存在的。另外，后者也揭示出，人类的一些美德和高层次的需要及追求，有助于抵御经济刺激的诱惑。比如，有些时候，人们会为更长远的目标放弃暂时的利益，表现出隐忍和延迟满足；有人甘冒生命的危险去征服险峻的山峰，从事各种极限运动；许多人会为集体和他人做出牺牲个人利益的行为，如献血、募捐、施舍、做公益志愿者、进行器官捐赠等。这类背离经济理性的行为所展现的并不是盲目的非理性，恰恰是人性中最有价值的部分，值得珍视、保护和探究。

（三）与经济活动有关的日常决策心理和行为及机制

这一方面最主要的贡献是塞勒和桑斯坦提出的助推理论及现实应用。助推属于选择架构设计，它以一种可预见的方式改变人的行为，却不阻碍任何可能的选择，也不明显地改变经济刺激。助推理论本身就是应用经济心理学的方法和思路帮助人们更好地获得有关商业、健康、社会治理和财富方面的决策的理论。在商业助推方面，许多营销案例能够反映经济心理学的力量：星巴克只卖"依云"矿泉水，这实际应用了锚定效应，因为相对二十多元的水，三十多元的咖啡就显得没有那么贵了；宜家的1元冰激凌看似是赔钱的，但实际上它利用了"峰终定律"，让消费者在购物的最后一个环节尝到甜头，达到完美消费体验。英国车辆税一直存在征收不力的情况，在采纳了行为洞察小组（BIT，也称"助推小组"）的建议后，将以前温婉而略显啰嗦的征收通知改为简练的"不交税，就收车"，使得征收率提高了一倍；再附上车辆消失的具象化的图片，则效果更好，征收率提高了近200%。见图1-6。

图 1-6　助推小组（BIT）为英国税务部门设计的车辆税征收助推方案

（来源：Economist，2012）

在促进养老金储蓄方面，塞勒的"为明天多储蓄"SMarT（Sava More Tomorrow）计划是一个极好的应用案例：通常人们不愿意为养老金储蓄，最主要的原因是损失规避心态在作祟，如若员工拿出一部分薪水来储蓄，就会实际感受自己收入水平的下降（损失），因此不愿意增加储蓄率。而"为明天的储蓄"计划要求员工在下次涨工资时拿出工资的一部分缴纳养老金。这就有效避免了损失厌恶带来的负面体验（塞勒，桑斯坦，2015）。

（四）与传统金融、投资理论结合形成的行为经济学各分支及相关理论和研究

随着金融投资领域各种无法用传统的经济学理论和模型有效解释的"异象"（如封闭基金折价之谜等）的出现，心理因素越来越受到研究者的重视，一些长期以来被主流经济学奉为圭臬的理论模型开始将心理因素纳入其中，以期扩大解释效力。如传统的资产组合理论（PT）无法解释投资者金字塔型的资产配置，继而与经济心理学中的心理账户理论结合，产生了行为资产组合理论（BTP），提出投资者依据心理账户进行资产配置的观点（Shefrin & Statman，1994），与之类似的还有行为资本定价理论（BAPM）（考虑到噪声交易者对证券预期收益

的影响)及行为生命周期理论(考虑自我控制和心理账户对于消费安排的影响)等(详见"第十四章 心理账户")。

本章要点

1. 经济心理学是研究人们对生产关系、经济政策和经济机制的心理反应规律的科学,是经济学和心理学相结合的一门新兴学科。

2. 在科学心理学诞生前,一些早期的经济学家兼做那个时代的心理学家,代表人物是亚当·斯密;塔尔德在 1902 年出版了《经济心理学》,这可能是"经济心理学"这个术语的首次使用,该书的出版被视作经济心理学诞生的标志;凯恩斯呼吁对经济行为进行心理学观察,并提出一系列与经济心理学有关的主张。

3. 经济心理学经历了在欧洲的初创后,由于种种原因并没有真正发展起来;20 世纪中期,主要在美国又重新兴起(或者说"复兴"),卡托纳和西蒙是这一时期复兴经济心理学的重要代表人物。

4. 20 世纪 70 年代以后,社会科学家、经济学家都开始普遍认识到经济心理学的重要性,经济心理学进入了快速发展时期。

5. 经济心理学的研究主题包括决策和博弈、金融、投资、消费等,社会生态心理学、进化心理学、具身认知和认知神经科学的引入扩展了经济心理学研究的范围。

6. 当前经济心理学的四大主题走向:第一,宏观经济结构和变化对个体心理的影响及相互作用;第二,微观经济刺激对个体心理和行为的影响;第三,与经济活动有关的日常决策心理、行为及机制;第四,与传统金融、投资理论结合形成的行为经济学各分支及相关理论和研究。

课后练习

1. 在 20 世纪前半期,经济心理学未得到有效发展的原因是什么?

2. 经济心理学的研究领域有哪些?

3. 经济心理学当前有哪些重要的研究主题?

参考文献

拉斯·特维德. 金融心理学[M]. 北京：中信出版社，2013.

理查德·塞勒，卡斯·桑斯坦. 助推[M]. 北京：中信出版社，2015.

饶恒毅，徐四华. 心理学家看金钱："令人成瘾的药物"[J]. 中国社会科学报，2011.

辛自强. 经济心理学的历史、现状与方法论[J]. 北京师范大学学报：社会科学版，2014(1)：44-52.

俞文钊，鲁直，唐为民. 经济心理学[M]. 大连：东北财经大学出版社，2000.

麦凯查尔斯·麦基. 非同寻常的大众幻想与全民疯狂[M]. 黄惠兰，邹林华译. 沈阳：万卷出版公司，2010.

科林·凯莫勒，乔治·罗文斯坦，马修·拉宾. 行为经济学新进展[M]. 北京：中国人民大学出版社，2010.

西蒙. 生活在跨学科的空间. 经济学大师的人生哲学[M]. 北京：商务印书馆，2002：176-261.

辛自强. 心理学研究方法[M]. 北京：北京师范大学出版社，2012.

亚当·斯密. 道德情操论[M]. 北京：商务印书馆，2003.

周欣悦. 管理心理学的秘密花园——金钱本能，抵御疼痛[J]. 中欧商业评论，2011(1)：28-33.

Baardwijk, M. V. , &Franses, P. H. The hemline and the economy: is there any match[J]. Econometric Institute Research Papers, 2010, 40：1-11.

Baumeister, R. , &Heatherton, T. Self-regulation failure: an overview. Psychological Inquiry[J], 1996, 7(1)：1-15.

Cohn, A. , Fehr, E. , &Maréchal, M. A. Business culture and dishonesty in the banking industry[J]. Nature, 2014, 516(7529)：86-190.

Diener, E. , &Seligman, M. E. Beyond money toward an economy of well-being. Psychological Science in the Public Interest, 2004, 5(1)：1-31.

Evans, G. W. , &Schamberg, M. A. Childhood poverty, chronic stress, and adult working memory[J]. Proceedings of the National Academy of Sciences, 2009,

106(16)：6545-6549.

Gasiorowska，A.，Zaleskiewicz，T.，&Wygrab，S. Would you do something for me? The effects of money activation on social preferences and social behavior in young children[J]. Journal of Economic Psychology，2012，33(3)：603-608.

Henrich，J.，Boyd，R.，Bowle，S.，et al. "Economic man" in cross-cultural perspective：behavioral experiments in 15 small-scale societies[J]. Behavioral and Brain Sciences，2005，28(06)：795-855.

Hill，S. E.，Rodeheffer，C. D.，Griskevicius，V.，et al. Boosting beauty in an economic decline：mating，spending，and the lipstick effect[J]. Journal of Personality and Social Psychology，2012，103(2)：275-291.

Kahneman，D.，& Tversky，A. Prospect theory：an analysis of decision under risk. The Econometric Society，1979，47(2)：263-292.

Kahneman，D.，& Tversky，A. Advances in prospect theory：cumulative representation of uncertainty[J]. Journal of Risk and Uncertainty，1992，5(4)：297-323.

Kouchaki，M.，Smith-Crowe，K.，Brief，A. P.，et al. Seeing green：mere exposure to money triggers a business decision frame and unethical outcomes[J]. Organizational Behavior and Human Decision Processes，2013，121(1)：53-61.

Kouchaki，M.，Smith-Crowe，K.，Brief. A. P.，et al. Seeing green：mere exposure to money triggers a business decision frame and unethical outcomes[J]. Organizational Behavior and Human Decision Processes，2013，121(1)：53-61.

Kirchler，E.，&Hölzl，E. Economic psychology[J]. International review on industrial and organizational psychology，2003，18：29-80.

Lewis，O. (Ed). Five families：Mexican case studies in the culture of poverty [M]. New York：New American Library，1959.

Lewis，A.，&Furnham，A. Reducing unemployment：lay beliefs about how to reduce current unemployment[J]. Journal of Economic Psychology，1986，7(1)：75-85.

Lewin，S. B. Economics and psychology：lessons for our own day from the early twentieth century[J]. Journal of Economic Literature, 1996, 34(3): 1293-1323.

Liu, J., Smeesters, D., &Vohs, K. D. Reminders of money elicit feelings of threat and reactance in response to social influence[J]. Journal of Consumer Research, 2012, 38(6): 1030-1046.

Liu, W., &Aaker, J. The happiness of giving: the time - ask effect[J]. Journal of Consumer Research, 2008, 35(3): 543-557.

Mani, A., Mullainathan, S., Shafir, E., et al. Poverty impedes cognitive function[J]. Science, 2013, 341(6149): 976-980.

McClelland, D. C. Other psychological factors in economic development[M]. In D. C. McClelland, The achieving society. New York, NY, US: D Van Nostrand Company, 1961: 159-204.

Ruberton, P. M., Gladstone, J., &Lyubomirsky, S. How your bank balance buys happiness: the importance of "cash on hand" to life satisfaction[J]. Emotion, 2016, 16(5): 575-580.

Roland-Lévy, &Kirchler, E. Special Issue: psychology in the Economic World [J]. Applied Psychology, 2009, 58(3): 363-369.

Sevincer, A. T., Wagner, G., Kalvelage J., et al. Positive thinking about the future in newspaper reports and presidential addresses predicts economic downturn [J]. Psychological Science, 2014, 25(4): 1010-1017.

Statman, S. M. Behavioral capital asset pricing theory[J]. The Journal of Financial and Quantitative Analysis, 1994, 29(3): 323-349.

Talhelm, T., Zhang, X., Oishi, S., et al. Large-scale psychological differences within China explained by rice versus wheat agriculture[J]. Science, 2014, 344 (6184): 603-608.

Tang, T. L. P., Chen, Y. J., &Sutarso, T. Bad apples in bad (business) barrels: the love of money, machiavellianism, risk tolerance, and unethical behavior [J]. Management Decision, 2008, 46(2): 243-263.

Uskul, A. K., Kitayama, S., &Nisbett, R. E. Ecocultural basis of cognition: farmers and fishermen are more holistic than herders[J]. Proceedings of the National

Academy of Sciences，2008，105(25)：8552-8556.

Vohs，K. D. ，Mead，N. L. ，&Goode，M. R. The psychological consequences of money[J]. Science，2006，314(5802)：1154-1156.

Wärneryd，K. E. ，&Walerud，B. Taxes and economic behavior：some interview data on tax evasion in Sweden[J]. Journal of Economic Psychology，1982，2 (3)：187-211.

Zaleskiewicz，T. ，Gasiorowska，A. ，Kesebir. P. ，et al. Money and the fear of death：the symbolic power of money as an existential anxiety buffer[J]. Journal of Economic Psychology，2013，36(Complete)：55-67.

第二章　概率和随机性

世界变动不居，充满复杂的变化，人们生活在其间，对于即将到来的未来充满欲求和期望：居住在西南地区的王先生想知道，他所居住生活的地区再次发生地震的可能性有多大？炒股的李先生关心手中的股票明天有多大的可能性上涨？已经有一个儿子的陈女士如今又怀了二胎，那么她实现儿女双全愿望的可能性又是多大？被人推荐购买保险的方先生在头脑中盘算，自己在未来得重大疾病的概率有多大？明天要接受面试的刘女士惴惴不安，她不知道自己有多大的概率能够得到这份梦寐以求的工作；球迷孙先生购买了足彩，他觉得自己支持的球队应该有很大的赢面……概率和随机性问题交织在一起，充斥着我们的生活，正确理解概率和随机性问题，有助于我们描述、理解和把握这个充满不确定性的世界。

在这一章中，我们将一同探索概率和随机性。我们首先介绍概率的定义，以及理解概率问题看似简单而对于普通人来说又难于理解的一面；接下来具体分析概率判断中容易出现的误区；最后介绍另外一种与概率有关，也时常被人们误解的概念——随机性。

💡 课前热身

1. 请判断下面两个命题的正误。

(1)男人一般都比女人高，对吗？

(2)男人都比女人高，对吗？

2. 同时抛两枚硬币，如果至少有一枚硬币正面朝上，我就给你信号。那么在这种情况下，有多大概率另一枚也是正面朝上的？

3. 一个系统由500个独立部件和子系统组成，每个零部件在第一次使用时的可靠性为99%。整个系统第一次使用时的可靠性大概有多少？

4. 假设：(1)每1000人中有1人携带HIV病毒；(2)有一种方法可以100%检

验出 HIV 病毒携带者，但该方法有 5％的阳性误诊率。现随机找一个人来检查，结果呈阳性反应，那么他真正携带 HIV 病毒的概率是多少？

5. 请你模拟一个 10 次抛硬币结果的随机数列。用"正"表示正面，用"反"表示反面，然后观察你模拟的随机数列，统计一下发生"正－反"和"反－正"交替的次数。

6. 想象一下你在掷一枚普通的硬币（硬币出现正面和反面的概率各占 50％），已经连续出现了 5 次正面。对于第 6 次，你认为以下哪种情况发生的可能性更大？

A. 出现反面的概率比正面要大；B. 出现正面的概率比反面要大；C. 正反面出现的概率在第 6 次一样大。

7. 请看下面某只股票股价随时间变化的趋势图。

问题：你认为在 T8 的时间点上，该趋势线是上行还是下行？
A. 上行　B. 下行　C. 不变

一、概率及概率问题

如果你留心现在电视或广播上的天气预报，可能会听到类似这样的播报："明天的降水概率是 60％。"你可能会感到有些奇怪：为什么不直接说晴天或者下雨呢？要知道，早期的天气预报就不是以降水概率来预报晴雨的，而是采用有或无的播报方式。结果时常出现预报有雨而雨没有下，使得人们白带了雨伞，又或者预报没雨但突然大雨倾盆让很多人淋雨了，"天气预报总是不准"的怨念深入人心。现在，"降水概率"拯救了气象部门，无论是否下雨，都不会再听到有人抱怨。这个例子和课前热身中的问题 1 类似，你会得到一个看似是悖论的结论——在描述某项事件时，精确的断称反而容易犯错，而采用概率这种看似模糊的表述却能够有效地避免错误，这就像凯恩斯曾经说过的那样：粗糙的正确胜过精确的错误(It is better to be rough right than precisely wrong)。

概率(probability)，又称或然率、机会率或可能性，是对随机事件发生的可能性的度量。概率一般以一个在 0 到 1 之间的实数表示一个事件发生的可能性大小，越接近 1，该事件更可能发生；越接近 0，则该事件更不可能发生。抛一枚均匀的硬币，出现正面和反面的概率都是 1/2；掷一颗六面骰子，掷出 1～6 每个点数的概率都是 1/6，但掷出 7 的概率就是 0。见图 2-1。

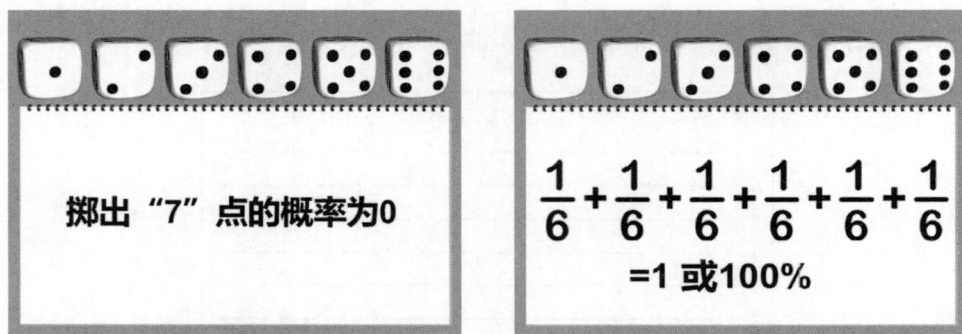

图 2-1　掷骰子的概率

经济学和心理学所揭示的所有事实和关系基本都是用概率表述的。但大部分人对概率的理解并不全面和深刻，甚至概率事件中最基本的问题也可能构成很大的挑战。请看下面几个例子。

"7" 的秘密

小时候我和我的小伙伴们一起玩大富翁(Monopoly)游戏时，我喜欢耍一个把戏。在游戏中需要掷两个骰子来决定走的步数。在掷骰子之前，我都喜欢喊一声"7"，结果掷出的骰子点数加起来经常是我喊的数字 7。每当这时，我的伙伴们总是用一种惊讶的目光看着我，仿佛我真有未卜先知的能力。我的这个小花招屡试不爽。事实上，只要仔细考虑一下两只骰子掷出点数的组合，就能很容易地发现，组合为 7 的概率是所有组合中最高的。见图 2-2。

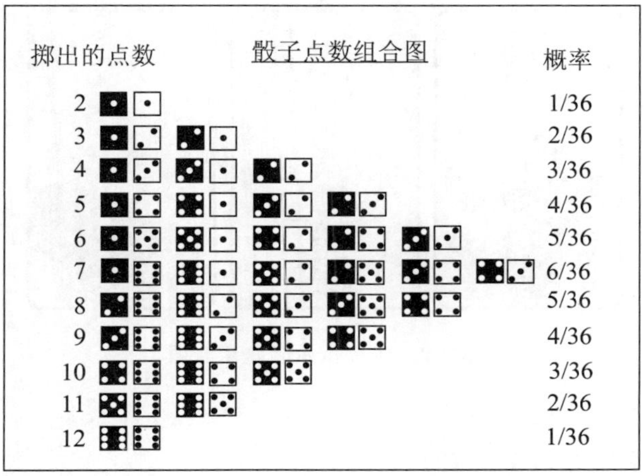

图 2-2　两枚骰子掷出点数的组合情况

玛丽莲·沃斯·萨万特和"蒙提霍尔问题"

玛丽莲·沃斯·萨万特(Marilyn Vos Savant)出生于密苏里州，据称其智商测试得分为 228，于 1986 年被列入吉尼斯世界纪录大全，成为世界上智商最高的人。她最后成为一名剧作家。自从 20 世纪 80 年代中期以来，她在《星期日报》(*Sunday Newspaper*)增刊《展示杂志》(*Parade Magazine*)上开设了一个名为"问问玛丽莲"(Ask Marilyn)的专栏，邀请读者来信提问并在专栏里给予回答。1990 年，一位叫克雷格·惠特克(Craig F. Whitaker)的读者写信给玛丽莲并提出了"蒙提霍尔问题"，问题描述如下。

假设某个益智节目的参赛者，可以在三扇门中选择一扇打开，其中一扇门后面是一辆汽车，另外两扇门后面各是一头山羊(见图 2-3)。主持人当然知道门后面是什么。如果选中的门后是汽车，参赛者就可以赢得汽车。

在参赛者选了一扇门以后，主持人打开剩下两扇门中的一扇，门后面是一头羊，此时他向参赛者提问："你要不要改变选择，换另外那扇没打开的门？"

玛丽莲在她的专栏中说："选择换的胜算比较大。"

这个回答引来了一万多封读者来信，大部分人都认为玛丽莲错了。玛丽莲错了吗？到底哪种选择胜算更大？

下面让我们抛开直觉来对这个问题进行分析。

第一步：参赛者第一次选择将产生以下三种情况，其发生概率各占 1/3。

(1)参赛者选择了有汽车的门。

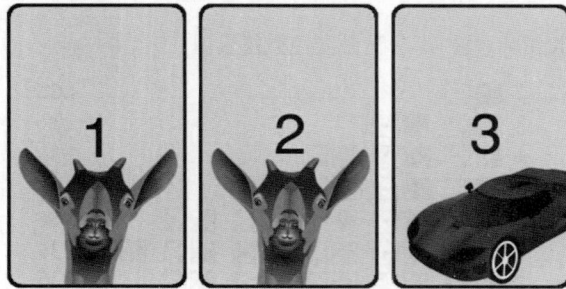

图 2-3　蒙提霍尔问题示意图

（2）参赛者选择了有山羊 A 的门。

（3）参赛者选择了有山羊 B 的门。

第二步：对应上文三种情况，主持人打开门出现山羊，若参赛者更换选项（见图 2-4）：

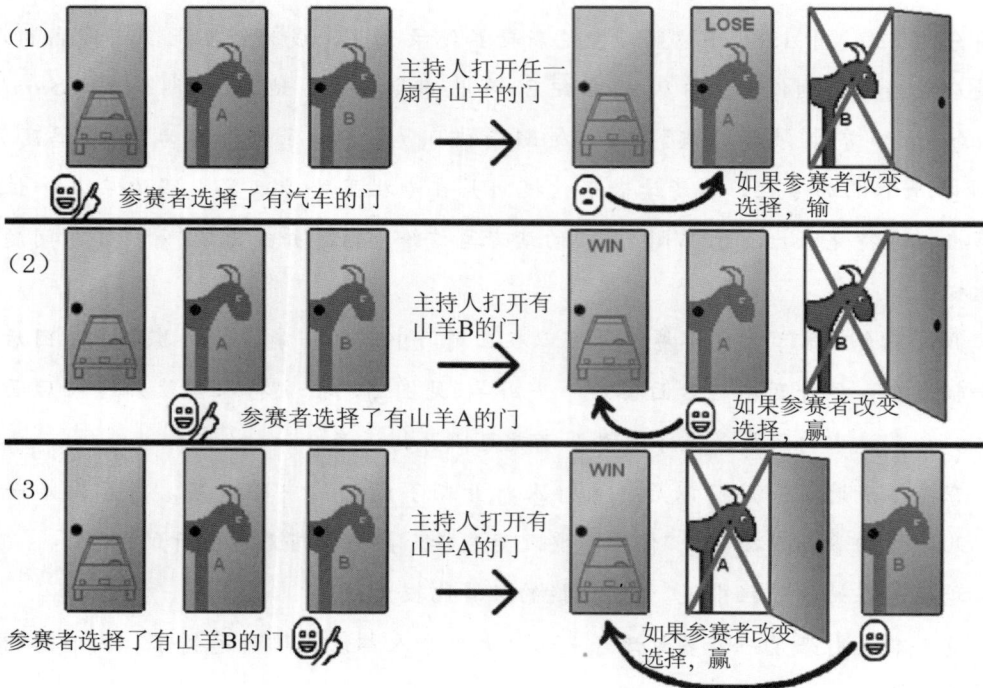

图 2-4　蒙提霍尔问题的分析

（1）此时，由于参赛者已经选择了汽车，参赛者更换选择，只会将汽车换成山羊。失败。

（2）此时，由于参赛者选择了有山羊 A 的门，主持人打开了有山羊 B 的门，则参赛者更换选择，会将山羊换成汽车。成功。

（3）此时，由于参赛者选择了有山羊 B 的门，主持人打开了有山羊 A 的门，则参赛者更换选择，会将山羊换成汽车。成功。

可见，交换选择的成功概率为 1/3＋1/3＝2/3，胜算更大。

回想"课前热身"中的问题 2。正确的思路是，掷两枚硬币的结果有 4 种可能：TT、HH、TH 和 HT（正面用 H 表示，反面用 T 表示），因为题目说"至少有一枚硬币正面朝上"时发信号，所以排除了 TT 这种情况。也就是说，至少一枚朝上的可能性剩下 3 种，而其中只有 HH 一种是两个正面朝上的。因此，两枚硬币都正面朝上的概率是 1/3。

上述这几个问题从统计学的角度分析并不复杂，但结论却和大多数人的直觉相反。这就是概率问题最令人困扰的地方。正如卡尼曼和特沃斯基所认为的那样，人们通常没有能力对环境做出经济学的概率推断的总体严格分析。这也是卡尼曼和特沃斯基始终贯穿的一个基本观点：统计原理不能从日常经验中学得，因为个人不会专注于为获得这种知识所必需的细节（见黛博拉·J. 本内特《随机性》，2001）。人们的推断往往靠的是某种顿悟或经验，所以经常导致系统性偏差。

二、概率判断中的误区

（一）积极偏差——事件效价的影响

日常生活中，人们对事件的概率判断受到事件结果"效价"（valence）的影响（此处，效价是指某项事件对于满足个人需求的价值，通常以正性或负性、积极或消极来表示）。许多研究表明，在其他条件相同的情况下，个体倾向于认为正性结果发生的概率高于负性事件。

实验证据：表情出现的概率

研究者让被试观看 150 张带表情的图片，其中一部分是悲伤皱眉的面孔，另一部分是微笑的面孔。设置两种不同的实验条件，要求被试观看完图片后，凭印象估计某一种表情图片出现的概率。第一种实验条件下，给定图片中笑脸占 70％。被试最后估计微笑表情的出现概率为68.2%；第二种实验条件下，给定的图片中悲伤皱眉面孔占70%。被试最后估计悲伤表情的出现概率有57.5%，显著低于70%。这一结果证明，人们低估了负面表情出现的概率(Rosenhan & Messick，1966)。

实验证据："这样的事绝对不会发生在我身上"

研究者(Weinstein，1980)给罗格斯大学库克学院(Cook College of Rutgers University)的学生每人一份给定的事件列表，表中包括18件正性事件和24件负性事件。学生被要求回答：与库克学院和你同性别的其他学生相比，下列事件有多大可能性发生在你身上？结果发现，平均来说：学生认为自己经历正性事件的概率比其他人高15%；学生认为自己经历负性事件的概率比别人低20%。

这种认为"好事更多会发生在自己身上"和"坏事更多会发生在别人身上"的错误信念也是过度自信的主要成因。人们普遍高估自己的驾驶技术，认为自己驾车出现车祸的概率比其他人低；创业者往往高估自己创业的成功率；赌徒认为自己更有可能在赌博游戏中赢钱；投资者容易高估自己在股市中赚钱的可能性。

(二)高估连续事件发生的概率

在概率理论中，单个事件被认为是"简单"事件，同时多个事件被认为是"复合"(compound)事件。复合事件包括连续事件和非连续事件两类，人们对于复合事件的发生概率判断会因其性质不同而发生偏差。所谓连续事件，是指一个事件的结果是由A和B两件事同时发生而组成的事件(例如，两次开奖都中奖才能赢得大奖)；所谓非连续事件，是指如果事件的结果由A和B其中之一发生就可组成的事件(例如，两次开奖只要有一次中奖就可赢得大奖)。在对复合事件进行概率判断时，人们通常会犯的错误是高估连续事件发生的概率，而低估非连续事件发生的概率。在此我们重点分析高估连续事件发生概率的情况。

实验证据：两阶段彩票

科恩等人(Cohen，Chesnick & Haran，1971)的研究结果显示：当彩票分两阶段进行，每次中奖的概率只有50%时，人们判断最后中奖的概率是45%。（实际是 $50\% \times 50\% = 25\%$ ）；当每次中奖的概率只有20%时，人们判断中奖的概率是

30%（实际是20%×20%＝4%）；当要求人们判断一个每次中奖概率都是50%的8阶段的彩票时，人们认为中奖概率是5%[实际是约等于(50%)[8]＝0.4%]。

回到"课前热身"的第3题。一个系统由500个独立部件和子系统组成，每个零部件在第一次使用时的可靠性为99%。整个系统第一次使用时的可靠性大概有多少？正确答案是(99%)[500]＜1%。这个答案多少会令人惊讶吧，看似每个零件都有着接近100%的可靠性，但当这些零件以类似"串联"的方式工作时，整个系统的可靠性就低得可怜了，正所谓"失之毫厘，谬以千里"。由此可以想见，类似于发射航天飞机这类复杂程度远超500个独立部件和子系统的大型工程，成功发射的难度该有多高，必须做到精确和万无一失。

经典的生日问题可以被视作高估连续事件概率的又一个例子。

生日问题

请思考这样一个问题：在一个23人的班级里，有两个人生日是同一天的概率是多少？

大多数人直觉上会认为这是一个极小的概率。在思考这一问题的答案时，人们会习惯性地想到"抽屉原理"：将一年365天看作365个抽屉，然后将人一个一个地放入抽屉，那么，当人数为366人时，必然有两个人在同一个抽屉里，即同一天生日。也就是说，要有366人才能"确保"这一情况的发生，而23人相对于366人来说太少了，因此认为这个概率应该极低。这个解法本身没有问题，但它其实蕴含了"365人每个人的生日都不与其他人重合"的极端情况，是小概率事件，而这一事件的补集（即有两人生日重合），恰恰是大概率事件。正确的思路是以下这样的。

第一个人的生日是365选365，第二个人的生日是365选364，第三个人的生日是365选363……第n个人的生日是365选365－$(n-1)$。n个人中所有人生日都不相同的概率为：

$$p=\frac{365}{365}\times\frac{364}{365}\times\frac{363}{365}\times\cdots\times\frac{365-n+1}{365}$$

而n个人中有至少两个人生日相同的概率就是：

$$p'=1-\frac{365}{365}\times\frac{364}{365}\times\frac{363}{365}\times\cdots\times\frac{365-n+1}{365}$$

当$n=23$时，$p'=0.507$，也就是说，23个人的班级中，有两个人同一天生日的概率约为 50%。而当班级人数变为 50 时，这个概率在 80% 以上，而当人数增加到 90 人时，有两人同一天生日的概率超过 99%。其实，人们之所以会低估一个群体中 2 人生日相同的概率，是由于高估了 n 个人中所有人生日都不相同的概率。

（三）某某人统计学

一种常见的认识误区是：如果人们认为一个特例就可以让一个规律失效，则会错判很多规律。基斯·斯坦诺维奇在所著的《这才是心理学》一书中列举了这样一个例子。

生活中，我们经常看到下面这样的场景：一个不吸烟的人引用吸烟导致肺癌的统计数据，试图说服一个瘾君子戒烟，所得到的结果仅仅是对方的反唇相讥："胡扯！你看那个铺子里的老乔·弗格森，他从 16 岁开始，每天要吸三包骆驼烟！现在他已经 81 岁了，看上去还很结实！"人们对此可能做出的推断显而易见，就是这一个特例已经推翻了这种吸烟和肺癌之间的关系。而事实是，人们往往错误地理解了概率定律的性质。就拿吸烟的例子来说，活到 85 岁的人中只有 5% 是吸烟者（University of California，Berkeley，1991）。或者从另一角度来看，活到 85 岁的人中有 95% 属于从不吸烟者，或在一段时期内吸烟但最终戒断者。连续从未间断地吸烟会显著地缩短寿命（University of California，Berkeley，1991），然而也有少量吸烟者活到了 85 岁。

造成以上误判的原因主要在于，人们将命题判断过程中使用的"试错法"误用在了对统计规律的检验上。例如，本章"课前热身"中"男人都比女人高"的命题中，只要找出一个比女人矮的男人，就可以使命题失效。但命题1"男人一般都比女人高"，描述的是一种统计规律。统计规律是随机事件的整体性规律，它不是单个随机事件特点的简单叠加。即使是最好的趋势，也会有少数的"特例"与之背道而驰。

（四）忽视基础概率

概率误判还可能发生在人们对概率信息利用不充分的情况下。下面这个例子改编自著名的"HIV 携带者问题"（"课前热身"问题 4），内容变为对赌博赢钱者的判断。

"千元赢家"问题

有一位心理学家发明了一台"表情分析仪"。某天，他带着这台仪器来到某家赌场的出口处，对每一位走出赌场的赌徒进行观测，试图通过对他们的表情分析来判断其今天是否赢了 1000 元以上。假设：（1）根据以往经验，每 1000 人中有 1 人有可能赢得 1000 元以上；（2）表情分析仪可以 100％检验出"千元赢家"，但该方法有 5％的阳性误判率（即被表情分析技术推断为"千元赢家"的赌徒中，有 5％的人赢钱数并没有超过 1000 元）。现随机从走出赌场的人中找一个人来进行观测，结果表情分析仪将其判断为"千元赢家"，那么他真正是"千元赢家"的概率是多少？

大部分人的直觉回答是 95％，而实际结果应该是 2％。正确算法应该是这样的。首先，计算被误判为"千元赢家"的人数：非千元赢家（999）×误判率（5％）≈50人；其次，被判断为"千元赢家"的人数：误判人数（50）＋真正的"千元赢家"（1）＝51 人；由此可得，此人为真正"千元赢家"的概率：1/51≈ 2％。这个例子给我们的启示是：任何时候都不能忽略基础概率，必须结合基础率和虚报率才能做出正确的概率判断。

（五）样本谬误

对样本大小信息的误用也是概率误判发生的原因之一。以下例子改编自著名的"大小医院问题"。

股票问题

股价每天都在变动。假设一般规律是，市场上每天有接近一半的股票会上涨，接近一半的股票会下跌，二者比例接近 50％对 50％。现有甲、乙两位投资者。甲手中持有 60 只股票，乙手中持有 12 只股票。甲和乙每天都记录了手中股票的涨跌情况。如果哪一天手中上涨的股票数和下跌的股票数比值超过 60％（也就是上涨的股票数"异常地"多于下跌的股票数），甲和乙都会对该天进行特殊标记。

请问，在一段时间内，甲和乙谁标记的此类天数多？

A. 甲　　　B. 乙　　　C. 一样多

正确答案是B，乙标记的此类天数更多。按照题目假设，上涨的股票和下跌的股票数比例是50%，而样本量越大，就会越接近这一概率。甲持有的股票多，样本量大，上涨股票和下跌股票的比例会更接近50%。反之，乙持有的股票数少，上涨股票数和下跌股票数的比值偏离50%的异常值更多。可推论甲手中股票出现此类情况的天数相对会更多一些。其实这一问题可以用抛硬币问题来类比。我们知道，一枚质地均匀的硬币，每次抛出正面和反面的概率都是1/2。那么，甲和乙两人都来抛硬币，甲抛1000次，乙抛10次，那么谁的结果更可能验证"正反概率是1/2"这个命题呢？显然是甲，因为他的观测样本大，结果更接近理论预期值，而乙样本小，出现异常值的概率更大。小的样本或经验片段，不足以概括总体的分布特征。这个问题给我们的启示是，在不同领域进行证据评估时需要遵守一条基本原则：认识到样本规模对于信息可信度的影响。

综上所述，为避免陷入概率判断的误区，我们应该做到：第一，保持适当的信心水平，避免出现积极偏差，要知道，无论是好事还是坏事，发生在自己和其他人身上的概率是一样的，自己并不比别人更特殊；第二，要区分复合事件和简单事件，在对复合事件进行概率判断时，不能高估连续事件发生的概率，也不应低估非连续事件发生的概率；第三，不要以个案来推断总体，也不要以极端个案来反驳统计性结论；第四，勿忽视基础概率，必须结合基础率和虚报率才能做出正确判断；第五，时刻关注样本信息，要知道对于某一规律来说，大样本永远比小样本更有代表性。

三、随机性

随机性或曰偶然性是我们周围环境不可分割的一部分。日常生活中最常见的随机性不只是硬币的正反面，公司每天都在雇佣和解雇员工，运动场上到处都是成功和失败，股价每天都在涨跌，彩票有人中奖有人颗粒无收。在这样的一些结果中寻求一定的规律当然无可厚非，但研究表明，决策者对于随机性存在多种误解，具体表现为以下四种现象：(1)解释偶然性(无中生有)；(2)错误模拟随机性(过度求变)；(3)赌徒谬误（gambler's fallacy）；(4)手热谬误(hot-hand fallacy)。后文将一一展开。

（一）解释偶然性（无中生有）

偶然性是事物联系和发展中不确定的趋向，但人们却有解释偶然事件的倾向。具体表现为：从没有结构的地方寻找结构，制造虚假相关，强行解释巧合，公平世界信念。

1. 从没有结构的地方寻找结构

人们有在无序的事件中寻找结构的倾向。认知心理学家卡尼曼描述了在赎罪日战争（Yom Kippur War）中与以色列空军打交道的事例。

赎罪日战争中的飞机损失

两个飞行中队出发并返航，一队损失了四架飞机，另一队则没有损失。军方希望卡尼曼调查一下出现有这样的差异，是否有特别的因素在起作用。卡尼曼并没有去做调查，但是卡尼曼知道，以这样的小样本，任何找到的因素都有可能是虚假的——不过是纯粹的偶然性波动的结果而已。他没有去做调查，而是告诉以色列空军不要浪费时间："我推论，运气是最可能的答案，对不显见原因的随机搜索，其希望是渺茫的，同时遭遇损失的中队飞行员也不必因为觉得自己和战友有错而背上额外的负担。"（基斯·斯坦诺维奇，《这才是真正的心理学》，2015）。

在一项研究中，研究者给被试呈现一系列发光刺激，有时是横向发光，有时是竖直发光，被试需要预测下一次的刺激是水平的还是竖直的。结果发现，被试在一半情况下预测下一次出现的是水平发光的刺激。但被试的选择受到上一次结果的影响：如果上一次是水平刺激且被猜中了，被试有 64% 的可能性会继续猜水平刺激；如果上两次是水平刺激且被猜中了，被试有 72% 的可能性会继续猜水平刺激（Hake & Hyman，1953）。研究结论是，人们总是把模棱两可的序列事件知觉为更有结构的事件。这种从无序的事件中寻找结构的倾向在现实中也有很多表现。

（1）彩票走势图。人们对彩票中奖号码的猜测就是一种从没有结构的地方寻找结构的典型表现。在所有的彩票投注站里，墙上都会有一张"彩票中奖号码走势图"，许多彩民喜欢通过研究往期彩票的走势对下一期的中奖号码进行预测。彩票中奖号码本是随机选择的，但购买彩票的人却喜欢根据以前的走势预测下一次的中奖号码，认为在这种无结构的随机数字选择中，存在着可解释可预测的结构。事实上，每一次彩票开奖都是独立事件，摇奖机也没有记忆，之前的中奖号码和下一次的中奖号码之间毫无关联。

（2）证券市场上对股价的预测。在常规市场中，投资者们被引诱并做出错误的决策，常常就是因为他们看到了并不真实存在的模式。尽管在证券市场上，股价的震荡类似于在华尔街上"随意漫步"，但还是有成千上万的人花费整天的时间对股价的走势进行预测。有研究者发现，在得到股价信息和趋势信息之后，65％的被试确信他们能正确预测股市的走势。尽管这样的预测只有49％的正确率（Fischoff & Slovic，1980）。

许多金融分析师的思维方式就体现了这一谬误。他们通常会对股票市场价格的每一次小的波动都例行编制出精细的解释，而实际上这种变化大多只是随机波动而已（Malkiel，1999；Taleb，2001）。金融分析师总是不断对客户暗示他们可以（也许他们也相信自己可以）"征服市场"，即使当大量的证据表明他们中的大部分是做不到的时候也是如此。有研究证明，过去几十年中，如果投资者购买了标准普尔目录中所有500家大企业的股票，然后放着不去管它（或直接采用所谓"傻子策略"的办法——去买一种追踪这一目录的信托基金），那么今天投资者获得的回报会比2/3的华尔街股票经纪人为他们的顾客所赚的都要高（Egan，2005；Hulbert，2006；Malkiel，2004；Updegrave，1995），其成绩也会打败80％的那些定价已经涨至每年500美元的财经通讯杂志（Kim，1994）（转自基斯·斯坦诺维奇，《这才是心理学》，2015）。下面的例子就是关于所谓股票市场预测骗局的内幕。

关于股票市场预测的骗局

假想你收到一封信，信中告诉你有这样一份关于股票市场预测的邮寄通讯，这个通讯并不是要收费，只是要求你试试照着他们的建议去买股票，然后看看它的预测灵不灵。它告诉你IBM（国际商业机器公司）的股票会在下个月攀升。你把这份通讯随手一扔，但是你确实注意到在下一个月里IBM股票果真涨了。如果你曾读过一本与本书的内容类似的书，你会觉得这是稀松平常的事情，仅会将其视为一次侥幸的猜中。后来你又收到另一份来自同一家投资咨询公司的通讯，该通讯预测IBM会在下个月下跌，当股票确实跌了的时候，你仍将其视为侥幸，但是这一次你可能就有点儿好奇了。当这家公司寄来第 3 份通讯，预测 IBM 下个月会再次下跌时，你发现自己对这几页财经纸张的关注度提高了，既而你发现这个通讯又一次做出了准确预测，IBM 这个月确实又下跌了。当来自这家公司的第 4 份通讯预测 IBM 下月会涨，而且也确实涨了时，你难免会觉得这个通讯刊物真还挺神——想花 29.95 美元去订一年这本如此有价值的通讯的想法难以克制。这种诱惑难以抵挡，除非你能想象此时在一个简陋的地下办公室里，某人正在准备下周要寄出的 1600 份通讯，这些通讯会按电话黄页上的 1600 个地址发出，其中 800 份预测 IBM 下月上涨，800 份预测下跌。当 IBM 在下个月真的涨了，公司就继续把通讯只发给上月接收到正确预测的 800 位"客户"（当然，其中还是 400 份预测上涨，另外 400 份预测下跌）。然后，你可以想象，这个"锅炉房"——可能还包括在背后煽风点火、辅助造势的电话营销骗子——正在向第 2 周接收到正确预测的 400 位客户发送第 3 个月的预测通讯（还是 200 份预测涨，200 份预测跌）。是的，你就是连续四次收到正确的随机预测信息的 100 个幸运儿之一！这 100 个"幸运儿"中的大多数会为了能继续收到通讯而掏 29.95 美元（基斯·斯坦诺维奇，《这才是心理学》，2015）。

心理学家理查德·怀斯曼在《怪诞心理学》一书中描述的"金融占星师"的例子也很有代表性。

金融占星师和小蒂娅的故事

当时的英国流行金融占星学，而且有些占星师宣称一家公司的设立日期能够影响到其日后的经营业绩。于是怀斯曼主持了一项实验，请一名金融占星师、一名资深的分析师以及一个年龄尚小的孩子——他同事的 4 岁女儿小蒂娅——每人用 50 000 英镑的虚拟货币来购买他们最看好的股票。每人有两次选择机会。最终，金融占星师运用占星术选择了他认为最好的股票，分析师运用他多年的从业经验做出了选择，而小蒂娅的选择方式是：实验者站在梯子上，将写了股票名称的小纸片天女散花一般抛向空中，小蒂娅随机抓住其中的四张。实验者分别在一周和一年后对三人的"业绩"进行考察，结果令人意外：毫无投资经验的小蒂娅是三人中业绩表现最好的，资深分析师的表现难令人满意，而金融占星师的神话当然也不攻自破了（见表 2-1）。

表 2-1 三人所选股票收益损失情况

时间	小蒂娅	金融占星师	分析师
一周后	−4.6%	−10.1%	−7.1%
一年后	5.8%	−6.2%	−46.2%

于是我们就不难理解，为何坊间会流传诸多揶揄经济学家的笑话。比如，"经济学家对各种指标的预测都带着小数点，是为了显示他们富有幽默感""在过去 5 次经济大萧条里，经济学家们成功地预测到了 9 次""市场的预言家分两种：无知的以及不知道自己无知的"等，虽然有夸张戏谑的成分，但所揭示的道理是正确的：当影响趋势的因素太多，使得结果的变化接近于随机时，强行从中找寻规律的行为终是徒劳的。

2. 制造虚假相关

人们倾向于在生活中处处寻找相关关系，并进一步解读为因果关系。观察到两个变量表面上向同一个方向变动，并不意味着它们之间存在直接关系。将两个不相关的事件联系在一起解释为相关甚至因果关系，就会产生虚假相关。卡尼曼和特沃斯基(Kahneman & Tversky，1973)指出，人们喜欢在不相关的事物之间建立关联，从而高估事件的可预测性：当学生被试要求根据心情去预测大学的绩点时，他们倾向于认为二者是正相关的，被试给出的相关系数均值是 0.7。事实上，心情和绩点之间并不存在显著的相关。

足球界有关于"死神拉姆塞"的传说：效力于英超劲旅阿森纳的中场球员拉姆塞只要在比赛中进球，就会有重要人物死亡(事实上，这个世界上每一天都有重要人物死亡)；我国近年流行"雨神萧敬腾"的道理也与之类似。而虚假相关在经济活动中最典型的例子就是"丁蟹效应"。

丁蟹效应

丁蟹效应(又称"秋官效应")是股票市场的一个奇特现象，指的是自从郑少秋于 1992 年在《大时代》中饰演丁蟹开始，凡是播出由郑少秋主演的电视剧、电影等，恒生指数或 A 股均有不同程度的下跌，股民损失惨重(表 2-2)。

表 2-2 郑少秋主演剧集上映与恒生指数跌幅

跌幅排名	剧集	播映日期	播完变幅/%	其间最低跌幅/%
1	《笑看风云》	1994 年 10 月 31 日至 12 月 23 日	−13.8	−17.8
2	《大时代》	1992 年 11 月 2 日至 12 月 25 日	−12.7	−19.6
3	《血荐轩辕》	2004 年 3 月 8 日至 4 月 25 日	−8.8	−9.6
4	《世纪之战》	2000 年 9 月 11 日至 11 月 3 日	−8.3	−16.5
5	《天地男儿》	1996 年 2 月 5 日至 5 月 3 日	−6.5	−10.6
6	《神剑万里追》	1999 年 7 月 5 日至 8 月 20 日	−6.5	−12.3
7	《荣归》	2007 年 7 月 18 日至 8 月 10 日	−4.6	−5.5
8	《男人四十一头家》	1995 年 6 月 5 日至 6 月 30 日	−3.8	−4.8
9	《御用闲人》	2005 年 3 月 14 日至 4 月 8 日	−1.7	−3.4
10	《江湖奇侠传》	1997 年 12 月 1 日至 1998 年 2 月 20 日	−1.4	−22.9

（资料来源：里昂证券）

实际上，"丁蟹效应"是一种建立在虚假相关上的自我实现预言。"丁蟹"的影视作品播出时，正好当时香港股市暴跌。由于部分股民将两个偶然事件的同时出现解释为相关，继而建立虚假相关关系。此后出现郑少秋的影视作品时，部分投资者对于股市下跌产生了预期，进而进行非理性的减仓，使证券市场出现暴跌。

3. 强行解释巧合

日常生活中，我们喜欢解释巧合，认为其发生的背后必有某种神秘的力量支配。相信每个人都遇到过"说曹操曹操到"的情况；有时我们想到了自己的舅舅，结果接到一个电话，就是舅舅打来的；有时走在路上想起一个朋友，结果一抬头他就迎面走来了。每当遇到这类巧合时，我们都会感到惊讶，继而产生一些玄学的解释，如觉得自己来历不凡等，事实上，这只是随机性的一种表现而已。

连续中奖的奇迹

1990 年，《纽约时报》报道了一个似乎令人难以置信的巧合事件：一位女士在新泽西的抽彩活动中四个月内连续两次中奖，原先被报道为只有十七万亿分之一希望的奇迹，但是两位哈佛统计学家对巧合事件的研究揭示，这样一个事件发生在美国某地某人身上的机会约为 1/30，——并不那么惊人。他们解释说："在一个足够

大的样本里，任何难以置信的事情都可能发生。"（黛博拉·J. 本内特，2001）

寻求纯粹偶然的事件的解释的这种倾向，也导致我们对许多巧合事件（coincidence）的性质产生误解。许多人认为巧合需要特别的解释，他们不理解并不需要偶然性之外的因素才能让巧合发生。巧合并不需要特别的解释。至于如何理解这种偶然性，可以从生活空间样本着手：我们生活的空间中充斥着各种元素，当这个样本空间足够大、元素足够多时，某些元素会偶然交汇，出现所谓的"罕见匹配"。比如，以"想到舅舅，舅舅就打电话来"为例，真正的原因是，我们每天都会想起一些人，同时我们每天也会接到几个电话，终有一天，我们偶然想到的人碰巧给我们打了电话，出现了罕见匹配。

理查德·怀斯曼在《怪诞心理学》一书中曾写道："在英国，几乎每个星期都会出现一次非常惊人的巧合，我们都知道，如果说这种事情仅仅是运气使然，那简直无法令人相信。"事实上，发生这种事情的概率极低，低到只有一千五百万分之一。这个惊人的巧合就是有人中了头彩。这种看似不可能的事情为什么每周都会发生呢？原因就在于有太多的人购买彩票了。很多巧合也都是在同样的情况下出现的。全世界有数百万人过着复杂的生活，因此，如果偶尔有人中了头彩或者经历了怎么看都不可能发生的事情，那也没什么可大惊小怪的。虽然人们忍不住会想这可能是上帝发出的某种信号，或者人与人之间存在着某种神秘的感应，但事实上所有此类的事件都仅仅是一次偶然。

《福尔摩斯探案集》的作者柯南·道尔在《蓝宝石案》中对此做了完美的诠释："在极为庞杂的一大群人中，存在着各种各样的行动和反应，事件的各种组合都有可能发生，许多小问题的出现看起来可能会既令人震惊又超乎寻常。"现在有一句网络流行语叫"活久见"，其实就是在说，随着时间的累积，生活空间样本足够大时，罕见匹配一定会出现。有这样一个思想实验：假设给无限多只猴子以无限多台打字机，再给他们无限多的时间在键盘上随意敲打，会不会有一只猴子碰巧敲出一部《红楼梦》来？答案是肯定的，虽然这种可能性微乎其微，但仍然存在。

4. 公平世界信念

美国心理学家莱纳（Lerner）提出过叫作"公平世界信念"（belief in a just world）的概念（Lerner，1980）。他认为个体有一种需要：相信他们生活在一个公正的世界里，在这个世界里人们得其所应得，所得即应得。日常生活中，人们的确倾向于认为生活其中的世界是公平的：一个人获得了成就，那么他肯定是做对了什么，所以这份成就是他应得的；而当不幸降临到人头上时，受害者往往自己也有责任，甚至是咎由自取。同理，如果我们各行好事、安安分分，那么付出总有回报，至少也不会有什么麻烦；如果有人做坏事，即使他现在一时得意，将来总要遭报应的，总有一天会要倒台。这一概念看似正确，但实际可能存在一定的危害。基斯·斯坦诺维奇在《这才是心理学》中讲述了这样一个事例。

20世纪80年代早期，一个美国教育部官员说："残疾人错误地认为生命中的巧合令他们随机地受到惩罚，实际并非如此。所有发生在某个人成长过程中的某个点上的事，没有一件不是由他本人所招致的……"这句话听上去好像很不公平，但是一个人所处的外部环境确实是与他内在心灵的发展相一致的(Gilovich，1991)。

正如吉洛维奇(Gilovich)所指出的："这真不该是一个想进入教育部高层的官员所持有的哲学，教育部本应是负责给予残疾人士同等教育机会的机构才对。"——但如果我们拒绝将这类后果归为偶然性，结果必然会导致这种不人道的哲学。

不仅是残疾人这类弱势群体，事实上任何人都有可能成为"公平世界信念"的受害者。我听说过这样一个例子：在求职季，某公司收到了很厚的一摞求职简历，然后人力资源部门的人随机地将简历扔掉一半，他们声称这样做的理由是——"我们公司不要运气不好的人"。

(二)错误模拟随机性(过度求变)

对随机性误解的第二种表现是，人们往往认为随机性就是"变来变去"，而忽略了在随机序列中，也会有重复或看上去有规律的结构出现。这类结构出现时，并不意味着随机性遭到了破坏。

有研究者让70个学生来制造一个抛掷硬币结果的"随机数列"。条件是假设无偏差地掷300次硬币，模拟出现正面(H)和反面(T)的情况，然后统计其中发生的转换次数(每发生一次从H到T或者从T到H，都记为1次转换)。结果发现90%的学生完成的序列出现了过多的转换，平均为175次(高于理论期望值150次)(Bakan，1960)。

也就是说，当要求人们去模拟一个随机的序列时，人们会试图使这个序列的每一个点看上去都像随机的，结果是他们不会写下连续相同很长的序列。相比真实的硬币投掷（或与之类似的随机事件），变化和更替显著增加。现在可以回想一下在"课前热身"中的问题5，如果你模拟的随机抛10次硬币的结果中，出现了超过5次的转换，说明你对随机性的理解陷入了"过度求变"的陷阱。

与之类似，还有研究者进行了另外一项实验，证明人们具有这种对于随机性的误解。研究者给被试呈现7个重复率20%～80%的系列，要求被试回答哪个是随机系列。结果，被试更多地将具有更少重复率的系列认定是随机的（Wagenaar，1970）。苹果公司（Apple Inc.）曾经经历过这样一次产品设计方面的尴尬。

苹果公司的烦恼

美国苹果公司曾经推出过一款名叫 Shuffle 的 MP3 播放器，该款产品采用极简设计，没有屏幕，也没有歌曲选择的按键，主打"随机播放"功能。苹果公司的初衷是，该产品为那些运动爱好者设计，随机播放歌曲省去了选歌的操作麻烦。但是产品推出后，不断收到用户投诉。比如，有用户抱怨"我为什么连续听到了两首大卫·鲍威（David Bowie）的歌""我连续听到了三首甲壳虫乐队（the Beatles）的歌"。接到这样的投诉和抱怨，苹果公司的技术人员总是哭笑不得，他们无法让消费者理解连续出现重复歌手的歌也是随机的一部分。最终苹果公司放弃了解释的努力，而让工程师修改了程序，让相同歌手的歌不会重复出现。这样做的结果其实使得歌曲的播放不再是真正意义上的随机，但消费者感到非常满意："真的好随机啊。"

（三）赌徒谬误

一系列坏运气之后，一定会出现好运气吗？或者说一系列结果相同的独立事件之后必然伴随一个相反的结果吗？回想"课前热身"中的问题5，你的回答是否受到了前5次抛掷结果的影响？你是否认为在接连出现5次正面后，第6次反面的概率更大了？

事实上，和摇奖机一样，硬币也没有记忆，每一次掷出的结果也是独立事件，因此第6次的结果出现正面和反面的概率仍然是50%对50%。再思考下面一个问题：

一对夫妇已经有了两个女儿，他们计划生第三胎。你觉得第三胎更可能生男还是生女？

如果你的回答是男孩，很可能你已经受到了"赌徒谬误"的影响。"赌徒谬误"是一种错误的信念。个体认为随机序列中一个事件发生的概率与之前发生的事件有关，即发生的概率会随着之前没有发生该事件的次数而上升。

例如，有研究发现，在俄罗斯轮盘赌中开出了 5 注红色的以后，赌徒开始认为下注开出黑色的概率更大（Tversky & Kahneman，1974）。然而，假设俄罗斯轮盘是在没有作弊的基础上运作，每次开出的颜色是相互独立的，即各为 50％的概率，下一次是红色还是黑色的概率和历史是无关的。但是赌徒的心理却完全不是这样的。

产生"赌徒谬误"的原因首先是人们忽视了独立事件的性质，即无论事件在发生时间上多么接近，独立事件间的概率是没有联系的。其次是因为人们错误地诠释了"大数法则"的平均律。赌徒倾向于认为大数法则适用于大样本的同时，也适用于小样本。

（四）手热谬误

运动员、教练和体育迷们几乎全都相信手感理论，也就是投篮命中率高于正常水平的球员会保持更好的投篮表现。当某个球员连续命中，就会被大家认为其"手很热"，然后关键球都交给他（她）来投。

从吉洛维奇等人一项针对篮球投篮的著名研究（Gilovich，Vallone & Tversky，1985，以下简称 GVT）开始，专家们在几十篇论文中都主张，"手热"只不过是一种统计上的"噪声"。运动员们看起来是手热得发烫，这其实只是毫无预测价值的随机波动。相信"手热"的人只是相信自己看到了某种并不存在的模式。这种错觉被命名为手热谬误，即在随机事件中，错误地认为某一趋势将会延续。但最近这一研究结论也受到了质疑（Miller & Sanjurjo，2016），米勒（Miller）等人发现 GVT 和许多后续研究都犯了一个极其微妙的数学错误，在纠正后，这些数据不仅没有否定手热现象，反而强烈地支持它。除了重新分析数据，他们还指出了 GVT 在受控实验部分设计上的一些不足，并进行了改进的实验，发现了显著的效应。

尽管篮球比赛中可能真的存在手热现象，但"手热谬误"作为一种心理学现象也确实是存在的，即人们在特定情况下会过度相信某一趋势会延续。证券投资领域中的"动量投资策略"就是手热谬误的表现。

手热谬误和赌徒谬误是方向相反的两种对于趋势判断的错觉。如果过分相信相同结果出现之后的下一次结果改变的概率会增加，就会犯赌徒谬误的错误；相反，如果过分相信相同结果出现后下一次结果将延续之前的趋势，就犯了手热谬误的错误。有一句投资箴言说得很好：乐观者一路只看到绿灯，悲观者一路看到的是红灯，而真正的智者是色盲。回想"课前热身"的第 7 题，你的选择是什么？

避免陷入随机性的误区，有以下几点建议：第一，对偶然性不必做刻意的解释，对于理应是随机的序列中偶然呈现的"结构""顺序"或"规律"不贸然下定论，拉长观测范围和观测周期，多用反证法，试着多角度去驳斥这种"规律"。第二，对于不可控的随机事件，理性看待其各种变化，不做刻意的归因。第三，有的时候，试着采取"接纳错误以减少错误"的策略。例如，一只股票有涨有跌，但总体趋势向好，且有稳定的内在价值和增长潜力，这时对于投资者来说，最好的策略就是长线持有，而不要在意短期的涨跌和盈亏。第四，认识到随机性不以人的意志为转移，不要盲目听信预测，因为这样做无异于问道于盲。

本章要点

1. 概率，又称或然率、机会率或可能性，是对随机事件发生的可能性的度量。

2. 在描述某项事件时，精确的断称反而容易犯错，而采用概率这种看似模糊的表述却能够有效地避免错误。

3. 概率判断中存在 5 种主要误区：(1)积极偏差；(2)高估连续事件发生的概率；(3)某某人统计学；(4)忽视基础概率；(5)样本谬误。

4. 对于随机性的误解包括四种现象：(1)解释偶然性(无中生有)；(2)错误模拟随机性(过度求变)；(3)赌徒谬误；(4)手热谬误。

课后练习

1. 举例来解释，为何"精确的断称反而容易犯错，而采用概率这种看似模糊的表述却能够有效地避免错误"。

2. 为何人们对概率问题的理解存在困难？

3. 举例说明对概率的认识方面存在哪些误区。

4. 举例说明赌徒谬误和手热谬误的区别。

参考文献

黛博拉·本内特. 随机性［M］. 严子谦，严磊，译. 长春：吉林人民出版社，2001.

基斯·斯坦诺维奇. 这才是心理学：看穿伪心理学的本质［M］. 窦东徽，刘肖岑，译. 北京：人民大学出版社，2015.

理查德·怀斯曼. 怪诞心理学［M］. 路本福，译. 天津：天津教育出版社，2009.

Bakan，P. Response-tendencies in attempts to generate random binary series ［J］. The American Journal of Psychology，1960，73(1)：127-131.

Cohen，J. ，Chesnick，E. I. ，&Haran，D. Evaluation of compound probabilities in sequential choice［J］. Nature，1971，232(5310)：414-416.

Egan，P. An investigation into corporate social investment practices and policies within the south African insurance sector［D］. Stellenbosch Stellenbosch University，2005.

Gilovich，T. D. The "Hot Hand" and other illusions of everyday life［J］. The Wilson Quarterly，1991，15(2)：52-59.

Gilovich，T. ，Vallone，R. ，&Tversky，A. The hot hand in basketball：on the misperception of random sequences［J］. Cognitive Psychology，1985，17(3)：295-314.

Hake，H. W. ，&Hyman，R. Perception of statistical structure of a random series of binary symbols［J］. Journal of Experimental Psychology，1953，45(1)：64-74.

Hulbert，B. ，Gilmore，A. ，& Carson，D. Sources of opportunities used by growth minded owner managers of small and medium sized enterprises［J］. International Business Review，2006，22(1)：293-303.

Kahneman，A. T. Advances in prospect theory：cumulative representation of uncertainty［J］. Journal of Risk and Uncertainty，1992，5(4)：297-323.

Kim，O. ，&Verrecchia，R. E. Market liquidity and volume around earnings announcements[J]. Journal of Accounting & Economics，1994，17(1-2)：0-67.

Liu，L.，Mishchenko，M. I.，&Arnott，W. P. A study of radiative properties of fractal soot aggregates using the superposition T-matrix method[J]. Journal of Quantitative Spectroscopy and Radiative Transfer，2008，109(15)：2656-2663.

Land，C. E. Societal risk assessment：how safe is safe enough[J]. Medical Physics，1982，9(3)：442.

Lerner，M. J. The belief in a just world[M]. US：Springer，Boston，MA，1980.

Malkiel，&Burton，G. A random walk down Wall Street[M]. A random walk down Wall Street：Norton，1999.

Malkiel，B. G. Models of stock market predictability[J]. Journal of Financial Research，2004，27(4)：449-459.

Miller，J. B.，&Sanjurjo，A. A bridge from Monty Hall to the Hot Hand：restricted choice，selection bias，and empirical practice[J]. Social Science Electronic Publishing，2016.

Rosenhan，D.，&Messick，S. Affect and expectation[J]. J Pers Soc Psychol，1966，3(1)：38-44.

Taleb，& Nicholas，N. Bleed or blowup? why do we prefer asymmetric payoffs [J]. Journal of Behavioral Finance，2001，5(1)：2-7.

Tversky，A.，&Kahneman，D. Judgment under uncertainty：heuristics and biases[J]. Science，1974，185(4157)：1124-1131.

Wagenaar，W. A. Subjective randomness and the capacity to generate information[J]. Acta Psychologica，1970，33：233-242.

Weinstein，&Neil，D. Unrealistic optimism about future life events[J]. Journal of Personality and Social Psychology，1980，39(5)：806-820.

第三章　风险感知

科幻作家刘慈欣的《三体》讲述了一个存在于宇宙中的"黑暗森林法则"。根据这一法则，宇宙被描述成一片封闭的黑暗森林，其中的每个文明都如同独行的猎人一般，不知晓其他文明的存在。而一个文明一旦暴露，其他文明就会力图消灭被暴露者。该法则背后的原因就在于对"风险"的感知和规避——任何文明都要规避自身被暴露可能造成的风险。

在科幻小说之外的现实世界，风险也无处不在。香烟盒上的"吸烟有害健康"提示了吸烟的健康风险；正规的药品说明书里都有副作用的提醒；一些带来强烈刺激的娱乐活动，如过山车和蹦极都会提醒游客"高度近视和心脏病、高血压患者慎入"；雾霾严重的时候，很多幼儿园和学校停课，很多家庭开始考虑购入空气净化设备，以避免恶劣气候条件造成的风险；银行的自动提款机旁循环播放着预防电话诈骗及网络诈骗的警示语；股票交易大厅里挂着"股市有风险，入市须谨慎"的横幅……风险大多数时候是需要绕行的陷阱，有时候也意味着机遇；有一些风险是客观存在、人们极力规避的，而另外一些风险则是人们主动愿意承担的。对风险的感知和态度决定了我们的诸多决策行为。

在这一章中，我们首先介绍风险和风险感知的概念，接着针对风险感知，介绍其主要研究方法及对风险主观性的解释，最后介绍经济活动中的风险感知相关理论及研究。

💡 课前热身

1. 面对以下两种选择，你更倾向于哪一种？

A. 每天抽 2 根烟。

B. 永久性居住在核电站附近 30 千米的地方。

2. 假如你开车 40 千米送一位朋友到机场，他将要乘坐飞机飞往 3000 千米的外地，临别之时，你对他说"一路平安"。你觉得这里有没有什么问题？

3. 一个抛硬币游戏，其规则为抛到正面赢 20 元，抛到反面输 20 元。

(1)如果你之前赢了 100 元，你愿意赌吗？

(2)如果你之前输了 20 元，你愿意赌吗？

(3)如果你之前输了 20 元，再继续玩一局正面赢 40 元、反面输 40 元的翻倍游戏，你愿意赌吗？

一、风险

风险是指期望与实际结果之间的不确定性。根据其对收益和损失的关注点的不同，风险可分为广义风险和狭义风险。广义风险强调收益的不确定性。若风险表现为收益的不确定性，说明风险产生的结果可能带来损失、获利或是无损失也无获利；狭义的风险强调成本或代价的不确定性，或曰损失的不确定性。比如，有研究者认为风险是期望的或可能的消极事件(Sioberg，1998)；有研究者认为风险是人们将一种情形或事件评价为是危险的，并且这种情形或事件的结果是不确定的。在狭义的风险定义中，风险只能表现出损失，没有从风险中获利的可能性，如疾病风险、死亡风险、事故风险等。在经济心理学中，涉及"风险"这一概念时，不同的语境下，其含义会有所不同。例如，提到"风险偏好"时，这里的风险就更接近于广义的风险；而提到"市场风险"时，其中的风险更接近于狭义的风险。

同时，还有研究者认为风险并非单一的概念，而是复合结构。例如，一些研究者认为风险包含三个维度：结果的不确定性(outcome uncertainty)，结果的预期(outcome expectations)，结果的可能性(outcome potential)(Sitkin & Pablo，1992)；一些研究者认为风险应该包含三个要素：损失、严重性、不确定性(Yates & Stone，1992)。

二、风险感知

风险是一种社会建构的现象，也是一个心理学概念。风险本质上是主观的，因为它建立在人的感知基础之上。斯洛维奇、费希霍夫和利希滕施坦因等人长期致力于风险研究，他们提出了现实的风险和感知的风险两种概念(Slovic，Fischhoff & Lichtenstein，1980)。风险感知可以定义为"涉及人们对危险和收益的信念、态度、判断和情绪，以及更广泛意义上的文化和社会倾向"(Pidgeon，Hood，Jones et al.，

1992)。风险感知不只是对特定危险量的属性的感知，还包括对特定危险质的属性的感知，如意愿性、可控性、潜在性等。有学者提出了若干项影响风险感知的因素，如表 3-1 所示(Covello，Peters，Wojtecki et al.，2001)。

表 3-1　影响风险感知的因素

因素	释义
自愿性	个体将风险事件知觉为被迫接受时，要比他们将风险事件知觉为自愿接受时，风险更大
可控性	个体将风险事件知觉为受外界控制时，要比他们将风险事件知觉为受自己控制时，更难以接受风险
熟悉性	个体不熟悉风险事件时，要比他们熟悉风险事件时，更难以接受风险
公正性	个体将风险事件知觉为不公平时，要比他们将风险事件知觉为公正时，更难以接受风险
利益	个体将风险事件知觉为存在着不清晰的利益时，要比他们将风险事件知觉为具有明显益处时，更难以接受风险
易理解性	个体难以理解风险事件时，要比他们容易理解风险事件时，更难以接受风险
不确定性	个体认为风险事件难以确定时，要比科学已经可以解释该风险事件时，更难以接受风险
恐惧	那些可以引发害怕、恐惧或焦虑等情绪的风险，要比那些不能引发上述情绪体验的风险更令人难以接受
对机构的信任	那些与缺乏信任度的机构或组织有关的风险，要比那些与可信的机构或组织有关的风险更令人难以接受
可逆性	个体认为风险事件有着不可逆转的灾难性后果时，要比认为风险事件的灾难性后果是可以缓解的，更难以接受风险
个人利害关系	个体认为风险事件与自己有着直接关系时，要比认为风险事件对自己不具直接威胁时，更难以接受风险
伦理道德	个体认为风险事件与日常伦理道德所不容时，要比认为风险事件与伦理道德没有冲突的时候，更难以接受风险
自然或人为风险	个体认为风险事件是人为导致的，要比认为风险事件是天灾时，更难以接受风险
受害者特性	那些可以带来确定性死亡案例的风险事件，要比那些只能带来统计性死亡案例的风险事件更加让人难以接受
潜在的伤害程度	那些在空间和时间上能够带来死亡、伤害和疾病的风险事件，要比那些只能带来随机和分散效应的风险事件更加令人难以接受

(来源：Covello，Peters，Wojtecki et al.，2001)

早期的风险感知的测量方法基于传统的理性人假设，认为人能够理性地评估风险，权衡利弊，做出让个体效用最大化的决策。代表性的期望价值理论（expected value theory）的核心思想是人们会对多个选项的结果和可能发生的概率进行加权求和，根据期望价值最大化原则进行决策，并强调在此过程中的意愿、感知和权衡都受到自我保护的动机驱使（李红锋，2008）。

斯塔尔（Starr）提出的揭示性偏好（revealed preference）的风险分析方法，提出个体决策力求在可接受风险和效用之间达到一种均衡。他提出一系列可接受风险的法则，具体内容包括：（1）一种活动的风险的可接受程度大约是其利益的1/3；（2）尽管都提供了同样水平的利益，公众对自愿活动风险（如滑雪）的可接受程度大约是非自愿活动（如食品添加剂）风险的1000倍；（3）自愿活动中风险的可接受程度与受风险影响的人数成反比；（4）自愿活动中可接受的风险水平与可接受的疾病风险水平非常相似（Starr，1969）。

飞机与汽车的安全性问题

比较飞机和汽车，你觉得哪个更安全？近年的"马航失事""韩亚空难"是否让你在乘坐飞机时有所顾虑？你是否会因为安全的考虑而更倾向于选择地面交通？

每次空难都会引起巨大的媒体曝光量和社会关注度，飞机失事的风险被具象化地呈现在人们面前，因而使人们过度关注了飞机的风险，忽略了它的实际发生概率。

根据国际民航组织2014年安全报告，2013年的全世界飞机事故总数为90件。其中只有9件是致命事件，也就是有人员死亡的事件。民航局的《全球致命事件评论（2002—2011年）》（Global Fatal Accident Review 2002—2011）提供的2002—2011年十年间的致命事件概率为每一百万次航班0.6次事件。

相比之下，人们一般不会对坐汽车有什么顾虑。平时，人们较少接触车祸的具体细节报道。实际上，是因为车祸发生的概率太频繁了，以至于车祸不足以成为一个吸引关注度的新闻素材。2013年，全球有5400万人遭遇了车祸，其中1400万人死亡。从表3-2中的各交通工具死亡率统计可以看出，汽车事故的死亡率远高于飞机（Savadori，Savio，Nicotra et al.，2004）。

表 3-2　各类交通工具死亡率

交通工具类型	死亡人数/时	死亡人数/千米
公交	11.1	0.4
轨道交通	30	0.6
厢式货车	60	1.2
汽车	130	3.1
步行	220	54.2
水上交通	50	2.6
飞机	30.8	0.05
自行车	550	44.6
摩托车	4840	108.9

（资料来源：Savadori，Savio，Nicotra et al.，2004）

同样，拳击、足球等竞技运动导致严重损伤的风险非常高，而获得成功，站上金字塔顶端的可能性非常低，但投身此类运动的人始终趋之若鹜。

斯洛维奇等人继承发展了斯塔尔的思想，提出了表达性偏好（expressed preference）的风险分析方法，即通过标准化问卷来获得公众的风险感知偏好，以适应和满足社会发展的需要及要求。斯洛维奇认为，风险感知中包含三个维度。第一是忧虑风险（dread risk），其特点是知觉到缺乏控制感、恐惧、灾难性，不良后果及利益与风险不匹配；第二是未知的风险（unknown risk），这样的风险所包含的特点是无法观测、无法了解及新异的，其造成的伤害是延续的；第三是面对某一特定风险时个体的数量。

表达性偏好的分析方法有助于解释风险感知的主观性问题。回想"课前热身"中的第 1 个问题，你的直觉肯定会告诉你，选项 B 是一种更危险的情景。然而，平均抽 1.4 根烟增加的死亡概率等于居住在一个核电站 20 英里①外 150 年（Wilson，1979）。由此可见，尽管风险的存在是客观的，但对风险的知觉往往是高度主观的。

风险感知主观性的另外一种典型表现，就是公众和专家对于风险的理解往往存在很大的差异（Slovic，1987）。任何涉及复杂技术或专业知识的风险问题，一般公众由于专业知识的欠缺，可能会在风险认知中表现出过度反应，或其他非理性的态度和行为（刘金平，周广亚，黄宏强，2006）。以 PX（对二甲苯）项目所代表的环境科技风险为例，项目专家会指出项目的风险可控性、污染可控性和预期经济效应，

---

①　1 英里≈1.6 千米

普通公众则强烈反对 PX 落户在居住地附近,认为这会对其生命安全和生存权造成严重威胁(Li,Liu & Li,2012;Liu,2016)。

萨瓦多里等人(Savadori,Savio,Nicotra et al.,2004)考察了公众与专家对生物技术应用的风险知觉,结果发现,与专家相比,公众认为其有更大的风险。斯洛维奇等人(1979)让学生和专家评估 30 项技术的风险程度,排位越靠前表明个体对其风险知觉的程度越高。在对核能技术的风险评估方面,普通人将其排在前 3 位,而专家的排位则在 20 左右。在对核废料储存的风险判断方面,普通人对其风险的估计也高于专家(Flynn,Slovic & Mertz,2010)。

专家与公众认知差异的一个主要来源是对风险要素的关注点不同。斯洛维奇等人认为,公众关注的是:(1)风险的可怕性,即风险所引起的恐慌后果的程度;(2)风险的熟悉性,即风险的已知和可控程度(Slovic,Fischhoff & Lichtenstein,1979)。对公众而言,大多数风险可以在这个二维的因素空间内进行定位,进而总结出各种风险在这个二维因素空间内的"认知地图"(cognitive maps)。而对于专家来说,风险的内涵相对简单,就是预期的年死亡率。下面一个有关雾霾的新闻就体现了这一差异。

"放心霾"

中新网消息,2016 年 11 月 14 日,知名国际环保组织与北京某学会研究者合作发布的《北京采暖季大气 PM2.5 中致癌重金属组分差异研究报告》指出,过去三年北京市出台系列大气污染防治措施,使北京大气 PM2.5 中砷、铅、镉三种致癌金属元素质量比分别下降 85.9%、48.9%和 40.7%。其中与煤炭燃烧密切相关的砷改善最为显著。

这一报告立刻引发了网友的不满和嘲讽。网友们纷纷表示已经"体验到了这种变化":"霾的质量明显提高。""雾霾的味道清新了。""可以随便吸了。""浓香型变清香型,入口柔,一线喉。""感觉再降一点就可以食用了。""我只吸北京的放心霾,其他地区的味儿太淡!""健康霾,北京味道!""食品级雾霾。"也有网友对霾的味道变化表示"不满":"味道没有以前醇厚了!""感觉没有以前纯正了!""感觉缺点什么。""不是原来的味道、原来的配方了!"

这种对于风险的不同认知方式如果缺乏有效的解释沟通机制,容易加剧民众对于政府的不信任感,因此,有效风险沟通机制的建立非常有必要。

三、经济活动中的风险感知

回想"课前热身"中的问题 3，面对相同的输赢概率，你的选择是否一样？如果之前的输赢影响了你的下注决定，说明你的风险知觉发生了相应的变化。塞勒和强森通过一系列研究，发现了人们风险感知的一些规律(Thaler & Johnson，1990)。

塞勒和约翰逊(Thaler & Johnson，1990)提出假设：某些情况下，先前投资的收益可能会增强实验对象参加下一场赌博的意愿，相应地，先前投资的损失可能会减弱实验对象继续的意愿。而存在先前损失的时候，能够弥补这种损失的选择会十分吸引人。

在塞勒和强森设计的实验中，50%的被试接受了两阶段式的提问，另外 50%的被试接受了一阶段式的提问。每名被试参与两次实验。第一次实验被试有两个选择：参与 50～50 赌博(50%的概率赢得 x 美元，50%的概率输掉 x 美元)或维持原状。第二次实验被试的两个选择为：100%的概率收益 x 美元或 1/3 的概率赢得 $3x$ 美元(同时存在 2/3 的概率没有收益)。每一次赌博的选项都分别匹配了 4 种不同水平的初始收入(分别为已经赢得 15 美元、不输不赢、已经输掉 2.25 美元、已经输掉 7.5 美元)。

该系列实验采取自愿参加的原则，有 206 名大学本科生参与了实验。实验中使用真实货币交易，以便激发被试的真实感受，促使他们做出真实的决策。后文将陆续对实验结果进行讨论。

(一)赌场资金效应

你正好赢了 15 美元，现在有机会在抛硬币游戏里下注，赌注 4.5 美元，你会下注吗？在参与塞勒和强森实验的 95 名本科生中，77%的人愿意下注(尽管有可能输掉 4.5 美元)。

在控制组中(如果没有赢得 15 美元)，同样是 4.5 美元的赌注，只有 41%的人愿意下注。

这就是"赌场资金效应"(house money effect)：当人们获得收益或利润后，他们愿意承担更大的风险。在一次收益后，人们倾向于将损失(数额少于先前收益)整合到先前的收益中，借此减轻损失规避的倾向，加强风险追求的倾向。这种效应用一句赌博行话形容就是——"用庄家的钱赌博"。赌徒用这句话形容在领先情况下赌博的感觉。只要有一点赢面，损失就只是被认知为收益的减少。好像输的是"庄家的钱""别人的钱"，而不是赌徒自己真正的损失。

表3-3　赌场资金效应实验结果

初始收入	收益/损失	概率	下注比例($N=95$)
$15	$0	1	77
	$4.50	0.5	
	($4.50)	0.5	
$0	$0	1	41
	$2.25	0.5	
	($2.25)	0.5	

一项有关瑞典家庭的投资研究也证明了赌场资金效应在家庭投资中同样有所表现。有研究者基于瑞典个体数据库跟踪研究了1994—1999年瑞典家庭的年投资状况，结果发现，如果当年获得更高的资本收益，下一年就会出现风险偏好提高的情况。平均而言，前一年的资本投资收益每增长1%（家庭财富的1%），会增加0.17%的股市投资冒险行为；前一年的房地产投资收益每增长1%（家庭财富的1%），会增加0.31%的股市投资冒险行为(Massa & Simonov, 2005)。

(二)风险回避效应

在塞勒和约翰逊实验的另一个情景中，他们询问先前输了7.5美元的学生，是否愿意下注2.25美元参加下一轮的赌博。60%的学生拒绝下注。

因为认知整合并非自动发生，初始损失可能增加决策者对风险的厌恶，特别是即使赢了赌注也无法完全弥补损失的时候。在塞勒和约翰逊的其他系列实验中，先前的损失甚至会使人们对损失更加敏感。（被试报告，"丢了30美元后又丢了9美元"比"丢了9美元"更令人心疼。）

表3-4　风险回避效应实验结果

初始收入	收益/损失	概率	下注比例($N=95$)
$7.50	$0	1	40
	$2.25	0.5	
	($2.25)	0.5	

这种效应也称为"蛇咬效应"，所谓"一朝被蛇咬，十年怕井绳"。

（三）翻本效应

研究中还有一个令人惊讶的发现。先前输钱的学生往往不愿意参加相同赢率的赌博，表现为损失回避效应，但不少学生表示，愿意以"要么赢双倍，要么全输"的方式玩这个游戏。

在后面章节将要介绍的前景理论中，损失函数的形状预测人们通常会在损失的前提下增大风险寻求的倾向。这一预测在多个实证研究中得到了证实。（Kahneman & Tversky；Hershey & Schoemaker，1980；Kunreuther & Schoemaker，1982；Payne，Laughhunn，& Crum，1980；Slovic，Fischhoff & Lichtenstein，1982）如果先前的损失和其后的结果被认知整合在一起的话，决策者会变得爱冒险。

有研究发现，头天赌马输钱之后，赌博者更愿意参加赔率高的赌博（1 赔 15）。一项交易员的研究也证明了这一点：研究者考察了芝加哥期货交易所的 426 名交易员在 1998 年的交易，发现如果上午亏损，交易员下午就可能提高冒险程度以期弥补亏损。研究发现，一名上午亏损了的交易员有 31.2% 的可能性在下午采取高于平均水平的冒险行为。相比之下，一名上午盈利了的交易员，只有 27.0% 的可能性冒险（Coval & Shumway，2005）。诺夫辛格（John Nofsinger）的《投资心理学》一书中还提到这样一个例子。

赌还是不赌

美国曾经有一档电视综艺节目，其中有这样一个赢大奖环节。在参赛者面前有 26 只箱子，其中分别放置着 0.1～100 000 美元不等（Ep = 50 000 美元）。然后工作人员当着参赛者的面，将其中 6 只箱子打开并拿走（所有人都可以看到箱子里面的金额）。之后参赛者可以选择：

A. 拿固定奖金 30 000 美元并停止游戏。

B. 继续打开箱子，并带走箱子里的钱。

结果发现，如果先前打开的 6 只箱子中钱数较少，参赛者往往会选择拿固定奖金离开游戏；而如果打开的箱子中某些箱子里金额较大，则参赛者更有可能选择继续接受挑战打开箱子。原因在于，如果之前大金额的箱子被拿走，参赛者会感觉仿佛属于自己的钱被拿走了，这会让他们甘愿面临更大的风险，以弥补之前的损失（虽然有可能打开的箱子中只有少得可怜的金额）。

卡尼曼有一句话说得非常经典："一个人如果不能平静地面对损失，就有可能涉足本来不会参与的赌博。"

👥 本章要点

1. 风险是指期望与实际结果之间的不确定性。根据其关注点的不同，风险分为广义风险和狭义风险。

2. 风险是一种心理学概念，也是一种社会建构的现象。风险本质上是主观的，建立在人的感知基础之上。风险感知可以定义为"涉及人们对危险和收益的信念、态度、判断和情绪，以及更广泛意义上的文化和社会倾向"。

3. 揭示性偏好的风险分析方法有助于解释人们是如何进行"可接受风险"的权衡的，表达性偏好的分析方法则有助于解释风险感知的主观性。

4. 公众和专家对于风险的理解往往存在很大的差异，主要原因在于专家和公众以不同的方式感知风险。公众定义风险，根据的是风险的可怕性和可控性；而专家依据的是风险导致的死亡率。

5. 赌场资金效应是指当人们获得收益或利润后，他们愿意承担更大的风险。

6. 风险回避效应是指初始损失可能增加决策者对风险的厌恶，特别是即使赢了赌注也无法完全弥补损失的时候，先前的损失甚至会使人们对损失更加敏感。

7. 翻本效应是指如果先前的损失和其后的结果被认知整合在一起的话，决策者会变得爱冒险，以期弥补之前的损失。

🔧 课后练习

1. 风险可以分为哪些类型？
2. 举例说明风险更多的是一种主观建构。
3. 专家和公众在风险认知上的差异是什么？
4. 列举经济生活中的现象，分别说明赌场资金效应、风险回避效应和翻本效应。

参考文献

李红锋. 风险认知研究方法述评[J]. 安庆师范学院学报（社会科学版），2008，27(1)：18-22.

刘金平，周广亚，黄宏强. 风险认知的结构，因素及其研究方法[J]. 心理科学，2006(2)：370-372.

约翰·诺夫辛格. 投资心理学[M]. 郑磊，译. 北京：机械工业出版社，2014.

Coval，J. D.，& Shumway，T. Do behavioral biases affect prices[J]? The Journal of Finance，2005，60(1)：1-34.

Covello，V. T.，Peters，R. G.，Wojtecki，J. G.，et al. Risk communication，the West Nile virus epidemic，and bioterrorism：responding to the communication challenges posed by the intentional or unintentional release of a pathogen in an urban setting[J]. Journal of Urban Health，2001，78(2)：382-391.

Flynn，J.，Slovic，P.，& Mertz，C. K. Decidedly different：expert and public views of risks from a radioactive waste repository[J]. Risk Analysis，2010，13(6)：643-648.

Fischhoff，B.，Slovic. P.，& Lichtenstein，S. Lay foibles and expert fables in judgments about risk[J]. American Statistician，1982，36(3)：240-255.

Hershey，J. C.，& Schoemaker，P. J. H. Risk taking and problem context in the domain of losses：an expected utility analysis[J]. The Journal of Risk and Insurance，1980，47(1)：111-132.

Hershey，J. C.，Kunreuther，H. C.，& Schoemaker，P. J. H. Sources of bias in assessment procedures for utility functions[J]. Management Science，1982，28(8)：936-954.

Laughhunn，D. J.，Crum，P. R.，& Crum，R. Managerial risk preferences for below-target returns[J]. Management Science，1980，26(12)：1238-1249.

Lichtenstein，S. Rating the risks[J]. Environment Science and Policy for Sustainable Development，1979，21(3)：14-39.

Massa，M.，& Simonov，A. Behavioral biases and investment[J]. Review of Finance，2005，9(4)：483-507.

Pidgeon, N. F. , Hood, C. , Jones, D. , et al. Risk perception, in risk-analysis, perception and management[R]. Report of a Royal Society Study Group. The Royal Society, London, 1992.

Rosa, E. A. The logical structure of the social amplification of risk framework (SARF): metatheoretical foundations and policy implications[M]. Cambridge, UK: Cambridge University Press, 2003.

Savadori, L. , Savio, S. , Nicotra, E. , et al. Expert and public perception of risk from biotechnology[J]. Risk Analysis, 2004, 24(5): 1289-1299.

Sitkin, S. B. , &Pablo, A. L. Reconceptualizing the determinants of risk behavior[J]. The Academy of Management Review, 1992, 17(1): 9-38.

Slovic, P. Perception of risk[J]. Science, 1987, 236(4799): 280-285.

Slovic, P. , Fischhoff, B. , &Lichtenstein, S. Facts and fears: understanding perceived risk[J]. Policy & Practice in Health & Safety, 2000, 3: 38.

Sjoberg, L. , Af Wahlberg, A. , &Kvist, P. N. The rise of risk: risk related bills submitted to the Swedish parliament in 1964-65 and 1993-95[J]. Journal of Risk Research, 1998, 1(3): 191-195.

Starr, A. W. , &Ho, Y. C. Nonzero-sum differential games[J]. Journal of Optimization Theory & Applications, 1969, 3(3): 184-206.

Starr, C. Social benefit versus technological risk [J]. Science. 1969, 165 (3899): 1232-1238.

Thaler, R. H. , & Johnson, E. J. Gambling with the house money and trying to break even: the effects of prior outcomes on risky choice[J]. Management Science, 1990, 36(6): 643-660.

Tversky, A. , & Kahneman, D. Causal thinking in judgment under uncertainty [M]. Basic Problems in Methodology and Linguistics. Springer Netherlands, 1980.

Wilson, R. Auctions of Shares[J]. Quarterly Journal of Economics, 1979, 93 (4): 675-689.

Wilson, E. O. The diversity of life[M]. US: Belknap Press, 1979.

Yates, J. F, &Stone, E. R. The risk construct[M]// J. F. Yates(Ed.), Risk taking behavior[M]. New York: Wiley, 1992: 1-25.

第四章　启发式偏差

理性人假设是传统经济学的基石。理性人假设认为人能够像思维缜密的科学家一样通过成本—收益的计算，做出令个人效用最大化的决策。但是，日常经验告诉我们，当人们面对复杂问题时，往往利用直觉做出选择。卡尼曼提出，人有两套思维系统：系统 1 是理性思维系统，这一系统是有控制的，运用推理等认知手段解决问题；而系统 2 是直觉系统，是解决问题的捷径（shortcut）。虽然理性系统做出的决策基本上是合乎理性的，但近 90％的情况下人们是依靠直觉系统在做决策。原因就是，理性系统解决问题会带来较高的认知载荷，而直觉系统做出的判断几乎是自动化的，不用消耗过多的认知资源。认知惰性是人们倾向于采用直觉系统做出判断和决策的原因。但是，直觉系统依赖于以往经验，往往脱离问题具体情境，并缺乏对新信息的有效响应，因此极易受到固有知识经验和外显诱导性信息的影响，表现出系统性的偏差。正如拜希（Betsch）所言：直觉是一种思考的过程，在这个过程中输入的信息大部分来自储存于长时记忆当中的知识，这些信息被自动化地加工，不需要意识的参与，而这个过程输出的信息则是一种感觉，人们基于这种感觉来做出判断或者决策（Betsch，2008）。直觉也被称为启发式（heuristic）。显然，基于这些心理和认知偏差而做出的决策行为将不同于古典经济学中所预期的行为。

本章讨论最典型的两种直觉或启发式偏差：代表性启发式（representativeness heuristic）和易得性启发式（availability heuristic）。首先介绍什么是启发式偏差及其种类，接着介绍代表性启发式，涉及其概念、成因及在经济活动中的表现，最后介绍易得性启发式及其概念、成因和在经济活动中的表现。

💡 课前热身

1. 请在 5 秒内回答：池塘里的浮萍每天增长一倍，30 天正好长满了整个池塘。浮萍的面积刚好占池塘面积的一半需要几天？

2. 请在 5 秒内回答：60 元买入一物品，70 元卖出，80 元再买入，90 元再卖出。请问是赚了还是赔了？

3. 请在 5 秒内回答：球拍和球一共 11 元，球拍比球贵 10 元，请问球拍和球各多少元？

4. 琳达，31 岁，性格坦率，很聪明。大学时代主修哲学，学生时代对歧视和社会问题十分关注，并且参加过反核示威游行。你觉得琳达的职业更可能是什么？

A. 琳达是一个银行出纳员。

B. 琳达是一个银行出纳员并且在女权运动中表现活跃。

5. 英语单词中，K 开头的单词和 K 是第三个字母的单词哪个多？

6. 被飞机上掉下来的零件砸死的人多，还是被鲨鱼咬死的人多？

7. 10 个人中，任选 2～8 的人数组成委员会，选取几人时，可组成的委员会数目最多？

一、启发式偏差

人们在进行决策时，通常会采用两种方式，一种被称为算法式（algorithm），一种被称为启发式。所谓算法，就是解决问题的一套规则，精确地指明解题的步骤；而启发式则是一种基于信息集的子集进行决策的规则，是一种思维的捷径。

虽然算法式能够提供决策的正确思路和方法，但很多情况下，人们仍然倾向于采用启发式来解决问题。什么情况下人们更爱用启发式呢？有以下四种情况。

第一，当没有时间认真思考某个问题的时候。例如，大多数人都有这样的经历：考试临交卷之前，还有一道选择题没做，通常人们会凭直觉选择一个答案。有一首流行的网络歌曲叫《都选 C》，就描述了这一心理状态。回到"课前热身"的 1～3 题，第 1 题的答案是 29 天；第 2 题的答案是赚了 20 元；第 3 题的答案是球拍 10.5 元，球 0.5 元。但在很短的思考时间内，大部分人无法快速做出正确的回答。

第二，当信息载荷过大，以至于无法充分进行加工时。在一项挑选车辆的实验中，一组被试得到的是简单任务，了解 4 辆候选车的文字介绍，它们只介绍 4 个方面的特征。第一辆车 75% 的宣传是积极的，另两辆 50% 的介绍是积极的，最后一辆则 25% 的介绍是积极的。另一组被试要完成复杂任务，他们要了解 4 辆候选车的 12 个属性，但每辆车介绍材料中积极面的比例与简单任务组是相同的。两个任务组中都有一部分被试可以先思考 4 分钟，然后再做结论，另一些人要用 4 钟完成另一个任务，防止他们思考选哪辆车，然后再做出选择。结果发现，在简单任务中，更多有意识思维的被试做出了明智的选择；但是在复杂任务中情况却截然相反，恰恰是无意识思维组的被试的选择更好（Dijksterhuis，Bos，Nordgren et al.，2006）。

第三，当手中的问题并不十分重要，以至于我们不必太过思虑时。日常生活中的大部分决策其实都是无关紧要的决定。比如，我们选择早餐是吃油条还是油饼，往往不会深思熟虑，甚至会在掏钱之前的一刻凭感觉做出决定；从食堂回到办公室有几条步行路线可以选择，面对殊途同归的多条路径，我们往往会不假思索地随便选择一条。

第四，当缺乏做出决策所需的可靠的知识和信息时。电视和电影中经常有这样的桥段：主角为了救人，必须拆除反派安放的炸弹，在炸弹定时器倒数还有几秒的时候，主角必须做出决策：剪蓝线还是剪红线。这时没有任何知识和信息可以用来解决这一问题，于是主角往往会在最后一秒闭着眼睛咬着牙凭感觉剪断一根。而通常由于主角光环加身，这一凭直觉做出的决策让所有人安然无恙。

决策中也存在四种典型的启发式偏差，分别为：（1）代表性启发式；（2）易得性启发式；（3）锚定效应（anchoring effect）；（4）情感启发式（affect heuristic）。在这一章中，我们重点介绍代表性启发式和易得性启发式，有关锚定效应和情感启发式将在另外的章节中加以讨论。

二、代表性启发式

（一）代表性启发式的定义

回到"课前热身"的问题 4。在接受提问的人群中，超过 90% 的人都认为选项 B 的可能性更大（$N=86$）（Kahneman & Tversky，1982），这就是代表性启发式对判断的影响。

代表性启发式是指，人们通常会根据 A 在多大程度上能够代表 B，或者说 A 在多大程度上与 B 相似来判断事件发生的可能性。如果 A 对 B 有很强的代表性（高相似），B 发生导致 A 同时发生的概率被高估。如果 A 对 B 的代表性较弱（不相似），B 发生导致 A 同时发生的概率被低估。

什么是 A 和 B? 这将取决于你进行决策的情境。如果你在估计 A 来自 B 的可能性，那么人可能就是一个例子或是一个样板，而 B 则是一个种类或者样本总体。例如，A 可能是一个个体，而 B 则是一个群体，而决策的问题则可能是 A 成员属于 B 群体的可能性。如果你试图判断 A 在多大程度上是 B 导致的，那么 A 可能是一个事件的结果，而 B 则是事件发生的过程或者原因。例如，B 可能是一个投掷硬币的过程，而 A 可能就是在一系列的投掷中有 6 次是人头，判断所关心的可能就是出现这种结果的可能性（斯科特·普劳斯，2004）。

（二）代表性启发式产生的原因

代表性启发式产生的原因有以下几点：（1）联合谬误（conjunction fallacy）；（2）基率忽视（base rate neglect）；（3）对样本大小的不敏感（insensitivity to sample size）——小数法则；（4）误解偶然性（misunderstanding of randomness）；（5）高估可预测性（overestimating predictability）。

1. 联合谬误

试判断下面两个事件发生的概率大小：

A. 你所持有的股票明天会涨。

B. 你所持有的股票明天会涨并且你会十分高兴。

直觉上，你是否认为事件 B 的发生概率更大一些？然而，"股票涨"和"十分高兴"两个事件的联合概率，怎么会大于"股票涨"的单一概率呢？见图 4-1。

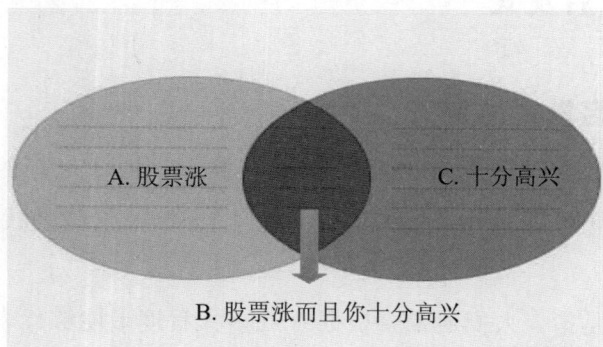

图 4-1 集合示意图

和之前琳达的职业的例子一样，股票涨而且十分高兴（B），只是股票涨（A）和十分高兴（C）的交集，从概率上来说，B 的概率小于 A 的概率，即 $P_r(B) = P_r(A \cap$

C)≤P_r(A)。但由于 B 更细节化，导致表面的代表性增加。

发现这样的现象后，特沃斯基和卡尼曼提出这样的结论：随着情境中细节数量的增加，该情境发生的概率只会逐渐降低，但是它的代表性和由此带来的外显的可能性却会上升——人们更喜欢毫无依据的细节化的场景。例如，"被告由于害怕被起诉谋杀而离开犯罪现场"的陈述看上去比"被告离开犯罪现场"的陈述更有说服力（斯科特·普劳斯，2004）。

绝大多数人认为更为具体的事件比一个一般性的事件发生的可能性更大，而忽视了事件发生的概率，这就是联合谬误。在生活当中，人们容易被带有细节的描述性表达所说服。商业广告中的一个策略，就是对产品特征进行细节化的描述。

对比以下两个广告语：

"高品质纯净水，高纯度无杂质。"

"采自高山湖泊的天然纯净水，经过多道过滤层层净化，高纯度无杂质。"

第二段描述听起来是否更可信？而实际上，从逻辑上讲，越是包含细节的描述，其真实的可能性越小，因为每个细节都包含错误的风险。

但是人们的认知在实际情况当中往往忽视这个逻辑及事件判断的其他客观条件，从而倾向于具有代表性的描述。现代商业广告中这类应用层出不穷。洗衣粉、牙膏的广告（见图4-2）喜欢采用动画的形式将功能细节展示到分子层面，就是由于消费者容易被丰富的细节说服。

图 4-2　洗衣粉和牙膏广告中的细节展示

花旗购物卡促销广告

花旗银行推出过一则广告："用花旗购物卡可以让您享受到 20 万种名牌商品的

最低价。"广告播出之后反响平平。银行相关部门后来意识到，这种笼统、缺乏细节的广告语并没有"触动"消费者。接下来他们推出了全新的广告语："使用花旗购物卡购物，可以让您享受20万种名牌商品的最低价，因为我们的计算机一刻不停地监控着全国各地5万家零售商的价格，以保证您能够享受到市场上的最低价位。"新广告播出后，花旗购物卡的销量出现了大幅攀升(章志光，2008)。

2. 基率忽视

有研究者分别对两组工程师和律师进行了访谈和人格测试，并对其进行了简单的描述(Armor & Taylor，2002)。其中一组的工程师占比为70%，律师占比为30%；另一组的律师占比为70%，工程师占比为30%。下文是其中的一条描述。

杰克今年45岁了。他已经结婚并有4个孩子。他通常比较保守、谨慎和雄心勃勃。他对政治和社会事件并没有多大的兴趣，他将他大部分的业余时间都用在了自己的爱好上面，如家中的木工活、航海以及数字游戏。

之后，心理学家从两组描述中随机抽出若干条描述，分别展示给两组被试阅读，并要求他们判断每条描述有多大可能性是对一个工程师的描述。

结果表明，两组人均将目标判断为工程师或律师的概率为0.5。这意味着，人们倾向更看重描述性的信息，而忽视大前提及样本结构的构成。

3. 对于样本规模的不敏感

人们忽略样本的大小，以为小样本和大样本一样都具有代表性，趋向于在很少的数据基础上很快得出结论。这种认为小样本可以反映总体现象的观点被称为"小数法则"(law of small numbers)。这是卡尼曼等人的一种反讽的提法。

农场主假说

罗素(Russell)曾提出过一个"火鸡理论"(现在也被称为"农场主假说")。一个农场里有一群火鸡，农场主每天上午11点来给它们喂食。火鸡中的一名科学家观察这个现象，一直观察了近一年都没有出现例外，于是它也发现了自己宇宙中的伟大定律：每天早上11点，就有食物降临。它在感恩节早晨向大家宣布了这个定律，但这天早上 11 点食物没有降临，农场主进来把它们都捉去杀了。

这个假说深刻反映了小数法则的错误之处：基于对片段的观察就做出整体规律的推论是多么不靠谱。试想，掷硬币的次数是否会影响结果比例？"掷 6 次，其中 3 次正面、3 次反面"和"掷 1000 次，其中 500 次正面、500 次反面"两种情况，哪种更有可能发生？显然样本量越大，越具有代表性，其频率也越接近概率。但在掷 6 次硬币的时候，你是否也在期待，出现正面和反面的频率是相当的？与之类似，很多所谓的"天才金融分析师"其实也只是凑巧预测对了 4 只股票的趋势而已，而实际上他可能对 10 只股票进行了预测，其他预测全部落空，但人们往往认为这 4 个样本就能代表其预测水平。

4. 对随机性的误解

日常生活中，人们倾向于对随机性产生误解，最常见的有"赌徒谬误"现象和"手热谬误"现象（详见第二章）。

赌徒谬误是生活中常见的一种不合逻辑的推理方式，即认为一系列随机事件的结果都在某种程度上隐含了自相关的关系。如果事件 A 的结果影响到事件 B，那么就说 B 是"依赖"于 A 的。例如，一晚上手气不好的赌徒总认为再过几把之后就会风水轮流转，幸运降临。相反的例子，连续的好天气让人担心周末会下起大雨。

手热谬误，来源于篮球运动，指比赛时如果某队员连续命中，其他队员一般相信他"手感好"，下次进攻时还会选择他来投篮，可他并不一定能投进。"手感好"是每个参与过篮球运动的人都会有的体会，然而球员下次进攻的命中率和本次命中率几乎没有关系，是人们误解了这种随机性事件之间的联系（见第二章相关论述）。

之所以说赌徒谬误和手热谬误是代表性启发式偏差的成因，是因为这两类谬误都有一个共同点，即依据过去的经验片段对随机序列的未来趋势进行估计，高估了个别经验片段对于整体的代表性。

5. 高估可预测性

代表性启发式往往伴随着一种普遍的误解，即人们往往认为一件非常好或差的事件之后，必然会跟随一些不那么好或不那么差的事件，而不管其中是否存在随机因素（斯科特·普劳斯，2004）。比如，股市在经历了一波猛烈下跌之后，投资者往往认为必然有一波幅度与之相对应的上涨，事实上接下来发生的往往只是继续下跌或向上的微调；另外一些时候，仅仅在观察到一些简单的回归现象后，人们就会产生一些迷信。比如做点什么以结束坏运气，或者保持一切不变以维持好运气，这能够解释竞技体育和赌场上的很多迷信行为。

理论上，人们进行预测时，应当对评估总体的均值和所掌握的样本信息进行权衡，但事实上，人们往往错误理解了均值回归现象，也就意味着高估了结果的可预测性。有研究者(Shefrin，2007)的一项研究证明了这一点。研究者让被试根据大学一年级新生的高中 GPA(平均学分绩点)来预测其大学 GPA。已知条件为，在校高中生GPA 均值为 3.44，而大学 GPA 均值为 3.08。如果随机选择两名大学新生，学生甲高中 GPA 为 3.8，学生乙的高中 GPA 为 2.2。结果被试预测学生甲的大学 GPA 为3.46，而其实际 GPA 为 3.30，预测结果和实际结果相差不大；而对于学生乙，被试将其视为后进生的代表，对其大学 GPA 的预测值为 2.03，远低于其实际值 2.7。在这个例子中，被试在主观上提高了样本的代表性，从而使得其信息的权重增大，而降低了总体均值本来具有决定意义的权重。

(三)减少代表性启发式偏差影响的方法

斯科特·普劳斯(2004)根据一些有关代表性启发式的研究结论，给出了一些避免代表性启发式偏差影响的可行措施。

1. 不要被细节情境所迷惑

正是情境中的细节使得整个情境更具有代表性，但同时也减少了其发生的可能性。一般而言，情境越是具体，其发生的可能性越低，即使这样的情境能非常好地代表可能发生的结果。

2. 无论何时都应关注基线值

当一个事件极少发生或是非常普遍时，基线值显得尤为重要。当基线值是一个极端值时，代表性往往成为发生可能性的误导因素。

3. 偶然性并不具备自我修正功能

一系列的坏运气，就是一系列的坏运气。它不意味着相应的好运气就要来临，也不意味着事物要一成不变。如果一个随机过程(如投掷一枚没有偏差的硬币)，存在一定的可能性产生一定结果，那么过去的事件对将来发生的结果并不会产生影响。

4. 不要错误理解向平均数回归

即使出现了一系列坏运气，也不一定有好运气与之平衡抵消。但一些极端的成绩往往会跟随着一些更接近平均数的成绩。向平均数回归是非常正常的，无论结果是否受到一些随机因素的影响。即使在某些时段，这些随机因素可能结合在一起产生一些非正常的结果，但在接下去的情境中，成绩通常会回归正常。

（四）代表性启发式在经济活动中的表现

1. 混淆"好公司"和"好投资"的区别

在证券投资中，很大一部分人都倾向于将公司股价过去的优良表现与未来挂钩，而忽略了该公司的实际表现与增长潜力。人们热衷于投资有着良好股价历史的公司，并且对公司的正面、负面新闻十分敏感，使得这部分公司的股价被高估。相应地，历史表现不佳的公司股票被大众抛售，使得其价值被低估。

此类投资者显然受到了代表性启发式的影响，错误地认为历史股价和新闻资讯与未来股价有着隐含的自相关关系。因为历史股价和新闻资讯可能影响到未来股价，就认为未来股价是"依赖"于前两者的。不过也有一部分投资者避开了这种代表性启发式引起的偏差，客观地看待历史事件、数据与未来的关系，反众人之道而行，投资价值被低估的"好公司"，从而获得了超过市场平均水平的收益（De Bondt & Thaler，1985）。

实证研究：热门股和价值股

在一项研究中，研究者根据公司销售业绩区分"热门股"和"价值股"（见图 4-3，Lakonishok，Shleifer & Vishny，1994）。

热门股：过去 5 年平均增长速度居前 10％的公司的股票。

价值股：过去 5 年平均增长速度居后 10％的公司的股票。

2. 动量投资

投资者还倾向于将股票过去的收益外推到将来，这种投资策略被称为动量投资。投资者寻找的是那些在过去一周、一个月或者一个季度表现好的股票和股票基金。动量交易员则寻求过去几个小时或几分钟内表现优异者。图 4-4 是诺夫辛格书中引用的一个例子，通过标普 500 指数和每月权益共同基金市场净现金流的对比（柱状图代表标普 500 指数，折线代表市场现金流），可以看出流入市场的资金和标普指数有相似但滞后的变化趋势，这说明，投资者根据前一阶段的股价来决定是否买入。

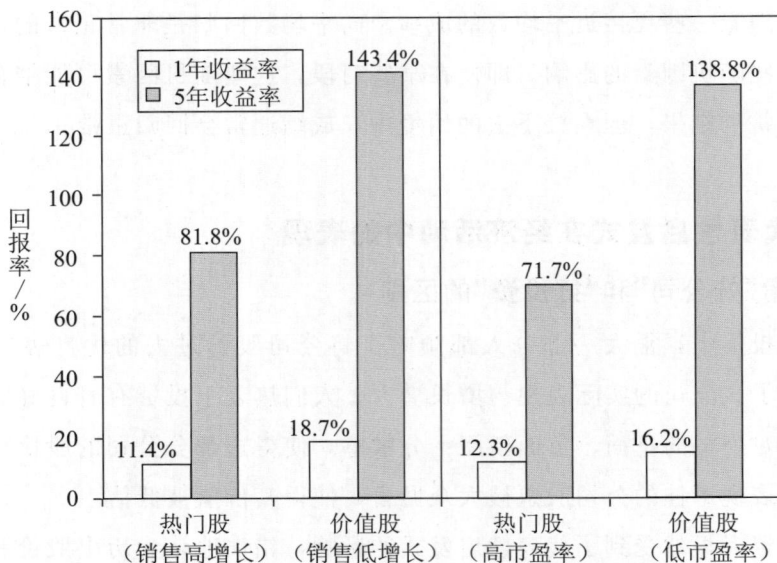

图 4-3　热门股和价值股 1 年和 5 年的收益率

（来源：诺夫辛格，《投资心理学》，2013）

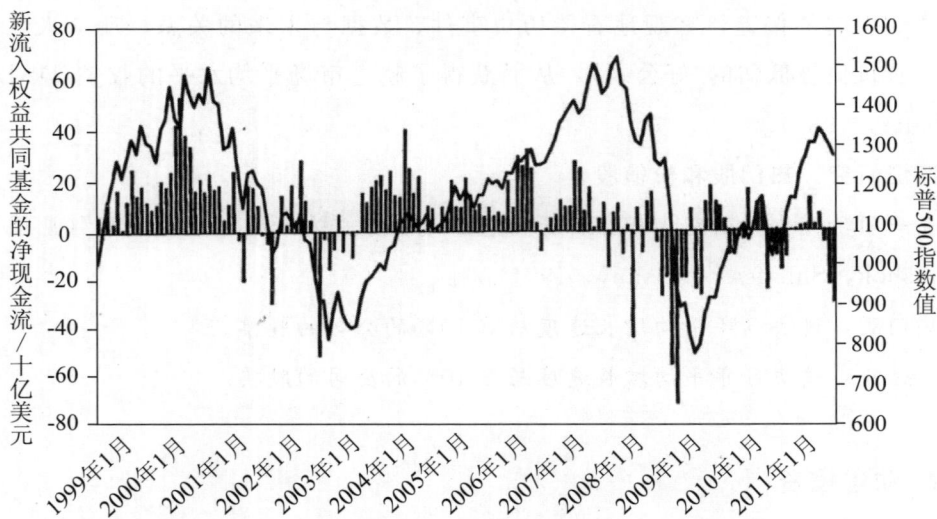

图 4-4　与标普 500 指数对比的每月权益共同基金市场净流入

（来源：诺夫辛格，《投资心理学》，2013）

　　投资者喜欢追逐赢家，买入价格具有上升趋势的股票（De Bondt，1993），而所谓输家在后来 3 年里将会跑赢赢家 30％（De Bondt & Thaler，1985）。媒体会加剧这种偏差，因为媒体每天都在播报"今日涨跌幅前 10 位的股票"。

　　就连金融学专家也难免代表性启发式偏差的影响（Welch，2000）。1997—1998

年，美国股市正处于牛市，研究者询问金融专家是否认同"股票市场收益率会向均值回归"，得到的是肯定的回答，接着金融专家对未来 30 年股市的收益率进行预测，专家的估计是 8.2%；而到了 2001 年，当时的股市处于熊市，金融专家仍然认同股票市场收益率会向均值回归，但对未来 30 年的股市收益率的预测仅为 5.5%。这一结果说明，专家也会将市场前一阶段的趋势外推到将来。

三、易得性启发式

（一）易得性启发式的定义

想想"课前热身"阶段你对问题 5 的回答。问题 5 的正确答案是"K 是第三个字母的单词更多"，这个答案可能与你的直觉存在差异。原因是 K 是第一个字母的单词更容易被想起来，而 K 是第三个字母的单词则需要多想一下。更容易从记忆中提取例子的事件会被认为发生的概率更高。而事实上，K 是第三个字母的单词数量比 K 是第一个字母的单词数量多 2 倍（Kahneman ＆ Tversky，1973）。这种提取的易得性（或可接近性）导致了对事件发生概率的差异化估计。如果你更倾向于那种更容易被想起来的情境，这就是易得性启发式在发挥作用。

所谓易得性启发式，就是人们倾向于根据一个客体或事件在知觉或记忆中的易得性程度来评估其相对概率，容易知觉到的或回想起的被判定为更常出现。人们由于受记忆力或知识的局限，在形成自己的判断过程中，往往会赋予那些易见的、容易记起的信息以过大的权重，而对大量的其他必须考虑的信息"视而不见"，仅仅基于易见的、容易记起的信息做出判断，从而导致易得性启发式偏差。

（二）易得性启发式产生的原因

易得性启发式产生的原因包括：（1）由于例子易得性而导致的偏差；（2）由于搜索效率而导致的偏差；（3）意象偏差。

1. 由于例子易得性而导致的偏差

例子的易得性包括，人们对例子的熟悉程度、例子的显著性以及例子发生的时间接近性。显著性可以理解为例子的生动程度。比如，亲眼看见火灾与在报纸上阅读到火灾相比，前者显然更显著。例子发生的时间接近性显然也影响了易得性启发式。例如，刚看到翻车，对交通事故发生概率的判断就高。

实验证据：宾客名单

研究者准备了四份名单，其中两份名单上包括 19 位著名的女性人物和 20 位不太知名的男性，另外两份名单上包括 19 位著名的男性和 20 位不太知名的女性。也就是说，所有的名单上，知名度和出现的频率呈反比。实验者以每个名字两秒的速度向被试播放这些名字，然后要求第一组尽可能记住并写下他们听到的名单上的名字。另外一组被试则被要求判断每个名单上的男性人数多还是女性人数多。实验结果发现，第一组 86 名被试有 57 人写下了名字中著名人物的数量多于非著名人物的数量，第二组 99 名被试中，80 人错误地认为更有名的人的性别占多数（Kahneman & Tversky，1973）。

2. 由于搜索效率而导致的偏差

对某些问题进行易得性启发式判断时，有的事件的搜索效率要高于其他类似事件，而人们就依照高效率搜索事件对此进行推断，忽视了事件本身的客观性，最终导致偏差。

请判断：

每年死于中风的人多还是死于凶杀的人多？

每年死于雷击的人多还是死于龙卷风的人多？

你可能已经想到了，和"课前热身"中的问题一样，这两个问题的回答也存在启发式偏差的影响。我们直觉认为死于凶杀的人更多，原因是我们看了很多关于凶杀的影视作品以及社会新闻头条，而中风导致的死亡并不具有新闻性和戏剧性，因此较少被我们所知，但事实上每年死于中风的人远远多于死于凶杀的人；同样，雷击的画面很容易从记忆中提取，而龙卷风致人死亡的画面相对生僻一些，但事实上每年死于龙卷风的人要多于死于雷击的人。

"课前热身"问题 6 的正确答案是"被飞机掉下来的零件砸死的人更多"（Read，2010）。如果你的直觉是鲨鱼咬死的人更多，那么原因在于，人被鲨鱼咬死的画面很容易想象，因为我们看了太多类似《大白鲨》的电影，或者报纸上鲨鱼咬死人的新闻引发了你更多的关注。相比来说，飞机上的零件掉下来砸死人的场面就很难想象。关于问题 7，很多人本能地会想到是 2 人，实际上正确答案是 5 人。卡尼曼和特沃斯基（Kahneman & Tversky，1973）认为，人们之所以判断出错，是因为人们很容易在脑海中想象一些 2 人组成的委员会的情形，但想象 5～8 人组成的委员会就比较困难了。

跳进地铁轨道的人

曾经有一位同事看了一则新闻后对我说："你知道吗，据统计，每年有 40 000 多人跳进地铁轨道。"乍一听到这个数据时我怎么也不会相信，直觉告诉我，跳进地铁轨道寻短见的新闻有时会听到，但也不会有 40 000 人之多。但同事又补充说："跳进地铁轨道的人未必都是寻短见的，有的人是因为物品掉落，跳下去捡完东西又爬上来了。"这时我明白了，我开始的惊讶也是易得性启发式的表现——一说到跳进地铁轨道，就联想到自杀事件，而自杀仅仅是跳进地铁轨道这一行为中最容易被想到的特例。

3. 意象偏差

如果人们对某一事件可能的结果在头脑中进行了充分的想象，形成了既定的画面，就会高估这一结果发生的可能性。

有一项竞选中的实验（Carroll，1978）证明了这一点。在这项竞选意象实验中，1976 年美国总统竞选的前 1 天，两组被试分别被要求想象候选人吉米·卡特（Jimmy Carter）获胜或候选人杰拉德·福特（Gerald Ford）获胜（见图 4-5），然后再要求被试对大选结果进行预测。

图 4-5 卡特（左）和福特（右）

实验结果表示，想象卡特获胜的被试倾向于认为卡特获胜的概率大，而想象福特获胜的被试倾向于认为福特获胜的概率大。由结果可见，给定的想象更容易提取。个体对结果的想象能够增加其对结果发生可能性的预期。许多人对于投资理财活动抱有很高的赢利预期，也喜欢做"发财之后"的白日梦，畅想自己赚了一大笔钱后如何支配这些资金。这种想象无形中会增加自己对赢利可能性的估计。

（三）易得性启发式可能的影响

1. 生动性效应

生动性效应（vividness effect）是指，决策者更容易被生动的信息所影响，而不是平淡的、抽象的或者是统计的数据（Nisbett & Ross，1980）。

研究证据：不同课程推荐方式的影响效果

研究者将密歇根大学的学生被试分成 3 组：基线组阅读一份过去的学生对课程的评分结果；面对面组听取 1～4 个不同学生委员会对课程的评价；控制组没有接受任何有关课程的评价。此后，分别统计这三组学生的选课情况。研究者发现，相比数据结果，见证面对面的评价后，学生接受的推荐课程数量更多（Borgida & Nisbett，1977），见表 4-1。这就是个人见证产生的生动性效应在发挥作用。

表 4-1 不同推荐方式对于学生选课的影响效果

条件	推荐的课程数量	非推荐的课程数量
基线组	4.11	0.94
面对面组	4.73	0.50
控制组	3.33	1.39

在消费活动中，一个生动的关于车辆瑕疵的故事足以消磨掉消费者从《消费者报告》这样的专业杂志的统计中建立起来的信心（Nisbett，Borgida，Crandall et al.，1976）。销售活动中，人们往往迷信个人见证而忽略统计性结论。因此，许多虚假电视广告（如一些具有欺骗性的保健品）并不公布产品的功效，而是喜欢请一些"托儿"来"现身说法"，进行所谓的"个人见证"。

2. 高估或低估风险

易得性启发式也会让人们对于风险产生错误的估计。

在一项研究中，研究者先让被试想象某种疾病的症状，然后让他们估计自己感染这种疾病的可能性（Sherman，Cialdini，Schwartzman et al.，1985）。研究者让两组被试分别以两种不同的方式想象一种疾病：一种是更具体的方式，如低能量水平、肌痛、严重的头痛等；一种是更抽象的方式，如方向感迷失、神经系统功能障碍等。然后让被试估计感染这种疾病的概率。结果发现，以具体方式想象的被试的概率估计要明显高于以抽象方式想象的被试。在保险决策的研究中也有类似发现（Johnson，Hershey，Meszaros & Kunreuther，1993）。

还有一个例子，美国一项调查表明，相比死于胃癌，人们认为自己被谋杀的可能性更高，这是由于电视上总在放凶杀案的新闻和有关谋杀的电视剧。事实上，罹患胃癌的概率是被谋杀的概率的 5 倍（Brinol，Petty & Tormala，2006）。

南丁格尔的一项贡献

如果我问你"战场上导致死亡率最高的原因是什么？"你的直觉可能会让你说出"被枪炮、子弹击中"。而著名的医疗工作者南丁格尔考察了英军在克里米亚战争中战场上的死亡率发现，战场上死亡率最高的原因不是被武器击中，而是受伤后得不到有效的治疗以及伤口感染。因此南丁格尔劝说政府将更多的经费投入到改善战场医疗条件上来。政府采纳了她的建议，战场上士兵的死亡率从 42% 降低到了 2%。

（四）易得性启发式在投资中的表现

心理学上的一个概念——纯粹曝光效应（mere exposure effect），是指人们偏爱自己熟悉、了解的事物。仅仅是增加事物的出现频率，就足以增加对其的好感度了。这一效应可以作为易得性启发式部分的机制解释。因为熟悉与经常见到，粉丝倾向于拥护当地的球队；人们会选择熟悉的但获胜概率较低的赌博游戏（Heath & Tversky，1991）。在投资领域，易得性启发式表现为"不熟不投""异国偏差"和"本地偏差"（诺夫辛格，《投资心理学》，2013）。

1. "不熟不投"现象

投资者一般只选择自己比较熟悉的证券进行投资（Huberman，2001）。调查表明，人们倾向于对自己的公司的股价乐观看待并且过度自信，员工喜欢买自己公司的股票而忽略风险(Bell，2002)；在 1000 名受调查者中也只有 16.4% 的人认为自己公司的股票比整个股市的风险更大，即使是在被暗示其市值在未来 5 年内有可能流失一半的情况下。另外，只有 6.5% 的没有接受过大学教育的人认为自己公司的股票比整个股市的风险更大(Benartzi，2001)。

2. "异国偏差"现象

异国偏差是指对某些国家过度投资而对另外一些国家投资不足的行为。例如，德国的海外投资份额为：美国，13%；法国，12.7%。而美国和法国在世界资本份额中的占比分别为 43%、5%。由德国的海外投资份额可以看出，德国投资者对于地理上与本国临近或文化相似的国家有过度投资的倾向；而对距离和文化远的国家则投资不足。

投资者分配给外国公司股票的投资比例暗示着他们认为投资外国资产的风险比其历史水平要高 2~5 倍(Li，Morck，Yang et al.，2004)。欧洲的基金经理预测本国的股票收益率比其他国家高(Strong & Xu，2003)。

3. "本地偏差"现象

国际投资者偏好投资本国的公司，国内投资者也会向本地的公司倾斜(见图 4-6)。据《华尔街日报》统计，可口可乐 230 亿美元的股票，即 16% 的股份，由佐治亚州的投资者持有。而佐治亚州正是可口可乐的总部所在地。大部分的股票持有者集中在佐治亚州的首府亚特兰大，而且对于大部分持有者来说，售出可口可乐的股票简直就是一种诅咒，一种自己把自己扫地出门的行为(Deogun，1997)。

一般美国家庭会将投资组合的 30% 投在公司总部在离家 250 英里范围内的股票上；瑞典投资者从一个城市迁移到另一个城市时，也会改变他们的投资组合；芬兰投资者不仅偏向本地企业，也偏向和自己使用同样语言的企业(Ivkovich & Weisbenner，2005)。专业基金经理投资的公司的总部与其办公室的距离，要比非投资的公司近 100 英里(Coval & Moskovitz，1999)。

个体偏差行为的汇聚，可能影响整个资本市场。有研究发现，投资者的本地偏差可能扭曲小型、透明度不高的地区性公司的股价(Hong，Kubik & Stein，2008)。在美国企业股票的总体平均回报率为 7.9%；在东北部，国际化程度高的大企业较为集中，由于投资者异质性较高，平均回报率为 4.1%；而在东南部，由于当地小企业密集，本地投资者更多持有这类企业的股票，导致当地小企业的

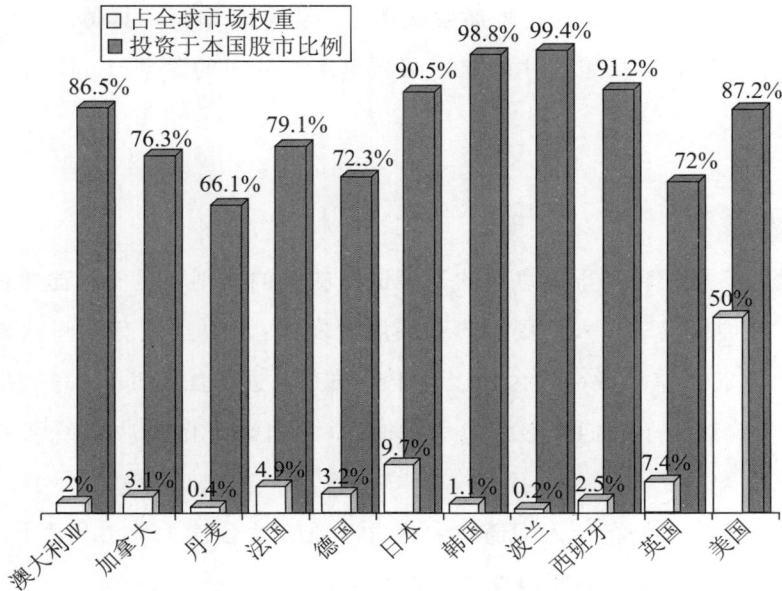

图 4-6　各国股市占全球市场权重与各国投资于本国股市的比例

（来源：诺夫辛格，《投资心理学》，2013）

回报率达到了 9.9％，如图 4-7 所示。

　　此外，还有一项跨国的研究也发现，本土偏差与市场回报率呈正相关关系。例如，美国的本土偏差程度较低，其平均市场回报率在 5％ 左右，而波兰、捷克等国的本地偏差程度较高，市场回报率达到 20％ 以上（Lau，Ng & Zhang，2010）。

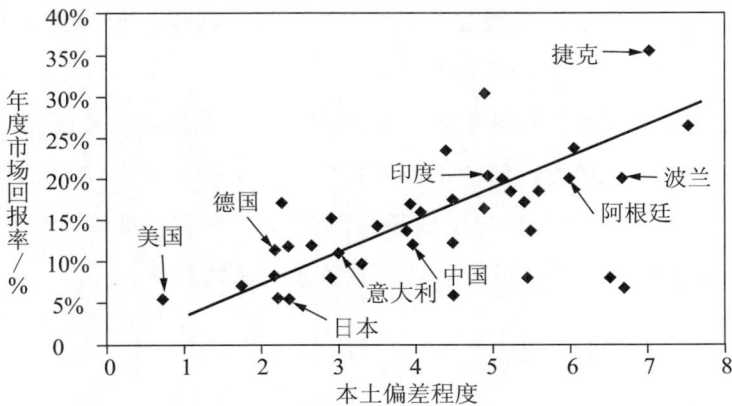

图 4-7　本土偏差程度与市场回报率

（来源：诺夫辛格，《投资心理学》，2013）

最后，代表性启发式和易得性启发式还会产生联合作用，具体表现为在自己所在公司的股票上涨后，员工往往倾向于买入更多公司的股票(Lau，Ng & Zhang，2010)。

本章要点

1. 启发式，是一种基于信息集的子集进行决策的规则，是一种思维的捷径。

2. 以下四种情况下，人们更倾向于采用启发式：(1)当没有时间认真思考某个问题的时候；(2)当信息载荷过大，以至于无法充分进行加工时；(3)当手中的问题并不十分重要，以至于我们不必太过思虑时；(4)当缺乏做出决策所需的可靠的知识和信息时。

3. 代表性启发式是指，人们通常会根据 A 在多大程度上能够代表 B，或者说 A 在多大程度上与 B 相似来判断事件发生的可能性。

4. 代表性启发式产生的原因有以下几点：(1)联合谬误；(2)基率忽视；(3)对样本大小的不敏感——小数法则；(4)误解偶然性；(5)非回归性的预测。

5. 代表性启发式在投资领域中的表现主要是：(1)混淆"好公司"和"好投资"的区别；(2)动量投资。

6. 易得性启发式就是人们倾向于根据一个客体或事件在知觉或记忆中的易得性程度来评估其相对概率，容易知觉到的或回想起的被判定为更常出现。

7. 易得性启发式产生的原因包括：(1)由于例子易得性而导致的偏差；(2)由于搜索效率而导致的偏差；(3)意象偏差。

8. 易得性启发式可能的影响主要包括生动性效应以及高估或低估风险。

9. 易得性启发式表现为：(1)"不熟不投"；(2)异国偏差；(3)本地偏差。

10. 代表性启发式和易得性启发式还会产生联合作用，具体表现为在自己所在公司的股票上涨后，员工往往倾向于买入更多公司的股票。

课后练习

1. 代表性启发式和易得性启发式的区别。

2. 根据代表性启发式的理论，设计一个能够打动消费者的产品营销方案。

3. 如何用代表性启发式理论解释赌徒谬误？

4. 本地偏差为何会导致异常的投资回报率？

5. 在代表性启发式和易得性启发式联合作用的例子中，两种直觉分别是如何起作用的？

参考文献

章志光. 社会心理学[M]. 北京：人民教育出版社，2008.

约翰·R·诺夫辛格. 投资心理学[M]. 北京：机械工业出版社，2013.

斯科特·普劳斯. 决策与判断[M]. 施俊琦，王星，译. 北京：人民邮电出版社，2004.

Armor A. , Taylor S. When predictions fail：the dilemma of unrealistic optimism[M]//Gilovich, Th. , Griffin, D. , Kahneman, D (Eds.)，Heuristics and Biases：The Psychology of Intuitive Judgment. Cambridge University Press，2002，pp. 334-347.

Bell，A. GAO：workers should know risk of too much employer stock in 401(k)s. (Retirement Issues). (United States General Accounting Office)[J]. National Underwriter，2002，106(41)：30.

Benartzi，S. Excessive extrapolation and the allocation of 401(k) accounts to company stock[J]. The Journal of Finance，2001，56(5)：1747-1764.

Betsch，T. The nature of intuition and its neglect in research on judgment and decision making[J]. Intuition in Judgment & Decision Making，2008.

Bondt，W. F. M. D. , & Thaler，R. Does the stock market overreact[J]? Journal of Finance，1985，40(3)：793-805.

Borgida，E. , & Nisbett，R. E. The differential impact of abstract vs. concrete information on decisions[J]. Journal of Applied Social Psychology，2012，7(3)：258-271.

Brinol，P. , Petty，R. E. , & Tormala，P. Z. L. The malleable meaning of subjective ease[J]. Psychological Science，2006，17(3)：200-206.

Carroll，J. S. The effect of imagining an event on expectations for the event：an interpretation in terms of the availability heuristic[J]. Journal of Experimental Social

Psychology, 1976, 14(1): 88-96.

Carroll, J. S. & Payne, J. W. The psychology of the parole decision process: a joint application of attribution theory and information-processing psychology [J]. 1976.

Coval, J. D. , & Moskowitz, T. J. Home bias at home: local equity preference in domestic portfolios[J]. The Journal of Finance, 1999, 54(6): 2045-2073.

De Bondt, W. F. Betting on trends: Intuitive forecasts of financial risk and return[J]. International Journal of forecasting, 1993, 9(3): 355-371.

Deogun, N. The legacy: Roberto Goizueta led Coca-Cola stock surge, and its home prospers[J]. Wall Street Journal, 1997, 10: 20.

Dijksterhuis, A. , Bos, M. W. , Nordgren, L. F. , et al. On making the right choice: the deliberation-without-attention effect[J]. Science, 2006, 311(5763): 1005-1007.

Heath, C. , & Tversky, A. Preference and belief: ambiguity and competence in choice under uncertainty[J]. Journal of Risk & Uncertainty, 1991, 4(1): 5-28.

Hong, H. G. , Kubik. J. D. , & Stein, J. C. The only game in town: stock-price consequences of local bias[J]. Social Science Electronic Publishing, 2008, 90 (1): 20-37.

Huberman, G. Familiarity breeds investment[J]. Review of Financial Studies, 2001, 14(3): 659-680.

Ivković, Z. , & Weisbenner, S. Local does as local is: information content of the geography of individual investors' common stock investments[J]. Journal of Finance, 2005, 60(1): 267-306.

Johnson, E. J. , Hershey, J. C. , & Meszaros, J. , et al. Framing, probability distortions, and insurance decisions[J]. Social Science Electronic Publishing, 1993, 7(1): 35-51.

Kahneman, D. , & Tversky, A. On the psychology of prediction[J]. Psychological Review, 1973, 80(4): 237-251.

Kahneman, D. , & Tversky, A. On the study of statistical intuitions[J]. Cognition，1982，11(2)：123-141.

Lakonishok，J.，Shleifer，A.，& Vishny，S. R. W. Contrarian investment，extrapolation，and risk[J]. The Journal of Finance，1994，49(5)：1541-1578.

Lau，S. T.，Ng.，Lilian，K.，& Zhang，B. The world price of home bias[J]. Social Science Electronic Publishing，2010，97(2)：191-217.

Li，K.，Morck，R.，Yeung，Y. B.，et al. Firm-specific variation and openness in emerging markets[J]. The Review of Economics and Statistics，2004，86(3)：658-669.

Nisbett，R. E.，Borgida，E.，Crandall. R.，et al. Popular induction：information is not necessarily informative[M]//J. S. Carroll & J. W. Payne (Eds.)，Cognition and social behavior. Oxford，England：Lawrence Erlbaum，1980.

Nisbett，R. E.，& Ross，L. Human inference：strategies and shortcomings of social judgment[J]. Philosophical Review，1980，26(2).

Read，J. D. The availability heuristic in person identification：the sometimes misleading consequences of enhanced contextual information[J]. Applied Cognitive Psychology，2010，9(2)：91-121.

Shefrin，H. Beyond greed and fear：understanding behavioral finance and the psychology of investing[J]. Oup Catalogue，2007，2(78)：99-101.

Sherman，S. J.，Cialdini，R. B.，Schwartzman，D. F.，et al. Imagining can heighten or lower the perceived likelihood of contracting a disease：the mediating effect of ease of imagery[J]. Personality and Social Psychology Bulletin，1985，11(1)：118-127.

Strong，N.，& Xu，X. Understanding the equity home bias：evidence from survey data[J]. Review of Economics and Statistics，2003，85(2)：307-312.

Welch，I. Views of financial economists on the equity premium and on professional controversies[J]. The Journal of Business，2000，73(4)：501-537.

第五章　锚定效应

卡尔维诺的《宇宙奇趣全集》中有一则短篇叫《空间中的标志》，内容为一个代号为 QFWFQ 的宇宙智慧生物讲述了"他"如何在无尽的宇宙空间中创造了一个标志，从此之后一切都以这个标志为参照，在上亿年无尽循环的太空旅程中，"他"无时无刻不在渴望回到这个标志所在的地方的故事。

　　……不管怎么样，我知道标志就在那里，一动不动，默默无声地等待着我。我会回到那里，重新找到它，我会再度理顺我思维的脉络。估计我们已经到了银河系旋转历程的差不多一半，只要耐心，后一半总是使人觉得更快些。现在我不该再想别的了，只能集中精力想我的标志是否还在，我是否还会路过那里。

　　这则充满哲学意味的科幻寓言提供了多种可能性的解读。从经济心理学的视角来看，这个让人产生"永劫回归"冲动的标志正如同一个初始的锚定值，牢牢制约着人们后续的判断和决策，使之成为"锚定效应"的最佳隐喻——当人们需要对某个事件做定量估测时，也会将某些特定数值作为起始值，起始值像锚一样制约着估测值；在做决策的时候，人们会不自觉地给予初始信息过多的重视。这就是所谓"锚定效应"。

　　这一章我们就来对锚定效应做一番系统的介绍。首先，我们来介绍锚定效应的概念；其次，涉及锚定效应的两种机制解释：不充分的调整和选择性通达的假设；再次，介绍锚的类型和锚定效应的分类，并分析锚定效应的影响因素；最后，列举锚定效应在生活中——尤其是经济生活中的表现和应用。

💡 课前热身

请思考下列两个问题：

1. 假设一张纸的厚度是 0.1 毫米，对折 100 次（假如能够做到的话）后大概有多厚？或者说，会不会比著名篮球运动员姚明的身高更高呢(姚明身高2.26米)？

2. 如果把全世界男人的血都集中在一个立方体中，这个立方体的边长大概是多长？(按全世界60亿人，一个人的血液大概是3.79升计算。)

一、锚定效应的概念

威廉·庞德斯通在《无价》一书中列举了著名的"利柏克诉麦当劳一案"，简略过程如下。

1994年，新墨西哥州阿尔伯克基地区陪审团判定，麦当劳应赔偿斯特拉·利柏克(Stella Liebeck)286万美元，原因是斯特拉自己打翻了麦当劳卖给她的一杯热咖啡。案件的起因是利柏克的孙子开车载她来到了麦当劳的汽车快捷窗口买咖啡，孙子把车开到路边停下，方便利柏克老太太往里面加奶加糖。老太太把咖啡杯夹在两膝之间，掀开盖子，弄洒了咖啡。利柏克花了11 000美元的医疗费，用于腹股沟、臀部和大腿的皮肤移植……起初，利柏克要求快餐连锁店赔偿20 000美元。麦当劳驳回了这个价格，报出了800美元的荒唐价格。

利柏克的律师，在新奥尔良出生的里德·摩根(Reed Morgan)以前打过这种官司。1986年，他代表休斯敦的一位妇女对麦当劳提起了诉讼。那位妇女也是因为咖啡洒了，三度烫伤。摩根抓住了麦当劳的一个"致命缺陷"：麦当劳的咖啡比竞争对手的要烫。休斯敦一案以27 500美元的赔偿额达成和解。摩根跟踪监控了随后的咖啡官司。他知道，1990年，加利福尼亚州的一位妇女因为麦当劳的咖啡遭到三度烫伤，以23万美元达成和解。但这里有一个很大的区别。在加利福尼亚州的案子里，是麦当劳的员工把咖啡洒到妇女身上的。

由于利柏克是自己把咖啡弄洒的，按照逻辑，这件案子的索赔金额应当远远少于23万美元。但摩根根本不管这一套，他对陪审团使用了一种颇具争议性的心理技术。

这种技术奏效了。就好像受了催眠一般，陪审团判给利柏克286万美元的赔偿费。这包括16万美元的补偿性赔偿，外加270万美元的惩罚性赔偿。做出这一裁判，陪审团用了4个小时。据报道，一些陪审员报出的赔偿额高达960万美元，是其他人好说歹说才把他们劝下来的。

虽说赔偿额减少了，但麦当劳上诉是免不了的。81岁的利柏克没有那么多时间耗费在官司上。她很快就跟麦当劳达成了庭外和解，和解费保密，但据说低于 60 万美元。她肯定意识到自己已经赢下一场了。

摩根律师所使用的心理技术就是"锚定效应"。锚定效应也叫沉锚效应，根据特沃斯基和卡尼曼的定义，锚定效应是一种判断启发式，是指在不确定情境的判断和决策中，人们的某种数值估计会受到最先呈现的数值信息（即初始锚）的影响，以初始锚为参照点进行调整和做出估计，由于调整的不充分，使得其最后的估计结果偏向该锚的一种判断偏差现象（Tversky & Kahneman，1974）。

在这起法律案件中，锚定效应起作用的方式就是"要的越多，最后得到的越多"。早在利柏克诉麦当劳一案发生前，就有人发表过相关研究，探讨锚定对陪审团裁定赔偿金额造成的影响。1989 年，心理学家约翰·马洛夫（John Malouff）和尼古拉·舒特（Nicola Schutte）做过一项实验：安排 4 组模拟陪审员，让他们阅读一份真实人身伤害案的材料，在该案件中，被告罪名成立。他们告诉所有的 4 个小组，被告辩护律师建议赔偿 50 000 美元。4 个小组所接触的信息，唯一不同的是原告律师要求的赔偿数额。第一个小组听到的是，原告律师索要 100 000 美元，这一组陪审员裁定的平均赔偿额是 90 333 美元。第二个小组听到的是 300 000 美元，最后裁定 188 462 美元。第三个小组听到 500 000 美元，最后裁定 282 868 美元。第四个小组得知律师索要 70 万美元的赔偿额，他们裁定的赔偿额平均为 421 538 美元。

大量实验室研究证明了锚定效应的存在。在一项研究中，被试被要求估计甘地（印度圣雄）去世时的年龄。在做出估计之前，先回答一个问题"甘地去世是在 X 岁之前还是之后"，当问题中的 X 是 140 岁时，被试对甘地去世年龄的平均估计是 67 岁，而当 X 是 9 岁时，被试的平均估计是 50 岁（Mussweiler & Strack，1999）。

特沃斯基和卡尼曼认为锚定不仅发生在被试被给予初始值的情况下，还发生在被试的估计基于一系列计算结果的情况下。在另一项实验中，他们曾让被试在 5 秒钟之内粗略估计一串乘法算式的结果。算式有两种呈现方式。第一种：$1 \times 2 \times 3 \times 4 \times 5 \times 6 \times 7 \times 8$；第二种：$8 \times 7 \times 6 \times 5 \times 4 \times 3 \times 2 \times 1$。结果，被试对第一个算式的结果估计的平均值是 512，对第二个算式的结果估计的平均值是 2250（Tversky & Kahneman，1974）。

回想"课前热身"的两个问题，现在公布答案：问题 1 的正确答案是"1.27×10^{23} 千米"。直觉上这是一个非常大的数字，但这个数字究竟大到什么程度呢？这么说吧，地球和太阳距离为 149 597 870 千米（所谓一个天文单位），而一张 0.1 毫米厚的纸对折 100 次后的厚度是这个距离的 800 000 000 000 000 倍！这个结果在数值上可能远远超过你心中的答案，而姚明的身高与之相比，几乎可以忽略不计。为什么会有这种反差呢？因为"0.1 毫米"这个初始值很小，制约了你对结果的估计，而实际上几何级数的递增是非常惊人的。这个例子说明，我们对数值的估计在很大程度上会受到初始信息的影响和制约。

问题 2 的正确答案是"约 484 米"，也就是说，一个边长为 484 米的立方体，就可以把全世界男人的血装在里面。如果说问题 1 的答案数字是异乎寻常的大，那么问题 2 答案的这个数字就有点出乎意料的小了。这是因为"全世界男人"这个词让人想到全世界人口大约有 60 亿，一半是男性的话，就有 30 亿。30 亿是一个非常大的初始值，让人直觉能盛下这么多人血液的容器的边长也应该是一个极大的数值。类似的故事在各地民间传说中屡见不鲜，个例如下。

棋盘上的米粒

国王想赏赐一个聪明人，问他想要什么。聪明人回答："我要的不多，给我一些米好了。请这样给我米：在一副棋盘上，第一格放一粒米，第二格放两粒，第三格放四粒，第四格放八粒……总之每一格上放的米粒数都是前一格的两倍。"听到这个要求时，国王觉得这个要求太容易满足了，让账房算算"一袋米够不够"。但账房先生算了一下立刻流汗了，禀报国王："就是把全国土地变成稻田，种出来的米也不够。"

虽然故事的主人公在各地版本中有所不同，但故事的架构和核心是相同的，都表明了一个问题：人们最后的估计往往受到初始数值的影响和制约，从而产生过大或过小的错误估计。

锚定效应在不同的情境中得到了证实，包括对赌博游戏胜率的评估、对于风险和不确定的估计、对自我效能感的知觉、对未来工作绩效的预期、对一般常识问题的回答等(Epley & Gilovich，2001)。

二、锚定效应的成因

研究者指出，锚定效应"易于证明，难于解释"（Strack & Mussweiler，1997）。

目前针对锚定效应的成因主要有不充分调整的解释、选择性可及度（selective accessibility）的解释和态度改变的解释三种。

（一）不充分调整的解释

特沃斯基和卡尼曼认为，锚定效应与不充分的调整有关。一旦一个"锚"形成，人们就会根据这个锚来寻找最终的答案，虽然他们知道最终的答案要在锚值的基础上加以调整，但他们的这种调整往往是不充分的，导致他们的最终猜测要比真实值更接近于锚定值。在一项经典的有关锚定效应的实验中，特沃斯基和卡尼曼让被试以百分比的形式估计一些数量值，如"非洲国家在联合国国家总数中所占比例是多少"。被试先被呈现一个 1～100 的幸运轮，上面有一个随机转出的数字，被试要回答"这个数字高于还是低于要估计的值"，然后再通过上调或下调转轮的数字来表示其对问题的答案的估计值。结果发现，初始的随机数字对估计的结果产生了显著的影响，例如，随机数字为 65 时，被试对"非洲国家在联合国国家总数中所占比例是多少"这一问题答案的估计的中数是随机数字的 45%；而随机数是 10 时，被试的估计值是随机数字的 25%。同时，被试的估计不受金钱奖励刺激的影响（Tversky & Kahneman，1974）。

（二）选择性可及度的解释

有研究者对不充分调整的机制解释提出了疑问，认为不充分的调整假设无法解释一些不可行锚所导致的锚定效应。例如，"甘地是否活了 140 岁?"在这个问题中"140 岁"显然是一个不可行锚（因为没有科学记载有人活到 140 岁），按照不充分的调整假设，被试的估计应该接近且略低于 140 岁才对，但被试的平均估计是 67 岁，相对于锚定值来说进行了大幅度的调整。针对这一问题，这些研究者提出了"选择性可及度"的解释，认为锚定效应不是由于不充分的调整，而是产生于增加的与锚定值相一致信息的可及度（Strack & Mussweiler，1997）。这一解释基于人们具有证实假设的倾向：一旦给定一个锚定值，判断者会倾向于去证实锚定值是否是问题的正确解，这种"验证性搜索"蕴含"真实答案可能与锚定值相似"的暗示，同时又对锚定值进行了强调，从而最后的估计值会在这些信息的作用下产生朝向锚定值的偏差；如果当锚定值是不可行的极端值，判断者就会搜索距离锚定值最近的可行锚的边界值，这时锚定值的极端性再增加，也不会影响锚定效应的大小。例如，当被问到"甘地去世是在140岁之前还是之后"时，判断者往往会去验证这个不可能的锚定值是否正确："甘地活到140岁了吗？"答案显然是"否"，这时被试就可能从"人的一般寿命"出发，寻找可能的年龄边界值。这一解释让一些研究者做出了锚定发生"是由于目标形式的偏差性冗余信息，而不是不充分的调整"的结论(Chapman & Johnson，2002)。

心理学家格雷切·查普曼(Gretchen Chapman)和布莱恩·伯恩斯坦(Brian Bornstein)的一项研究也为"选择性可及度"的解释提供了注脚。他们向伊利诺伊州80名大学生提出了一个假想的情景：一位叫凯西的年轻女性因为服用避孕药罹患了卵巢癌而将医疗保险提供商告上法庭。被试分为4组，每一组听到的索赔额都不一样，分别为100美元、20 000美元、500万美元和10亿美元。研究人员要求被试作为模拟陪审员裁定赔偿金的额度。结果发现，在500万美元以下，陪审员们对锚定值表现出极强的"依赖"：索赔额为100美元时，"陪审员"的平均裁定为990美元；当索赔额达到20 000美元时，陪审员的裁定金额达到了36 000美元；而索赔额为500万美元，裁定额达到了432 000美元；而当索赔额是10亿美元时，这个极端锚值所得到的裁定赔偿约为490 000美元，只比500万美元时的裁定额多一点。

(三)态度改变的解释

尽管不充分调整假设和选择性可及度假设有所区别，但对于极端性的预测是一样的。根据这两种解释都可推导出：不可行的极端锚会比可行锚产生更大的锚定效应，随着超过可行值范围的锚的极端性的增加，锚定效应的大小不会发生改变。但有研究者发现，极端锚所引发的锚定效应，会小于中等程度的锚(Wegener，Petty，Detweiler-Bedell et al.，2001)。针对这一情况，研究者提出了"态度改变"的解释，认为锚定值极端性的增加对于锚定效应的影响，还取决于个体对于锚定值的态度。如果说不充分调整的解释和选择性可及度的解释都强调与锚相一致的信息的激活，那么态度改变的解释则强调人们对于锚值存在接受和拒绝两种态度。《无价》中也提到了"要的越多，得到的越多"的适用范围及"为什么律师不会漫天要价"。

就算是痴心妄想，也不会有几个律师觉得陪审员能任自己摆布……提出了以下问题：你在法庭上可以把锚点抛到多远？一个聪明的律师会提出数亿美元的庞大索赔额吗？

传统的智慧说，不行。据说有个叫"反弹"的神奇效应：高得过火的索赔额，会让原告或律师显得太贪婪，从而带来事与愿违的结果。出于报复，陪审团的裁定金额会很低。较之一开始就提出合理索赔额的做法，漫天要价是不划算的。

三、锚定效应的类型

锚定效应中的锚存在多种不同的形式。根据来源不同，锚可以分为外部锚（experimenter-provided anchor）和内部锚（self-generated anchor）。外部锚引发的锚定效应有传统锚定效应（traditional anchoring effect）和基本锚定效应（basic anchoring effect）两种。内部锚也称自发锚，引发自发锚定效应。锚的类型及引发的锚定效应类型如图 5-1 所示。

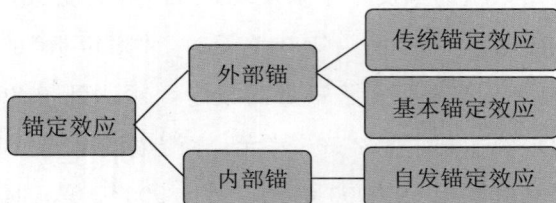

图 5-1　锚的类型及相应的锚定效应分类

（一）传统锚定效应

传统锚定效应指特沃斯基和卡尼曼经典范式中两步式提问所引发的锚定效应。例如：

(1)密西西比河是长于还是短于 5000 米？

(2)你认为密西西比河的长度是多少？

（来源：Jacowitz & Kahneman，1995）。

（二）基本锚定效应

威尔逊等人（Wilson，Houston，Etling et al.，1996）提出，基本锚定效应就是单纯数字呈现也会影响绝对的判断，使最终的估计值趋向无关信息的值而产生的锚定效应。和传统锚定效应的两步式提问不同，基本锚定效应通常由一步式外部锚引发。

研究证据：球衣号码与概率估计

在一项类似的研究中，研究者让两组被试分别看一张橄榄球运动员斯坦·费舍尔(Stan Fisher)的照片，这张照片是用软件处理过的：一组被试看到的照片中运动员球衣上的号码是54，而另外一组看到的照片上这个号码是94(如图5-2所示)。然后询问被试："你认为斯坦·费舍尔在季后赛阶段注册为擒抱手的可能性有多大?"结果显示，看到球衣号码为54的被试，对这个概率的平均估计是55.6%，而看到球衣号码是94的被试，对这个概率的平均估计是61.6%(Critcher & Gilovich，2008)。

图5-2　两组被试看到的两张球员照片(来源：Critcher & Gilovich，2008)

在威尔逊等人的一项实验中，被试被分为4组，每人都得到一份有贴纸的问卷。每张贴纸上写着一个介于1928至1935之间的四位数"ID号"，对于每一名被试来说，这个数字都是随机的。第一组被试被要求把这个数字抄写到问卷上，而后估计当地黄页(电话簿)上医生的人数。结果，平均的估计值是221名医生。第二组被试的任务也是将ID号抄写到问卷上，但他们得到了一个额外的指示，就是要注意ID号是用红色还是用蓝色写的，这将决定他们填写问卷的哪一页(真实的操作目的是让被试对锚定信息进行更多的加工)。结果，这部分人给出的平均答案是343名医生。"只不过在人群之中多看了你一眼"，估计值就提高了55%。第三组被试得到的指令是，判断ID号是否介于1920至1940之间，这个操作的意义是，强迫参与者把数字当成数字而非字符来看。结果，这一组参与者估计电话簿上医生的人数平均为 527 名。第四组被试要回答两个问题。实验人员先要他们猜测电话簿上医生的人数是大于还是小于 ID 号，接着又请他们做出具体的估计。结果，这个小组的平均答案为 755 名。被试完成实验任务之后，研究人员还询问了部分被试，对于他们的判断是否受了 ID 号的影响。绝大多数人的回答是"没有"。这正是基本锚定效应最令人担忧的一面：它在人们没有意识到的情况下实实在在地影响了人们的判断。《无价》一书作者在评价这项研究时引用了电影《普通嫌疑犯》中的经典台词（最早出处为波德莱尔的诗句）："魔鬼耍的最大把戏，是要人相信它并不存在。"

（三）自发锚定效应

埃普利和吉洛维奇（Epley & Gilovich，2001）又根据锚定信息的来源，将锚分为外部锚和自发锚。外部锚是指情境中其他人直接提供的锚定值。例如，非洲国家在联合国国家总数中所占比例是高于 10% 还是低于 10%？内部锚是个体根据以往经验和信息线索在自身内部产生的比较标准，所引发的锚定效应为自发锚定效应。最简单的一个例子是问："世界第二高峰海拔多少米？"判断者会根据已有的知识经验"第一高峰珠穆朗玛峰海拔 8844 米"进行调整；美国针对阿富汗的军事行动是什么时候开始的？个体可能不知道精确的答案，但他可能知道 2001 年震惊世界的"9·11"事件，所以会利用这一经验信息形成自发的锚定值，判断美国对阿富汗的军事打击应该发生在 2001 年或 2002 年。

四、锚定效应的影响因素

锚定效应的影响因素包括锚定信息的特征、个体经验、情绪、动机、人格、认知能力等（李斌等，2010）。

1. 锚定信息的特征

（1）锚定值的大小。通常来说，高锚定值引发较高的估计，低锚定值引发较低的估计（Tversky & Kahneman，1974）。例如：

旧金山的平均气温高于 15℃ 还是低于 15℃？

旧金山的平均气温高于 30℃ 还是低于 30℃？

一般来说，后一个问题中的锚定值引发更高的估计值。

（2）可行锚与不可行锚。可行锚和不可行锚都会产生锚定效应，但会影响被试的反应时间。在比较判断任务中，可行锚导致的判断时间长于不可行锚。在绝对判断任务中，可行锚导致的判断时间短于不可行锚（Strack & Mussweiler，1997）。举个例子来说：

可行锚：昨天上证指数收盘时高于 3000 点还是低于 3000 点？（T1）

昨天上证指数是多少点？（T2）

不可行锚：昨天上证指数收盘时高于 200 点还是低于 200 点？（T3）

5 月份股市会达到多少点？（T4）

其中 T1、T2、T3、T4 分别为被试的判断反应时间，则有 T1>T3，T2<T4。

（3）精确锚和粗略锚。所谓精确锚，就是数字比较具体、有零有整的锚定值；粗略锚则是经过四舍五入、取整之后的锚定值。有研究发现，精确锚产生的锚定效应大于粗略锚（Janiszewski & Uy，2008）。在一项实验中，研究者让被试根据一系列物品的竞拍报价估计实际价值。以海边别墅为例，粗略组被试看到的锚定价格为 800 000 美元，精确锚条件又分为"锚下价格"组和"锚上价格"组，锚下价格组看到的价格是 799 800 美元，锚上价格组看到的价格是 800 200 美元。三种条件下被试的估价分别为 751 867 美元、784 671 美元和 778 264 美元。由此可见，精确锚引发的估计值更接近于锚定值。

（4）锚定信息的异质性。当锚定值和估计值是同维度时，比是异维的情况下产生更强的锚定效应。例如：

凯旋门高于 150 米还是低于 150 米。

同维问题：凯旋门的高度是多少？

异维问题：凯旋门的宽度是多少？

如果锚定值的维度是"高度"，估计值的维度也是"高度"，所产生的锚定效应就要强于估计值是异维的"宽度"时的锚定效应。

2. 个体经验

经验对于锚定效应的影响，多见于有关"专家—新手"的研究。在一项实验中，研究者将被试按照其实际能力和经验分为专家组和非专家组，然后让其完成传统锚定效应和基本锚定效应的任务，结果发现：传统锚定情境中，专家和非专家都表现出锚定效应；而在基本锚定情境中，非专家组出现锚定效应（Englich，Mussweiler & Strack，2006）。

3. 情绪

情绪效价和经验因素的联合分析发现，专家在悲伤和快乐情绪下的锚定效应没有差异，新手在悲伤情绪下的锚定效应大于在积极情绪下的（Englich & Soder，2009）。此外，情绪强度和锚定效应的关系呈 U 形曲线（Araña & León，2008）。

4. 动机

如果先前给予一定的信息预警（如提示被试不要被先前信息所影响），会对锚定效应的结果产生一定影响。在传统锚定效应中，信息预警能影响不可行锚，但无法消除可行锚（Strack & Mussweiler，1997）；此外，如果给予金钱奖励激励，被试尽可能寻求正确答案，发现金钱奖励能够降低自发锚，但对传统锚无影响（Epley & Gilovich，2001）。在威尔逊等人（Wilson，Houston，Etling et al.，1996）的一项实验中，实验者让被试估计本地电话簿上有多少名医生，估计最准的人有奖，奖励是可带一名朋友到某热门餐馆吃大餐。被试分为两组，被分别呈现高或低的锚定值。威尔逊和同事们以为，重奖之下必有勇夫，在大餐的诱惑之下，被试们应该会竭尽全力给出最佳答案，而不是受任何无关的随机数字的影响。但结果发现，锚定效应跟没有奖励时差不多。

5. 人格

有研究者将锚定效应和人格之间建立关联。例如，有研究发现，高宜人性和高责任心的个体，更容易受到锚定效应的影响，同时高外向性的个体更少表现出锚定效应（Eroglu & Croxton，2010）。另外一项研究则显示，"经验开放性"维度上的得分与锚定效应呈正相关（McElroy & Dowd，2007）。这可能与经验开放性得分高的个体具有更强的信息敏感性，导致其对锚定信息产生更多的关注有关。

6. 认知能力

锚定效应作为一种启发式偏差，能够被理性、审慎的思维所减弱，因此认知能力成为影响锚定效应的因素之一。埃普利和吉洛维奇（Epley & Gilovich，2006）通过一系列研究表明，认知能力会影响锚定效应的大小。在一项实验中，被试按照在认知需求量表（CNS）上的得分，分为高认知需求组和低认知需求组，然后回答一系列锚定问题，如给定锚定值判断"华盛顿当选总统的时间"等，结果发现，高认知需求组的被试比低认知需求组的被试表现出更小的锚定效应。第二项实验考察了喝酒（低认知能力）和没喝酒（控制组）的被试在类似任务上的表现，结果发现，喝酒的被试由于认知能力被削弱，表现出更强的锚定效应。第三项实验通过任务操纵，将被试分为认知繁忙和认知空闲两组，认知繁忙组被要求在回答问题前记忆 8 字母的字符串，而认知空闲组（控制组）也需要记忆 8 字母的字符串，但不是在回答问题之前，而是在回答问题之后。结果也证明，相比认知空闲组，认知繁忙组表现出更强的锚定效应。

五、锚定效应在经济生活中的表现和应用

（一）金融市场中的估价

在房地产交易过程中，起始价较高的交易最后达成的成交价比起始价较低的交易最终达成的成交价显著要高（Northcraft & Neale，1987）；在金融市场上，只要过去的价格作为新价格的锚定值，新价格就趋于接近过去的价格，这就是所谓的"价格黏性"。谁能说对道琼斯股值应该是多少？缺乏必要信息的条件下，判断股票价格水平时，最可能锚定的数字是记忆中距离现在最近的价格。人们对今日估价的估计，取决于昨日的估价，导致股价日复一日停滞不前。同样，锚定效应影响投资者对市盈率的判断，如美国投资者在 20 世纪 80 年代普遍认为日本股票的市盈率过高，这是因为他们以美国股市的市盈率为锚定值。而到了 90 年代中期，他们不再认为东京股市市盈率过高，尽管其市盈率还是比美国的要高得多。因为 80 年代末东京较高的市盈率已成为此时其比较参照的初始锚定值。

（二）在劳动力市场上劳动力价格的确定

劳动力市场上劳动力价格的确定具有一定的盲目性。工人们确认他们的工资水平是否适当，依据的是他们以前的工资水平。先前的工资水平就相当于一个锚定值。这也导致另外一个结果：工人对工资的相对变动更敏感，胜过对绝对水平的关注。

（三）商业谈判

商业谈判中也会用到锚定效应。一般来说，在信息不透明的情况下，谈判双方都希望对方先出价，这样就可以将这个价格作为锚定值，以此为基础向下压价，使得谈判朝有利于自己的方向发展。因此在购物过程中经常出现这种情况：买家和卖家都想让对方先报价。但在信息透明的情况下，谈判双方可能会争着先出价以形成锚定，占据主动。

（四）营销策略的运用

锚定效应在商业和消费领域中还有很多应用。例如，如果一家企业想给自己的产品一个较高的定位，那它最好将自己的实体店铺开在机场或高档商场，与其他著名品牌毗邻，让其他高端品牌成为自己的锚定值；此外，在定价中商家可以利用锚定效应引导消费者行为。

两家粥店的故事

有两家粥店，由于同质化竞争，产品、服务、装潢相差无几，但甲店的营业额总是比乙店高一倍。调查后发现，唯一的区别就是，乙店的服务员问顾客：粥里加鸡蛋吗？而甲店的问法是：加一个鸡蛋还是两个鸡蛋？可见，甲店的服务员巧妙地用问话把顾客牢牢锚定在"至少加一个鸡蛋"的水平上。

锚定效应原理也证明，知名厂商推出"天价极品"的做法其实是一种销售策略。例如，瑞士的手表品牌会推出各种镶钻的限量款，著名内衣品牌维多利亚的秘密会推出镶钻内衣等。事实上商家并不指望这些曲高和寡的商品能够卖出去，它们的真正作用是在消费者心中设置一个较高的锚定值，这样消费者在看到该品牌其他档次的商品时不再感觉那么昂贵了（虽然还是很贵），因此很容易打开荷包。同样，土地竞标中，开发商对"地王"的竞标如此火热，也是锚定效应的一种应用。获得"地王"的称号就建立一个初始的锚定值，等楼盘落成，潜在的买家已经形成了心理预期，相对容易接受较高的价位。

锚定效应还解开了一个我心中多年以来的困惑：肉夹馍为什么叫"肉夹馍"而不

叫"夹肉馍"或者"馍夹肉"？直到有一次我看综艺节目《天天向上》，谈到这个问题时，汪涵说："因为要把最重要、最有吸引力的部分放在最前面。"听到这里，我有一种茅塞顿开、醍醐灌顶的感觉：这就是锚定效应。肉夹馍里最有价值的就是"肉"了，"肉"字当头，人们对这种食品的价值评估就会大大提高。

总的来说，锚定效应是一种心理偏差，会影响人们对于数量、概率和价格的估计。锚定效应所展现的人类的非理性也带来了这样一种隐忧，即人们其实有时并不知道自己真正喜欢什么，他们为物品支付的价格时常并不与价值或效用挂钩。正如艾瑞里等人（Ariely，Loevenstein & Prelec，2006）在"汤姆·索耶和价值建构"（Tom Sawyer and the Construction of Value）一文中所说的那样：在这样一个人们不知道自己真正喜欢的是什么的世界，自愿的交易不一定会促进幸福感，同样，市场交易也不一定能改善社会福利。

📇 本章要点

1. 锚定效应是一种判断启发式，是指在不确定情境的判断和决策中，人们的某种数值估计会受到最先呈现的数值信息（即初始锚）的影响，以初始锚为参照点进行调整和做出估计，由于调整的不充分，使得其最后的估计结果偏向该锚的一种判断偏差现象。

2. 特沃斯基和卡尼曼认为锚定不仅发生在被试被给予初始值的情况下，还发生在被试的估计值基于一系列计算结果的情况下。

3. 目前针对锚定效应的成因主要有不充分调整的解释、选择性可及度的解释和态度改变的解释三种。

4. 不充分调整的解释认为，一旦一个"锚"形成，人们就会根据这个锚来寻找最终的答案，虽然他们知道最终的答案要在锚值的基础上加以调整，但他们的这种调整往往是不充分的，导致他们的最终猜测要比真实值更接近于锚定值。

5. 选择性可及度的解释基于人们具有证实假设的倾向：一旦给定一个锚定值，判断者会倾向于去证实锚定值是否是问题的正确解，这种"验证性搜索"蕴含"真实答案可能与锚定值相似"的暗示，同时又对锚定值进行了强调，从而最后的估计值会在这些信息的作用下产生朝向锚定值的偏差；如果当锚定值是不可行的极端值，判断者就会搜索距离锚定值最近的可行锚的边界值，这时锚定值的极端性再增加，也不会影响锚定效应的大小。

6. 态度改变的解释认为锚定值极端性的增加对于锚定效应的影响，还取决于个体对于锚定值的态度。如果说不充分调整的解释和选择性可及度的解释都强调与锚相一致的信息的激活，那么态度改变的解释则强调人们对于锚值存在接受和拒绝两种态度。

7. 根据锚定信息的来源，锚可以分为外部锚和自发锚。外部锚是指情境中其他人直接提供的锚定值。内部锚是个体根据以往经验和信息线索在自身内部产生的比较标准，所引发的锚定效应为自发锚定效应。

8. 外部锚引发的锚定效应分为传统锚定效应和基本锚定效应两类。传统锚定效应指特沃斯基和卡尼曼经典范式中两步式提问所引发的锚定效应；基本锚定效应就是单纯数字呈现也会影响绝对的判断，使最终的估计值趋向无关信息的值而产生的锚定效应。

9. 锚定效应的影响因素包括锚定信息的特征、个体经验、情绪、动机、人格、认知能力等。

10. 锚定效应在金融投资、产品营销方面有诸多表现和应用。

🔧 课后练习

1. 请举出你生活中发现的锚定效应的例子。

2. 分析锚定效应的三种机制解释之间的联系和区别。

3. 基本锚定效应和传统锚定效应的区别是什么？

4. 知识经验对于传统锚定效应、基本锚定效应和自发锚定效应各有什么影响？

5. 精确锚为什么比粗略锚产生更大的锚定效应？

6. 根据所学内容，提出一些减小或消除锚定效应的对策。

7. 案例分析：校园贷的骗局（来源：《北京商报》）

在校园消费贷款发展一段时间后，"被冒名注册""风控审核漏洞"甚至大学生负债自杀的事件，让这种商业模式受到抨击。对此，《北京商报》记者调查了部分有学生贷款的平台。

在借款额度与期限上，各家平台的差别比较大……而分期付款购物平台产生的贷款略有不同，贷款额度除了有上限，还和该平台支持的产品品类有关系。从利息和手续费来看，各家平台也不尽相同，而且不少平台并不提及自己的利息，只是表示根据信用等级由系统评估，或者是免息但直接转换为服务费。其中，某款代号为 N 的校园贷产品，宣称月息为 0.99％。该平台官网显示在收到借款本金后，需要一次性支付 2000 元咨询费。同样的，按时还款（包括提前还款）无逾期，可额外获得 2000 元的信用奖励。在输入姓名、身份证、学校信息等后，按照该平台给予的计算，如果借款金额为 1 万元，还款期限为 12 个月，那么每月需还 932.33 元，本息共计 11 187.96 元。如此算来，利息就有 1187.96 元，而 2000 元的咨询费相当于借款金额只有 8000 元，12 个月后才能返还。

问题：（1）N 校园贷产品，实际的年息是多少？（2）这款校园贷宣称月息 0.99％，利用了什么心理现象？

参考文献

李斌，徐富明，王伟等. 锚定效应的种类、影响因素及干预措施[J]. 心理科学进展，2010，18(01)：34-45.

威廉·庞德斯通. 无价[M]. 闾佳，译. 北京：华文出版社，2011.

Araña, J. E., & Carmelo, J. León. Do emotions matter? coherent preferences under anchoring and emotional effects[J]. Ecological Economics，2008，66(4)：700-711.

Ariely, D., Loewenstein, G., & Prelec, D. Tom Sawyer and the construction of value[J]. Journal of Economic Behavior and Organization，2006，60(1)：1-10.

Chapman, G. B., & Bornstein, B. H. The more you ask for, the more you get: anchoring in personal injury verdicts[J]. Applied Cognitive Psychology，1996，10(6)：519-540.

Chapman, G. B., & Johnson, E. J. Incorporating the irrelevant: anchors in judgments of belief and value[M]// T. Gilovich, D. Griffith, & D. Kahneman (Eds.), Heuristics and biases: The psychology of intuitive judgment. Cambridge, UK: Cambridge University Press，2002：120-138.

Critcher, C. R., & Gilovich, T. Incidental environmental anchors[J]. Journal of Behavioral Decision Making, 2008, 21(3): 241-251.

Englich, B. Playing dice with criminal sentences: the influence of irrelevant anchors on experts' judicial decision making[J]. Personality and Social Psychology Bulletin, 2006, 32(2): 188-200.

Englich, B., & Soder, K. Moody experts-how mood and expertise influence judgmental anchoring[J]. Judgment and Decision Making, 2009, 4(1): 41-50.

Epley, N., & Gilovich, T. Putting adjustment back in the anchoring and adjustment heuristic: differential processing of self-generated and experimenter-provided anchors[J]. Psychological Science, 2001, 12(5): 391-396.

Epley, N., & Gilovich, T. The anchoring-and-adjustment heuristic: why the adjustments are insufficient[J]. Psychological Science, 2006, 17(4): 311-318.

Eroglu, C., & Croxton, K. L. Biases in judgmental adjustments of statistical forecasts: the role of individual differences[J]. International Journal of Forecasting, 2010, 26(1): 116-133.

Jacowitz, K. E., & Kahneman, D. Measures of anchoring in estimation tasks [J]. Personality and Social Psychology Bulletin, 1995, 21(11): 1161-1166.

Janiszewski, C., & Dan, U. Precision of the anchor influences the amount of adjustment[J]. Psychological Science, 2008, 19(2): 121-127.

Malouff, J., & Schutte, N. S. Shaping juror attitudes: effects of requesting different damage amounts in personal injury trials[J]. The Journal of Social Psychology, 1989, 129(4): 491-497.

Mcelroy, T., & Dowd, K. Susceptibility to anchoring effects: how openness-to-experience influences responses to anchoring cues[J]. Judgment and Decision Making, 2007, 2(1): 48-53.

Mussweiler, T., & Strack, F. Hypothesis-consistent testing and semantic priming in the anchoring paradigm: a selective accessibility model[J]. Journal of Experimental Social Psychology, 1999, 35(2): 136-164.

Northcraft, G. B., & Neale, M. A. Experts, amateurs, and real estate: an anchoring-and-adjustment perspective on property pricing decisions[J]. Organizational Behavior and Human Decision Processes，1987，39(1)：84-97.

Strack，F.，& Mussweiler，T. Explaining the enigmatic anchoring effect[J]. Journal of Personality & Social Psychology，1997，73(3)：437-446.

Tversky，A.，& Kahneman，D. Judgment under uncertainty：heuristics and Biases[J]. Science，1978，185(4157)：1117-1134.

Wegener，D. T.，Petty，R. E.，Detweiler-Bedell，B. T.，et al. Implications of attitude change theories for numerical anchoring：anchor plausibility and the limits of anchor effectiveness[J]. Journal of Experimental Social Psychology，2001，37(1)：62-69.

Wilson，T. D.，Houston，C. E.，Etling，K. M.，et al. A new look at anchoring effects：basic anchoring and its antecedents[J]. Journal of Experimental Psychology：General，1996，125(4)：387-402.

第六章　过度自信

公元前 202 年，西楚霸王项羽以四十万精兵败于刘邦，自刎乌江，并上演了一出霸王别姬的悲情戏码，以一句"无颜见江东父老"流传千古；同样悲情的还有《三国演义》中的马谡，因失街亭被诸葛亮挥泪斩于刀下。无论是历史还是传说，虽已过千年，人们对二人的评价仍不绝于耳，出现最多的词语便是"过度自信"。同样，在近代，伟大的巨轮"泰坦尼克号"的沉没被认为是人类 20 世纪十大灾难之一，探究事故的背后，正是因人们坚信这是一艘"永不沉没的船"，忽视冰川警报、未携带充足救生装备，这又何尝不是一场过度自信的灾难呢？类似地，现实生活中过度自信的现象比比皆是，尤其是在投资领域。例如，基金经理人、股票评论员以及众多投资者总认为自己有能力跑赢大盘，然而事实往往并非如此；再比如，人们经常会低估投资风险，去持有一些高风险的投资产品，导致损失。这种普遍存在的心理现象逐渐发展成为"过度自信理论"，被誉为金融学的四大研究成果之一。自 20 世纪中叶以来，心理学家也开始对过度自信展开了广泛而深入的研究。

在本章的讲述中，我们将在第一部分介绍过度自信的概念，了解其发展过程。在第二部分，我们将介绍过度自信的特点及表现形式，包括过高估计、过高定位、过度精确。在第三部分，我们将介绍过度自信在投资决策中的表现。第四部分介绍如何对过度自信进行矫正。

📍 课前热身

1. 2007 年 3 月起沪指一路猛涨，几个月间从 3000 点涨到了 6000 点，有不少股民相信"黄金十年，涨到 10 000 点不是梦"，并在高位买进股票。是什么原因使股民产生了这种股市将持续上涨的想法及做法？

2. 2010 年，英国石油公司(BP)租赁的"深水地平线"海上钻井平台在墨西哥湾水域发生爆炸并沉没，11 人失踪，对环境造成巨大污染，而在连续的补救措施失败之后，其总裁(CEO)托尼·海沃德(Tony Hayward)才承认该公司的高层甚至一度认为这种重大事故几乎不可能发生，因而没有重视阻止石油泄漏的相关技术。该公司高层出现如此重大管理决策失误的原因是什么？

一、过度自信的概念

在美国，有这样一种情境。你要买一台打印机，原价是 80 美元。商家给消费者两个选择：

A. 可以当场打折，折扣率是 5%，也就是说 80 美元的打印机可以用 76 美元购得。

B. 消费者也可以选择邮购返券的方式(mail-in-rebate)，现在以 80 美元购买打印机，只要在购买后 3 个月内将相关凭证寄回给公司，就可以得到 25% 的折扣，也就是可以得到 20 美元的现金返还，这 20 美元会以支票的形式寄回给消费者，这样相当于花 60 美元买了这个打印机。

那么，你会选哪种折扣方式呢？大多数人都会选择第二种，这种方式可以得到更大的折扣，自然吸引力更大。但是，对于商家而言，哪种方式可以让他们赚更多的钱呢？其实也是第二种。

有数据显示，面对这类 20 美元上下的优惠，真的会在购买以后把凭证寄回给商家的顾客大概只有 7%，因为大多数人将产品买回家后，往往会把这件事情忘得一干二净，但在购买的时候都会认为这件事情太容易了，自己一定会做到。

"过度自信"概念最早的提出者是斯图尔特·奥斯坎普(Stuart Oskamp，1965)。他曾进行过这样一个实验——让 18 名临床心理学家、18 名心理学专业研究生以及 6 名本科生同时阅读一篇有关 29 岁的"约瑟夫·基德"的案例。案例被分为 4 部分，分别介绍了主人公的当前职业、童年、高中及大学、当兵入伍及退伍后的经历。被试依次阅读，每阅读完一段，都被要求基于已知信息对基德的人格做出判断，并评价对于自己所做结果的自信程度。研究结果如图 6-1 所示。

可以看出，随着被试获取的相关信息越来越多，他们对自己所做判断的自信程度逐渐提高，但实际上，他们所做出的判断的准确率并没有显著变化，也就是说，信息的获取并没有使被试做出更准确的判断，却使得他们更为自负，这便是一种典型的过度自信现象。奥斯坎普根据这个研究结果，将过度自信定义为人们对自身判

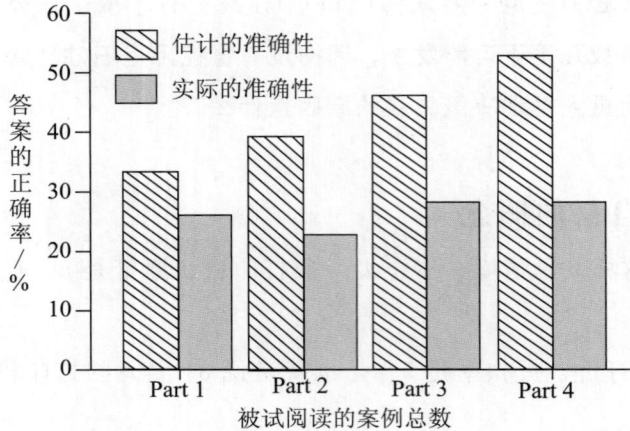

图 6-1　被试估计的精确性和实际的精确性

（来源：Oskamp，1965）

断准确性的高估。这个定义得到了心理学家的广泛认同，卡尼曼和特沃斯基（Kah-neman & Tversky，1979）也曾提出过度自信即过高估计自己对判断的准确性，与奥斯坎普的定义如出一辙。

随着心理学领域对过度自信的研究越来越广泛，很多研究者也试图重新定义。兰格（Langer，1975）认为过度自信是指人们倾向于高估自己成功的概率，而低估失败的概率的心理偏差。有研究者将过度自信定义为：人们在进行决策的时候对一些事件出现的概率过度高估的行为，这也造成了在事件出现后，人们往往会认为自己的估计是正确的，从而不断强化这种心理（Mahajan，1992）。还有研究者将过度自信定义为，认为自己知识的准确性比事实中的程度更高的一种信念，即对自己的信息赋予的权重大于事实上的权重（Gervias，Heaton & Odean，2002）。

虽然研究者们对过度自信的表述不尽相同，但简单来说，过度自信可以理解为，人们过度相信自己的判断能力，高估了自己成功的概率以及私人信息的准确性，是一种对个人知识、能力及判断过于乐观的表现。

二、过度自信的特点及表现

（一）过度自信的特点

第一，过度自信在不同的任务难度条件下表现不同。早在 20 世纪 70 年代，研究者发现过度自信现象中存在一种"困难—简单效应"（hard-easy effect）。在困难任务中，人们会高估自己的表现，而在简单任务中，人们则会低估自己的表现。有研究者也曾发现，人们面对的问题难度越大，就越易产生过度自信，他们把这称之为"难度效应"（the difficulty effect）（Griffin & Tversky，1992）。

　　也有研究者认为在困难任务中，个体评价其绝对能力时表现出过高估计的倾向，评价其相对能力则显得过低定位；在简单任务中，个体评价其绝对能力时表现出过低估计的倾向，评价其相对能力则表现出过高定位。比如，肥胖者认为肥胖群体患心血管疾病的可能性高于一般人，但认为自己患心血管疾病的可能性要低于其他肥胖者。

　　第二，过度自信与决策时间也有关。研究表明，人们做出某种决策的时间越短，对该决策准确性的自信心就越大，也就是决策的短时间成为决策者对于自己信心的误导性暗示，从而造成了决策者的过度自信（Zakay & Tuvia，1998）。

　　第三，个人专业知识的增加并不会减轻其过度自信的程度。当事件的可预测性比较高时，专家的判断的准确性确实常常超过一般人，对赛马、桥牌比赛的研究证实了这一点。但是，当事件难以预测和把握时，专家比普通人往往更趋于过度自信。例如，对精神病人未来的心理状况、俄罗斯的经济发展、股市的走向很难依据现有的数据进行预测时，专家们常常比不知道如何使用这些模型进行预测的外行们表现出更强烈的过度自信。此时，我们要介绍一个概念——知识幻觉。人们往往会存在知识幻觉，它是指人们通常会相信，随着信息量的增加，对某种信息的认识也会增加，从而改进他们的决策。例如，掷骰子，骰子六面是1至6，如果你连续五次掷出都是5，一般会相信出现5的可能性大。

（二）过度自信的表现形式

　　心理学家回顾总结以往的研究，将过度自信划分为三种不同的表现形式，分别是过高估计、过高定位和过度精确（Moore & Healy，2008）。虽然有三种不同的形式，但本质依然是过度自信，这样的分类只是依照研究者们不同的研究方法而出现的。

1. 过高估计

即所谓的高估，是个体对自己实际能力、绩效、控制力或者成功机会的评估超过了适度的水平。在一些心理学家看来，这是最常见的过度自信形式，大约64％的实证研究是关于此的。

这种过高估计带来的可能会是盲目乐观(excessive optimism)。比如，人们常常认为自己将取得成功，而别人成功的概率肯定会远远低于自己取得成功的概率。研究表明：在美国，小型企业在创立5年后仍能存活的概率为35％。但95％的企业家认为他们成功的概率大于或等于50％；81％的企业家认为他们的成功概率大于或等于70％；更有33％的人认为他们的成功概率为100％。心理学家比勒、格里芬和罗斯(Buehler，Griffin ＆ Ross，1994)也曾经做过一个很有趣的实验：他们让心理系的学生尽可能准确地估计完成一篇论文需要多长时间，包括：(1)平均时间；(2)如果一切进展顺利的话，完成论文需要的时间；(3)如果遇到了一切可能发生的困难，完成论文需要的时间。这些学生估计，一般情况下，完成一篇论文平均需要34天；如果一切顺利，完成论文需要28天；如果进展不畅，完成论文需要49天。那结果究竟如何呢？这些学生完成他们的论文竟然平均花了56天，显然，他们都太乐观了。

另外，人们往往会认为不幸的事不会降临到自己头上，导致他们不会采取明智的预防措施。对公众进行的车祸、犯罪与疾病等不幸事件发生在自己身上的调查说明，很多人相信这些不幸事件发生在自己身上的可能性低于发生在一般人身上的可能性。但这种过分的乐观也是有益处的，尤其是在心理健康领域，它可以使人们更好地应对生活中的困难挫折，提高心理健康水平，促进社会适应能力的发展。

这种过高估计也会带来控制幻觉(illusion of control)。所谓控制幻觉，是指人们通常认为自己对于事件比真实情况有更多的控制，相信自己对某件无法控制的事情有影响力。比如，人们在初次投资股票时，总认为自己能够即时地买入和抛出。在某件事情发生后，人们相信事情的发生是已经注定了的，不可能朝别的方向发展，认为自己本来就知道或者应该知道事情发生的结果，即当行为人在事件实际发生以后来判断事件发生概率时往往高估发生概率。这种现象也被称作后见之明偏差。比如有一项研究，研究者问被试，政府是否应该花一大笔钱来租用一个全天候大桥监控器来监控桥体，以防止出现瓦砾阻塞河流的风险。第一组被试被告之该桥梁实际上已经被洪水冲垮，损害已经发生。第二组没有被告之这个信息。结果第一组和第二组认为政府应该租用监控器的占比分别为56％和24％。

2. 过高定位

过高定位，是指个体评价自己在群体中的位置时，倾向认为自己所处的位置高于群体的平均水平，好于群体中大多数人。比如，个体在10题测验中，认为自己的分数是群体中最高的，实际上，群体中一半以上的人分数都要高于他。

这种过高定位的表现有时也被描述为高于平均效应（better-than-average effect）。虽然人们通常认为自己比平均水平更聪明、更有能力，但事实上，只有50％的人高于平均水平。斯文森（Svenson，1981）曾做过一个研究：如果要求人们对自己的驾驶技术做一个评价，90％的人都说自己的驾驶技术在平均水平以上，很少有人说自己比平均水平差。在美国一份针对80余万名学生的调研中，95％以上的人在评估自己与他人相处的能力时都认为自己高于平均水平。另外，和总体相比，大多数人都认为自己的道德水平更高、更友善、更没有偏见，在自我评价时也更客观。我们还会认为自己擅长的事情更重要，这有利于维护我们的自我形象。这主要是因为自我增强或自我提升是人类的基本需要，适当地维持自我的积极概念能够更好地适应社会，甚至会更加健康和长寿。

3. 过度精确

这种形式下的过度自信是个体极度确信自己的信念、观念或者看法的正确性。在实证研究中，这种形式大概占了所有过度自信研究的31％。用常识题作为实验材料的研究，更倾向于考察这种形式的过度自信。

这种过度精确的表现有时被描述为偏离校准（miscalibration）。校准是信心与准确度之间的匹配程度。当对判断正确的期望概率与判断的真实准确率之间完全一致时，我们就说这是一个最佳校准。我们所认为的最理想的校准情况是个体的平均判断概率与判断的真实发生的比率相等。但很多时候，人们对概率知识的判断会以某种形式偏离校准。人们通常认为自己的知识比真实情况更精确，对自己的信息赋予的权重大于事实上的权重，这便是偏离校准。

偏离校准会具体表现为以下两个方面。第一，人们估值的置信区间太小。例如，人们认为，置信区间包含真实值的概率有98％，而事实上包含真实值的概率只有60％左右，即人们估值的置信区间太小了。接下来，请你回答以下问题。

* 成熟蓝鲸的平均体重是多少吨？（150～180吨）

* 达·芬奇在哪一年完成了画作《蒙娜丽莎的微笑》？（1513 年）

* 2000 年底到底有多少个独立的国家？（191 个国家）

* 法国巴黎和澳大利亚悉尼之间的空中距离是多少英里？（10 543 英里）

* 人体有多少块骨头？（206 块骨头）

* 有多少战士在第一次世界大战中牺牲？（830 万）

* 2000 年底美国国会图书馆的藏书有多少？（1800 万）

* 亚马孙河长多少千米？（6 480 千米）

* 赤道处地球自转的速度有多快？（1 670 千米/时）

* 计算机奔腾 3 处理器中有多少个晶体？（950 万）

对于每一道问题，你需要给我一个估计的区间，但你必须在主观上让这个区间尽可能小，同时你必须得有 90% 以上的把握让正确答案落在这个区间内。90% 的置信区间，只有不超过 1% 的人回答对了 9 道，大部分人只能答对 4～7 道。

第二，人们估计事件发生的概率很不准确。例如，人们估计某一件事完全可能发生，而实际发生的可能性只有 80%；对于不可能发生的事件，人们会确信发生的可能性达 20%。为此，人们对事件发生概率的估计经常走向极端，过高地或过低地估计那些他们认为应该发生或不应该发生事件的可能性。

三、过度自信在投资决策中的表现

在行为金融学研究领域，过度自信投资者的自信来自两个方面：一是投资者高估了私人信息产生的信号的准确性，即错误地认为私人信息产生的信号比公共信息产生的信号更准确；二是投资者高估了自身对证券价值的估价能力，而低估了估价过程中预测误差的方差。投资者的过度自信表现在以下几个方面。

（一）投资者对自己预测准确性的过度自信

心理学家（Moore，Kurtzaberg，Fox et al.，1999）进行了一项研究。他们让投资者在模拟过去十年股市真实的系统里进行操作，按照市场过去的真实表现，十年间若将最初的 10 万元投到指数基金，则将获益 38 041 美元，而这些投资者在模拟过程中的最终受益为 34 962 美元。其中研究者让参与者预测自己投资的受益率，平均值为 8.13%，而实际上是 5.50%；参与者预测他们操作的业绩与市场持平，实际上平均回报率低于市场 8%。

（二）投资人对自己交易水平的过度自信

过度交易是金融领域对过度自信投资行为的最突出的表现。过度自信会增加交易，因为投资者过于确定自己的观点，而他们的观点源自他们对获得信息的准确性和解读信息能力的信念。"过度自信理论模型"发现：投资者由于受自信偏差的影响而过度交易，但是，高交易率账户所获得的净利润会低于低交易率的账户。一些研究表明过度自信与交易量呈正相关关系。投资者的交易会过于频繁，而频繁的交易反而会使投资者的财富大为缩水。巴伯和奥丁（Barber & Odean，2001）在 1991 年至 1997 年中研究了 38 000 名投资者的投资行为，将年交易量作为过度自信的指标，发现男性投资者的年交易量比女性投资者的年交易量总体高出 20% 以上，而投资收益却略低于女性投资者。

（三）过度自信投资者的投资组合会面临较大的风险

投资者过度自信最直接的结果是导致低估风险。由于投资者在买卖金融资产时对其所掌握信息的判断过于自信，这样会忽略金融市场本身的风险及瞬息万变的资产价格所带的风险，使得很多投资者都表现出爱冒险的投资倾向以及投资风险的分散化不足，甚至有些孤注一掷的意味。巴伯和奥丁（Barber & Odean，2000）的研究发现：过度自信的投资者承担的风险也大；单身男性投资组合风险最大，其后依次是已婚男性、已婚女性、单身女性；高周转率组更愿意购买小公司股票。过度自信也会让交易者买错股票。奥丁（Odean，1999）的研究中分析了买入的股票会在 3 周内卖出的经纪人的账户，其结果是，4 个月后，新买入股票赚 0.11%，卖出的股票赚 2.6%；1 年后，售出的股票收益率高于买入的股票 5.8%。这也说明了过度交易带来了更低的受益。

（四）股票市场的繁荣往往导致人们更加过度自信

当在投资市场赚取了一定资本之后，人们更倾向于将赚得的钱投入风险更大的项目，因为，这些钱会让人觉得是不费吹灰之力得来的，而最终往往会导致血本无归，这种现象也被称作"赌场资金效应"。研究者调查了股市的月收益率及 40 年来的交易量发现，在高收益的月份之后会出现较高的交易量。例如，某月收益率高达 7%，接下来的 6 个月会出现高交易量。在股市衰落时，投资者对自己回报的预期仍存在着过度自信(Statman，Thorly & Vorkink，2006)。有研究者在 2001 年调查那些经历了科技股泡沫崩溃的投资者，并让他们预测未来 12 个月里股票市场的回报率，他们回答的平均数为 10.3%，但期望自己的投资组合回报率平均数却为 11.7%(转引自诺夫辛格，《投资心理学》，2018)。

(五)投资者表现出后见之明偏差

当行为人在事件实际发生以后来判断事件发生概率时往往高估发生概率，这就是后见之明偏差。心理学家菲施霍夫(Fischhoff，1975)首先通过实验对其进行了研究。在研究中向 100 名参加实验的学生呈现相同的历史事件描述资料。例如，1814 年 11 月英国与尼泊尔廓尔喀人的战役。然后要求学生根据给定的资料，猜测这场战役的结果是下面四个选项的可能性：

(1)英国获胜；

(2)廓尔喀人获胜；

(3)战争陷入僵局，没有达成和平协议；

(4)战争陷入僵局，达成了和平协议；

在学生进行概率的评估之前，将学生分成 5 组，其中一组不告诉任何相关的结果信息，其他四组则分别被随机告知上面的四个结果之一就是战争的实际结果，表 6-1 给出了这次实验的具体结果。

表 6-1　对英国—廓尔喀人战争结果的概率估计

可能结果	无信息组	英国获胜	廓尔喀人获胜	僵局，协议未达成	僵局，协议达成
英国获胜	0.338	0.572	0.303	0.257	0.330
廓尔喀人获胜	0.213	0.143	0.384	0.170	0.158
僵局，协议未达成	0.323	0.153	0.204	0.480	0.243
僵局，协议达成	0.123	0.134	0.105	0.099	0.270

结果显而易见，参与者对战争结果的评估受到了已知结果的影响。

除了在日常生活中人们常常表现出后见之明的认知偏差以外，在投资者身上过度自信的一个典型表现就是"后见之明偏差"。耶鲁大学经济系教授罗伯特·J. 希勒（2014）曾经针对 1987 年的"黑色星期一"进行了问卷调查。其中一题为："你知道当天什么时候会发生反弹吗?"调查结果显示：在没有参与交易的人中，29.2％的个人和 28％的机构回答是肯定的；在参与交易的个人和机构中有近一半的人认为知道何时要反弹。这个结果和当天出现的大量抛售行为和恐慌情绪并不一致。

由于过度自信者过高估计占有的信息的准确性，而这些信息又和事实存在一定的偏差，结果是导致总的信号被过度估计，价格偏离真实价格。这种扭曲使得金融市场的波动性增加，从而导致证券价格较大的波动性，这显然不利于金融市场平和有序的发展，所以需要政府及时引导投资者了解自身的心理现象，纠正投资者面对金融市场出现的各种非理性行为，从而减少市场中的投机情绪，保证整个金融市场健康、有效的运行。

四、过度自信的矫正

过度自信可能会使人们在决策时出现认知偏差，会潜移默化的影响人们的正确判断，但这并非是无法解决的难题。有时，只要人们在决策时能够提高警惕，谨慎对待，有意识地运用恰当的方法对过度自信加以矫正，就会减少过度自信行为，从而做出更为理性的判断。为此，我们提出以下几种矫正方法，以便为人们进行更有效决策提供帮助。

首先，要不断设想自己判断可能出错的原因。我们必须意识到，当人们开始思考为什么一个观点可能是正确的时候，该观点就开始看起来像正确的了。所以，在寻找证实性事例时，我们同样花心思关注那些证伪性事例。比如，一项有关美国健身俱乐部消费及选择方式的研究发现，很多消费者总是会过度预期自己去健身俱乐部做运动的次数，使得他们愿意去提前购买一张昂贵的年卡。他们认为这样会少花了很多钱，但事实上，大多数人根本就无法达到预期去健身俱乐部的次数。所以，在做这项决策时，你应该更多地思考自己除健身之外每天有多少的工作要做、多少酒局要应付、多少琐事要处理，是否有足够的时间去健身。总之，你要尽可能地列出让你无法健身的事件，才有可能分析出较为理性的健身次数，从而做出是否需要购买年卡的决定。

另外，及时反馈也可以帮助我们减少过度自信。当人们的行为结果能得到快速而清晰的反馈时，人们的信息就会得到合适的调整。与其他决策相比，企业管理层的决策是相对复杂的决策过程，容易出现"难易效应"而导致管理者出现过度自信，有时将对企业决策产生十分严重的后果。但是，有研究发现，对管理决策的结果的反馈特征可以适当修正这种偏差。研究者发现决策的结果反馈有利于管理者认识错误，提高决策质量(Kahneman & Lovallo, 2003)。我们都知道，资产负债率越低表明公司的财务成本越低，风险越小，偿债能力强，管理者经营较为稳健，投资比较慎重。相反，资产负债率越大，风险越大。如果我们把这种结果反馈给管理者时，就会减少其过度自信的可能性。

📇 本章要点

1. 过度自信：认为自己知识的准确性比事实中的程度更高的一种信念，即对自己的信息赋予的权重大于事实上的权重。

2. 困难—简单效应：面对复杂任务时，人们会高估自己的表现，而面对简单任务时，人们则会低估自己的表现。

3. 过度自信的表现形式：过高估计、过高定位、过度精确。

4. 知识幻觉：指人们通常会相信，随着信息量的增加，对某种信息的认识也会增加，从而改进他们的决策。

5. 控制幻觉：是指人们通常认为自己对于事件比真实情况有更多的控制，相信自己对某件无法控制的事情有影响力。

6. 后见之明偏差：在某件事情发生后，人们相信事情的发生是已经注定了的，不可能朝别的方向发展，认为自己本来就知道或者知道事情发生的结果，即当行为人在事件实际发生以后来判断事件发生概率时往往高估发生概率。

7. 过度自信的矫正方法：不断设想自己判断可能出错的原因，及时反馈。

🔧 课后练习

1. 现在你要掷一枚质地均匀的骰子，这枚骰子在之前投掷的 4 次中结果都是 3

点，那么你认为再投一次，投出来的会是几点呢？仍投出 3 点的可能性大还是投不出 3 点的可能性大呢？为什么？

2. 日本有一家保险公司，发行了一批头奖 500 万美元的彩票。然后，每张彩票以 1 美元的价格卖给自己的职工。其中，一半彩票是买主自己挑选的，另一半彩票则是卖票人挑选的。到了抽奖那天的早晨，公司专门派调查人员找到那些买彩票的人，并对他们说自己的朋友想买彩票，希望他们能转让出来。那么，他们会以多高的价格来出售自己的彩票呢？自己挑选彩票的人与不是自己挑选彩票的人出价会一样吗？

3. 把一群人分成 A、B 两组。

A 组阅读以下材料

社会心理学家发现，无论是择友还是坠入爱河，那些性格与我们不同的人对我们最有吸引力。古语说得好，"异性相吸"。

B 组阅读另一份材料

社会心理学家发现，无论是择友还是坠入爱河，那些性格与我们相似的人对我们最有吸引力。古语说得好，"物以类聚，人以群分"。

先让被试解释这个结论，然后问他们是否对此感到惊讶。你认为这两组人是否会对给出的结论感到特别惊讶？

4. 考虑一下你想投资于某只股票的情况，假设你没有现金，要买股票的话你必须卖出你现在持有的股票，你可以卖掉自己已有两种股票中的一只，股票 A 已经赚了 20％，而股票 B 亏损了 20％，你会卖哪一只呢？你认为大多数人会卖哪一只呢？

参考文献

罗伯特·J. 希勒. 非理性繁荣（第 2 版）［M］. 李心丹等，译. 北京：中国人民大学出版社，2014.

约翰·R·诺夫辛格. 投资心理学［M］. 北京：机械工业出版社，2013.

Barber, B. M., & Odean, T. Too many cooks spoil the profits: Investment club performance［J］. Financial Analysts Journal, 2000, 56(1): 17.

Barber, B. M., & Odean, T. Boys will be boys: Gender, overconfidence, and common stock investment[J]. Quarterly Journal of Economics, 2001, 116 (1): 216-292.

Buehler, R. , Griffin, D. , & Ross, M. Exploring the "planning Fallacy": Why people underestimate their task completion times[J]. Journal of Personality and Social Psychology, 1994, 67(3): 366-381.

Fischhoff, B. , & Beyth, R. I knew it would happen: remembered probabilities of once—future things[J]. Organizational Behavior & Human Performance, 1975, 13(1): 1-16.

Gervias, S. , Heaton, J. B. , & Odean, T. The positive role of overconfidence and optimism in investment policy[D]. University of Pennsylvania, 2002.

Griffin, D. , & Tversky, A. The weighing of evidence and the determinants of confidence[J]. Cognitive Psychology, 1992, 24(3): 411-435.

Kahneman, D. , & Tversky, A. Prospect theory: An analysis of decision under risk[J]. Econometrica, 1979, 47: 263-291.

Langer, E. J. The illusion of control[J]. Journal of Personality and Psychology, 1975, 32(2): 311-328.

Lovallo, D. , & Kahneman, D. Delusions of success: How optimism undermines executives' decisions[J]. Harvard Business Review, 2003, 81 (7): 56.

Mahajan, J. The overconfidence effect in marketing management predictions [J]. Journal of Marketing Research, 1992, 29(3): 329-342.

Moore, D. A. , & Healy, P. J. The trouble with overconfidence[J]. Psychological Review, 2008, 2: 502-517.

Moore, D. A. , Kurtzberg, T. R. , Fox, C. R. , et al. Positibe illusions and biases of prediction in mutual fund investment decisions[J]. Organizational Behavior and Human Decision Processes, 1999, 79: 95-114.

Odean, T. Do investors trade too much[J]. American Economic Review, 1999, 89: 1279-1298.

Oskamp, S. Overconfidence in case-study judgment[J]. Journal of Consulting Psychology, 1965, 29: 261-265.

Statman，M.，Thorly，S. R.，& Vorkink，K. Investor overconfidence and trading volume[J]. Review of Financial Studies，2006，19(4)：1531-1565.

Svenson，O. Are we all less risky and more skillful than our fellow drivers[J]. Acta Psychologica，1981，47：143-148.

Zakay，D.，& Tuvia，R. Choice latency times as determinants of post-decisional confidence[J]. Acta Psychologica，1998，98：103-115.

第七章　后悔理论

　　每年的 5 月 22 日，虚拟货币玩家和区块链技术社区的极客们都会在网络上掀起一场狂欢，庆祝每年一度的"比特币比萨日"。这一节日的由来要追溯到 2010 年 5 月 22 日——比特币历史上具有里程碑意义的一天——一位名叫拉兹洛·汉耶茨（Laszlo Hanyecz）的程序员在比特币平台上以 10 000 个比特币向一位爱好者"购买"了两个棒约翰（Papa John's）比萨。当时，这名程序员认为，他所"开采"的比特币价值约为 0.003 美分。这被广泛视作比特币这一数字货币的首笔交易。更重要的是，当我们知道比特币在其后七八年的涨势后，这笔交易就看起来充满了幽默而悲壮的色彩：若按 2018 年 5 月价格 53 404 元人民币来计算，此时的 1 万个比特币可以购买到 33 853 656 个价值 25 美元的比萨；如果汉耶茨没有用这 10 000 个比特币买比萨，而是选择一直持有，在 2017 年底比特币价格最高峰时，他将握有近 2 亿美元的财富。很多人都为汉耶茨扼腕叹息，认为他肯定"肠子都悔青了"。而当记者采访他，问他是否后悔时，他表示不后悔。今年 2 月 25 日，汉耶茨同样用比特币支付买了两块比萨，并在网络上分享了一家人享用比萨的照片。不同的是，这次他仅花费了 0.00649 个比特币，这两块比萨饼相当于 62 美元。

　　然而，并不是所有人都像这位程序员一样能保持这么好的心态，有些人甚至因为后悔付出了生命的代价。女性内衣品牌维多利亚的秘密（Victoria's Secret）创始人罗伊·雷蒙德（Roy Raymond）在资金困难时以 100 万美元将此品牌卖给了别人，随后两年这个品牌价值 5 亿。罗伊·雷蒙德也在悔恨中从金门大桥一跃而下。

　　后悔以及厌恶后悔的倾向，也会影响人类的理性决策。在本章的讲述中，我们将在第一部分介绍后悔概念、本质及类型。在第二部分，我们将介绍具体的后悔理论，包括标准化理论、预期后悔理论和决策合理理论（decision justification theory）。在第三部分，我们将介绍后悔情绪的调节作用及相关的投资者行为偏差。

💡 课前热身

1. 如果给你一台时光机，可以回到 10 年前，你最想做的事是什么？

2. 你每周都买同样一组号码，至今未中奖。你的朋友建议你选另一组号码。

情况一：你仍然买旧号码，但新号码中奖了。

情况二：你买了新号码，但旧号码中奖了。

问：以上哪种情况下你会更后悔？

3. 假设有两位股民，一位将他买的乙公司的股票换成了甲公司的，结果现在乙公司的股票大幅度上涨，他发现如果当初继续持有这些股票，就能赚得 12 000 元；另一位股民，他一开始买的就是甲公司的股票，虽然曾经打算换成乙公司的，但是终究没有付诸实施，同样，他也很后悔，因为，如果他当初换股的话，现在就能够赚得 12 000 元。

问：这两位股民的后悔程度一样吗？如果不一样，谁更后悔？

一、后悔概述

（一）情绪对决策的影响

理性决策理论往往忽略情绪对决策的影响，但考虑下面的选择任务。

任务一，请在下列选项中做出选择：

A：约见并亲吻自己的偶像

B：得 50 美元

任务二，请在下列选项中做出选择：

A：1% 的机会能约见并亲吻自己的偶像

B：1% 的机会得 50 美元

这是研究者在研究中曾经使用的实验任务。研究的结果为：在任务一中（确定条件，概率为 100%），有 70% 的参与者选择了 B，即得 50 美元；在任务二中有 65% 的参与者选择了 A。也就是说，在确定条件下参与者更偏好现金，但在低概率（1%）的不确定条件下，更多的参与者偏好了与偶像见面并亲吻偶像，参与者的偏好出现了翻转（Rottenstreich & Hsee，2001）。研究者对此的解释为富有情感的小概率(1％)的选项比同样为小概率但缺乏情感的现金在参与者心目中的权重要高。这说明情绪对决策产生了影响，使得决策者违背了传统期望效用模型偏好一致性的原则。卡尼曼在前景理论的论述中也列举了大量情绪影响决策的例子。

情绪与其他的心理状态不同，因为它往往伴随着可以观察到的一些表现。例如，糟糕的心情成为一个情绪源，而某种消极的情绪可能与某个人或事有关，像股市操作亏损就会导致坏情绪。尽管我们都希望自己能够做出符合理性决策的最优化选择，但现实中受到各种内外因素的影响，我们的决策结果往往不尽如人意。一旦我们的决策偏离了令自己满意的结果或者与其他可能的结果相比较处于劣势，就会产生后悔这种消极情绪。

（二）后悔的定义

在经济心理学领域，不同的学者基于各自的理论，对后悔有不同的界定，主要有三个代表性的概念。

研究者最早提出后悔概念是为了解释在决策中出现的偏离理性的偏差。有研究者认为决策由选择、结果和心理体验三个部分组成，他们将后悔定义为把已经发生的结果和可能发生的结果相比较，如果可能的结果比真实结果好，个体就将体验到后悔(Loomes & Sugden，1982)。这个定义的特点是强调了个体的心理体验，引入了后悔情绪这一变量。

有的学者将后悔定义为个体在主客观因素的影响下对过去采取或未采取某一行动而导致的消极结果产生的自责、懊恼、悔恨等心理的一种情绪状态(Landman，1993)。这一定义涉及了后悔的影响因素、后悔的负面结果以及后悔情绪中的多种成分(即自责、懊恼、悔恨等)。

还有学者认为，后悔是一种基于认知的消极情感。当个体意识到或者想象到如果先前选择其他选项，选择的结果会更好时，就会产生后悔情绪(Zeelenberg，1999)。该定义在谈及对比效应的同时，强调个体认识到了没有选择的行为结果和个体想象的结果对后悔的影响，强调主体因素对后悔的作用。

综合来看，后悔的产生来源于结果"是什么"与"本应该是什么"之间的比较。虽然观点各异，但它们确实都为后悔的理论和实践打下了坚实的基础。

（三）后悔的本质

大多数研究者都普遍认为后悔不是一种诸如恐惧、快乐、愤怒和悲伤那样的基本情绪，而是一种相当复杂的情绪体验，它源自更高层次的认知加工。能体验到后悔意味着有设想除了当前结果以外的其他可能结果的能力。也就是说，后悔是一种高级认知情绪，与反事实型思维（counterfactual thinking）密切相关，在极大程度上依赖于事实与反事实的可比性，因而是比较加工所产生的最终后果。

针对决策中后悔情绪的产生，目前最主要的解释是卡尼曼和特沃斯基提出的反事实思维。反事实思维是针对已经发生的事实，由想象与事实相反的情形来推测这种相反的情况会对目前的结果具有怎样的影响的一种思维过程。决策中后悔情绪的产生正是来自将已有的决策结果与另外一种结果进行比较，而已有的决策结果较差时，我们往往会出现"如果当时选 B 就不会这样了""要是选另外一个，就好了"这样的反事实思维。由此可见，决策中后悔的产生要经历一个过程，即始于比较并发现结果较差，然后出现反事实思维，最后体验到后悔情绪。

反事实思维有两种类型，"向上反事实思维"（upward-counterfactual thinking）和"向下反事实思维"（downward-counterfactual thinking）。前者是人们把已经发生的事件与更加理想的替代方案相对比；后者是人们把决策结果与较差的替代方案相对比。显而易见，向上的反事实思维比较的结果会更差，进而引发后悔这种消极情绪，而向下的反事实思维则避免了产生比较的落差，反而显得已有结果更好，将引起积极的情绪。研究发现，负面的结果比正面的结果更能引起反事实思维。

（四）后悔的类型

按照后悔所持续的时间将后悔分为短期后悔（short-term regret）与长期后悔（long-term regret）。研究者通过电话调查、问卷调查和面对面访谈等形式，对个体现实生活中的后悔情绪进行了一系列的研究发现，在短期后悔中，由"做"引起的后悔程度更高；而在长期后悔中，由"不做"引起的后悔程度更高（Gilovich & Medvec，1994）。以上研究结果表明，个体的后悔情绪可能倾向于遵循某种系统的时间规律。

据此他们提出了后悔的时间模型。

决策并不是一个即时的行为，而是一个过程，在做出选择之前为决策前阶段，个体通过对预期结果的比较可能会产生预期后悔（anticipated regret），这是一种情感预测活动；而在做出选择之后为结果后阶段，如果将已选择结果和未被选择的结果进行比较发现已选结果较差时，那么就会产生体验后悔（experienced regret）。预期后悔会延迟我们做出决定。西蒙森（Simonson，1992）在关于消费者决策行为的研究中，本来只是想询问被试对象在做出错误决定后的后悔反应，没想到这个问题竟然使得被试产生了购买有保障且能够尽量免于后悔的产品（高价产品、知名品牌）的行为，而不太可能会去购买风险性较高的产品（比较便宜的产品、非知名的品牌）。也有研究发现体验后悔影响了跨期选择（intertemporal choice）。让被试在今天领100元和1个星期后领120元之间进行选择。结果表明，后悔情绪会使人们倾向于选择立即但较小的奖励，而侥幸情绪会使人们倾向于选择延迟较大的奖励，这可能是因为后悔情绪使人们过高估计未来消极因素的影响，选择更具吸引力的即时奖励。

二、后悔理论

（一）卡尼曼和米勒的标准理论

有关反事实思维的研究表明，同样大小的损失造成的后悔由"做"所引起的后悔强度要大于"不做"所引起的后悔。卡尼曼和特沃斯基根据有无行为发生将后悔分为两类：做的后悔（regret of action），即对已发生的行为的后悔；不做的后悔（regret of inaction），即对未发生的行为的后悔。在此基础上，他们提出了后悔的"作为效应"，即同样导致了坏结果，作为比不作为更让人后悔（Kahneman & Tversky，1982）。卡尼曼和米勒提出了后悔的标准理论（norm theory），来解释这一现象。该理论认为事件总是在一定的背景下通过与某一标准的比较来对其进行评价，如果评价时背景不同、标准不同，那么评价的结果自然也就不同。标准理论不同于以往的社会判断理论，该理论强调比较的标准既可以是先验的也可以是事后构建的。而事后构建的标准往往是"本来可以……"——式的（张结海，2000）。"作为效应"成为心理学领域研究决策中后悔情绪的开创性研究，而标准理论也成为这一领域研究中被广泛接受的理论。

回想"课前热身"问题3，虽然故事的经过不同，但是这两位股民都损失了假想中的12 000元，现在，他们又同样陷入了自责和后悔之中，那么，你认为他们二人谁更后悔呢？大多数人认为第一位股民会更后悔，因为他亲手卖掉了股票，导致了损失。按照卡尼曼的理论，人们会有损失厌恶，同样，后悔作为一种消极情绪，也是人类所不愿意体验的。

（二）预期后悔理论

预期后悔理论（anticipated regret theory）由贝尔、卢姆斯和萨格登（Bell，Loomes & Sugden，1982）提出。他们在期望效用模型中加入了情感和动机因素。预期后悔理论有两个基本假设：（1）个体会体验到后悔和高兴的情绪；（2）在不确定条件下，决策者将预期后悔或高兴的情绪并把它们纳入决策的考虑因素之内。

预期后悔理论将决策在"无作为"时决策者所产生的心理体验作为极限，在期望效用理论中加入后悔函数，提出了一个修正的预期效用函数模型：

$$U(x,\ y)=V(x)+f[V(x)-V(y)] \qquad 公式(1\text{-}1)$$

上式中，x代表做出当前既定的投资决策所能获得的最终财富值；y代表若选择做另一决策所能获得的最终财富值；$V(x)$即传统效用函数，也被称为价值函数，指代投资者在"无作为"的情况下从最终结果中获得的"价值"或"效用"。与传统经济学中一样，这一价值函数也被假定为是单调递增的凹函数（风险厌恶）。$V(x)-V(y)$的差是决策者选择得x而不是得y的决策后的损失或收益值。后悔函数$f(.)$则是一个渐凹的单调递增函数，当$V(x)-V(y)=0$时，$f[V(x)-V(y)]=0$。$U(x,\ y)$即修正后的预期效用，它建立在投资决策所产生的事后结果之上，而且理性决策者都会事先做出使这一修正效用的期望值最大化的决策。

这一修正的预期效用函数式还可以从双方案选择拓展为通用选择方案集合。假设现在投资者面临多个不同的投资方案i，那么相应的就有i种结果x_i，此时选择其中某种投资方案的修正效用为

$$U(x_1)=V(x_1)+f\{V(x_1)-V[\max(x_1)]\} \qquad 公式(1\text{-}2)$$

其中，$\max(x_i)$ 指所有投资方案中可能得到的最好结果。值得注意的是，后悔项 $V(x_i) - V\max(x_i)$ 的值总是小于或等于 0，因此，后悔函数 $f(.) < 0$，为凹函数，表明投资者具有后悔厌恶倾向，理性的投资决策者们往往会在所有可能的投资方案中选择能使修正期望效用最大化的方案(王金凤，2010)。

预期后悔理论比前景理论更加简洁，同时也能解释前景理论所发现的决策中违背期望效用理论的现象；与期望效用理论相比，预期后悔理论不需要满足传递性、占优性和恒定性原则。因此，预期后悔理论具有其独特的解释力。

(三)决策合理理论

决策合理理论(decision justification theory)认为决策过程中的后悔包含两个核心成分：一个是与个体对先前决策结果的比较评价联系在一起；另一个成分则是因做出较差的决策时个体的自责。有些决策所产生的总体后悔来自这两个方面的结合，因为做出了比预期结果或者比未选择的选项结果更差的选择，且决策过程不合理。这两个成分并非一定同时存在。

决策合理理论将决策中的后悔划分为过程后悔和结果后悔，特别强调不好的决策过程会对后悔造成影响，决策过程越合理，后悔就越小。按照决策理论的观点，当面临着同样的消极结果，若决策者认为自身的决策不合理时，会比认为决策过程合理时体验到更强烈的后悔。因为两种情况下结果后悔是一样的，但决策不合理情况下自责后悔比决策合理情况下更强烈，所以总体上决策不合理时人们会体验到更高程度的后悔。即使在结果好时有的决策者也会感到后悔。比如，酒后驾车安全抵达，醉酒驾车使个体感到自责，回想起来会感到后悔，但是这一事件并没有包含坏的结果。

康诺利与泽伦伯格(Connolly & Zeelenberg，2002)首次提出由过程带来的自责后悔和结果比较带来的结果后悔。他们用该理论解释以往研究中的一些结果，同时也通过进一步的实证研究来检验他们所提出的这一理论。而有关的研究中，证明了决策过程质量对决策过程后悔有显著的影响，而对决策结果后悔无显著影响，同时决策过程后悔同决策结果后悔不显著相关(Pieters & Zeelenberg，2005)。

三、后悔对决策的影响

（一）后悔规避

后悔规避（regret aversion）的概念是预期后悔理论的提出者在研究投资者的决策行为时提出的。他们认为对于决策者来说，后悔是一种除了损失以外，还自认为必须要对此负责任的感受，因此，后悔带来的痛苦比损失带来的痛苦还要大，这种心理特征研究者们称之为后悔规避。

预期到的后悔将使得决策者选择更加保险的选项，进而表现出风险厌恶或维持现状。研究发现决策时个体总是倾向于做出后悔最小化的选择，而不是风险最小化（Zeelenberg，1996）。这与萨维奇（Savage，1951）的最大后悔最小化原则（minimax regret principle，决策者总是会选择所有最大可能后悔中最小后悔的那个方案）是一致的。

为了避免后悔，投资者常常做出一些非理性行为，如趋向于等待一定的信息到来后才做出决策，即便这些信息对决策并不重要。投资者有强烈的从众心理，倾向于购买大家追涨的股票，因为当考虑到大量投资者也在同一投资上遭受损失时，投资者后悔的情绪会有所降低。

（二）不作为惯性

不作为惯性，即失去一个吸引人的行为机会将会导致对后来类似机会的不作为。例如，你很喜欢某电商促销的一款手机，在"6·18"大促中这款手机打4折，但当时由于各种原因你没有买，现在活动结束虽已取消4折优惠，但仍有8折优惠，那么你还会买这款手机吗？大多数情况下个体会放弃购买，这就是出现了不作为惯性。研究者提出后悔情绪可能是导致不作为惯性的原因（Tykocinski，1995）。他们认为消费者因为关注先前较低的折扣优惠机会就会把当前的优惠机会看作一种损失（8折相对于4折），这样就会产生一种悔不当初的消极情绪，为了回避这种消极情绪，则更倾向于选择放弃当前的机会。但在收益条件下，消费者就不会因这种比较而产生消极体验，从而不会影响其购买行为。但避免做出决定很多时候也是一种决定，何况很多时候人们必须做出选择；而回避做出决策的方式往往让人们错过最好的时机，有可能的结果是：不作为的人们更加后悔（Gilovich& Medvec，1995），这就是所谓的不作为效应（inaction effect）。

（三）处置效应

处置效应是指因避免后悔、寻求自豪的心理导致了投资者过早套现盈利股票，而过久持有亏损股票。处置效应能够预测，你将出售盈利的股票，因为这会引发你的自豪，避免后悔的痛苦折磨。即使卖出股票能够使得财富最大化，处置效应仍然存在。研究者发现，一周前股票大涨会增大芬兰投资者下一周出售股票的可能性；股票大跌会增加这些股民持有股票的可能性。另外，股票损益发生的时间越接近，卖出盈利股票、持有亏损股票的倾向越强，且机构投资者的处置效应和个体投资者一样强（Grinblatt & Keloharju，2001）。以色列的个人投资者持有盈利股票的平均时间是 20 天，持有亏损股票的平均时间是 43 天（Shapira & Venezia，2001）。中国投资者兑现收益比亏损多，且持有亏损股票的时间长为 10 天（Chen，Kim，Nofsinger et al.，2007）。

在股票交易之外也存在着处置效应。期货交易持有亏损仓位的时间明显比持有盈利头寸的时间要长，赚得利润更少；获得员工期权的企业经理人的行权意愿也表现出处置效应；房地产市场，房主不愿意以比买入价更低的价格出售房屋。

四、避免后悔的方法

不管是日常决策还是投资决策，决策者都容易受后悔情绪的影响，进而造成各种决策偏差。因此，决策者应尽量使用适当的方式调整心态，避免长期积累的失败经历造成更多负面影响，不要让理性被后悔情绪左右。下面介绍几种避免后悔的方法。

（一）提高决策质量

可以通过提高决策的质量来减少决策后的后悔。按照决策合理理论，后悔可能来自过程和结果两个方面，所以决策者要尽可能地去收集与决策相关的信息，找到更多可供选择的方案进行权衡，包括去咨询有经验的人士或专家等。例如，有关研究发现专业咨询能使个体做出更好的决策从而减轻决策后的后悔程度（Brechin & Bigrigg，2006）。

（二）增加决策的合理性

当决策的理由或途径不合理时会产生过程后悔，而避免过程后悔的有效决策方式便是做出符合"常规"的选择。"常规"的选择符合大家的习惯或者认同，但并不意味着决策就是理性的或者效用最大化的，只是在出现较差的决策结果时，决策者可以凭借大家都犯了一样的错误来减轻因自责而产生的后悔程度。

（三）责任转移

决策中产生后悔往往是因决策者要对决策结果承担责任，如若决策失误，则当事人对结果负有不可推卸的责任，这一点也正是后悔与其他负性情绪的不同之处，只有后悔和决策有着密切的关系。所以，降低决策者所承担的责任，也可以减少决策后的后悔。有时候，这也是个体在决策失误时常用的一种自我防御式策略。比如，投资者将亏损责任转移到投资顾问的头上，"我完全按照你的建议去做的！"

（四）确保决策的可逆性

如果一个不确定决策无法通过提高质量或者转移责任来降低预期后悔，那么就要尽量保证该决策有一定的回旋余地，这样才能避免决策者因担心将来的后悔，而迟迟不能做出应有的决策。相关的研究也发现当消费者得到最低价格保证时，他们的预期后悔减少，并且预期的后悔也不再对进一步的选择产生影响。相关研究（Gilbert & Ebert，2002）也发现与没有回旋余地的决定相比，人们更愿意选择可逆转的决定。不过颇为有趣的结果是，不可逆的决定有着更高的决策满意度。他们认为可逆转的决策可能更容易引起反事实思维，因此也更容易使决策者体验到后悔。

（五）预期后悔

为了减少决策中的后悔体验，也可以通过预先设想各种可能会出现的使人后悔的结果来实现。因为通过预先的假想，决策者在某种程度上对较坏的结果有了心理上的准备。人们常说的"凡事都先往最坏处想"可能对减少决策中的后悔来说是一个有效的策略。按照前景理论来看，预期的最坏结果作为参照点，一旦决策后的结果比这个结果好，那后悔就不存在了。

综上所述，减少或者避免后悔的方法有很多，有些是理性的，如提高决策质量或者去咨询专家，而有的则是"自我安慰"式的策略。不管怎样，从最终的结果来看，这些方法都可以帮助个体减少或者消除决策中的后悔情绪，从这个角度来看，这些方法是有积极作用的。

👥 本章要点

1. 后悔：是将事件的真实结果和可能发生的一个比真实结果更好的假设结果相比较并伴随痛苦情绪的过程。

2. 反事实思维：针对已经发生的事实，由想象与事实相反的情形来推测这种相反的情况会对目前的结果具有怎样的影响的一种思维过程。

3. 作为效应：同样导致了坏结果，作为比不作为更让人后悔。

4. 不作为惯性：失去一个吸引人的行为机会将会导致对后来类似机会的不作为。

5. 不作为效应：同样导致了坏结果，不作为的人们更加后悔。

6. 预期后悔：个体通过对预期决策结果的比较产生的后悔。

7. 体验后悔：个体将已选择结果和未被选择的结果进行比较发现已选结果较差时产生的后悔。

8. 预期后悔理论：由贝尔、卢姆斯和萨格登(1982)提出，他们在期望效用模型中加入了情感和动机因素，提出了一个修正的预期效用函数模型。

9. 标准理论：事件总是在一定的背景下通过与某一标准的比较来对其进行评价，如果评价时背景不同、标准不同，那么评价的结果自然也就不同。标准既可以来自现实，也可以个体主观建构。当决策结果与标准相比较差时，就会产生后悔。

10. 决策合理理论：认为决策过程中的后悔包含两个核心成分：一个是与个体对先前决策结果的比较评价联系在一起；另一个成分则是因做出较差的决策时个体的自责。这两个成分并不是一定同时存在的。

11. 后悔规避：对于决策者来说，后悔是一种除了损失以外，还自认为必须要对此负责任的感受，因此，后悔带来的痛苦比损失带来的痛苦还要大，个体在决策中将尽量避免后悔。

12. 处置效应：处置效应是指因避免后悔、寻求自豪的心理导致了投资者过早套现盈利股票，而过久持有亏损股票。

🔧 课后练习

1.(1)A 先生去外地参加一个商务会议，会议结束后他急忙赶往机场，准备坐最后一次航班返回自己公司所在的城市。因为会议超出了原定的时间，且会议地点到机场有一定的距离，A 先生以最快的速度到达机场还是迟到了，飞机在 5 分钟之前刚刚起飞。

(2)B 先生去外地参加一个商务会议，会议结束后他急忙赶往机场，准备坐最后一次航班返回自己公司所在的城市。因为会议超出了原定的时间，且会议地点到机场有一定的距离，B 先生以最快的速度到达机场还是迟到了，结果飞机在 30 分钟之前刚刚起飞。

请问 A 先生和 B 先生谁更后悔？

2.(1)请回忆出一个到目前为止你一生中做过的最后悔的事和因没做而最后悔的事：

做的后悔_____

不做的后悔_____

上面两个后悔之中_____个你觉得更后悔？

(2)请回忆近一周之内才做过的一个最后悔的事和因没做而最后悔的事：

做的后悔_____

不做的后悔_____

上面两个后悔之中_____个你觉得更后悔？

3. 某滑雪场推出优惠活动，可在 10 月 15 日前以 40(或 80)美元的价格购得一张原价为 100 美元的滑雪券。你很想去却因忘记时间限制错过了这次机会。假如后来又有一次优惠活动，一张滑雪券为 90 美元。

请问此时你否愿意购买滑雪券？

4. 一个简单的抛硬币游戏，现有两种选择：

A. 硬币的正面朝上得 20 元，硬币的反面朝上得 20 元；

B. 硬币的正面朝上得 50 元

你会选择哪一个选项？你认为大多数人会选择哪一个选项？

5. 考虑一下你想投资于某只股票的情况，假设你没有现金，要买股票的话你必须卖出你现在持有的股票，你可以卖掉自己已有两只股票中的一只，股票 A 已经赚了 20％，而股票 B 亏损了 20％，你会卖哪一只呢？你认为大多数人会卖哪一只呢？

参考文献

王金风. 后悔情绪与投资决策行为的关系探究研究[D]. 陕西师范大学，2010.

张结海. 短期后悔与长期后悔的差异三种不同的解释[J]. 心理学动态，2000，(4)：63-68.

Brechin, S. , & Bigrigg, A. Male and female sterilisation[J]. Current Obstetrics & Gynaecology, 2006, 16(1)：39-46.

Chen, G. , Kim, K. A. , Nofsinger, J. R. , et al. Trading performance, disposition effect, overconfidence, representativeness bias, and experience of emerging market investors[J]. Social Science Electronic Publishing, 2007, 20 (4)：425-451.

Connolly, T. , & Zeelenberg, M. Regret in decision making[J]. Current Direction in Psychological Science, 2002, 11(6)：212-216.

Gilbert, D. T. , & Ebert, J. E. Decisions and revisions：the affective forecasting of changeable outcomes[J]. J Pers Soc Psychol, 2002, 82(4)：503-514.

Gilovich, T. , Medvec, V. H. The temporal pattern to the experience of regret[J]. Journal of Personality and Social Psychology, 1994, 67(3)：357-365.

Gilovich, T. , Medvec, V. H. The experience of regret：what, when, and why[J]. Psychological Review, 1995, 102 (2)：379-395.

Grinblatt, M. , & Keloharju, M. What makes investors trade[J]. The Journal of Finance, 2001, 56 (2)：589-616.

Kahneman, D. , Miller, D. T. Norm theory：Comparing reality to its alternatives[J]. Psychological Review, 1986, 93(2)：136-153.

Kahneman, D. , & Tversky, A. The psychology of preferences[J]. Scientific American, 1982, 246: 136-142.

Landman, J. Regret persistence of the possible[M]. New York: Oxford University Press, 1993.

Loomes, G. , & Sugen, R. Regret theory: An alternative theory of rational choice under uncertainty[J]. The Economic Journal, 1982, 92(368): 805-824.

Pieters, R. , & Zeelenberg, M. On bad decisions and deciding badly: When intention behavior inconsistency is regrettable[J]. Organizational Behavior and Human Decision processes, 2005, 97: 18-30.

Rottenstreich, Y. , & Hsee, C. K. Money, kisses, and electric shocks: On the affective psychology of risk[J]. Psychological Science, 2001, 12: 185-190.

Savage, L. J. The theory of statistical decision[J]. Journal of the American Statistical Association, 1951, 46: 55-67.

Shapira, Z. , & Venezial, I. Patterns of behavior of professionally managed and independent investors [J]. Journal of Banking and Finance, 2001, 25 (8): 1573-1587.

Simonson, I. The influence of anticipating regret and responsibility on purchase decisions[J]. Journal of Consumer Research, 1992, 19: 105-118.

Tykocinski, O. E. , Pittman, T. S. , & Tuttle, E. E. Inaction inertia: Foregoing future benefits as a result of an initial failure to act[J]. Journal of Personality and Social Psychology, 1995, 68: 793-803.

Zeelenberg, M. Anticipated regret, expected feedback and behavioral decision making[J]. Journal of Behavioral Decision Making, 1999, 12(2): 106-161.

Zeelenberg, M. , Beattie, J. , Van der Pligt, J. , et al. Consequences of regret aversion: Effects of expected feedback on risky decision making[J]. Organizational Behavior and Human Decision Processes, 1996, 65: 148-158.

第八章　控制幻觉

　　不知你是否走进过彩票投注点。这种投注点往往藏身于街边的小商店中，里面烟雾缭绕，总有几个中年男人抽着烟，眯着眼，聚精会神地盯着墙上的"中奖号码趋势图"，试图从中找寻隐秘的财富规律。每当有人来投注，店主兼彩票销售员总是面无表情地用一种见识过大风大浪、宠辱不惊的淡定语气问一句："买几注，机选还是自选。"如果回答是"机选"，就熟练地在彩票机上敲几下按键，将弹出的彩票递给投注者；如果回答是"自选"，就随手扔过来一支铅笔和一张过期未中的彩票，让投注者在背面写下自己心仪的号码。当然也会遇到例外，曾有一位来投注的大爷独辟蹊径，自豪地宣称对于选号自有一套："机选是电脑程序设定的，不够随机；自选号又是人主观选择的，也不够随机。我的办法是在家用乒乓球自己模拟抽一次，用抽出来的号投注，我是以随机对随机，真正的随机！"——彩票投注点就是这样一个充满欢乐的地方，这里弥漫着的不仅是二手烟和对财富的憧憬，还有浓浓的控制幻觉。

　　这一章的内容主要介绍控制幻觉的理论及现实表现，尤其是在经济行为中的表现。第一部分介绍控制幻觉的概念及典型表现；第二部分分析控制幻觉的成因：人们不能很好地区分随机/不可控情境和技能情境；第三部分是本章重点，涉及引发控制幻觉的四类线索：竞争力、选择权、熟悉性、卷入/参与；第四部分关于控制幻觉的影响因素，包括人格特质、归因方式、情绪、控制感、动机、权力地位和文化等；第五部分介绍控制幻觉在金融投资领域中的三种典型表现：频繁交易、低业绩表现和关联性偏好。

💡 课前热身

　　M 先生不幸遭遇歹徒绑架，由于付不起赎金，歹徒扬言要撕票。M 先生苦苦哀求。于是残忍的歹徒威逼他玩一个危险的赌局。他们对 M 先生说："你的命将交由上天决定。"随后给了 M 先生两种选择：

　　A. 一把 6 发左轮手枪，其中放了 1 颗子弹。

　　B. 有 6 把同样的左轮手枪，其中一把塞满 6 颗子弹，其余 5 把是空枪。

　　M 先生要么选择 A，拿起枪对自己开一枪，要么选择 B，从 6 把枪中选择 1 把（只能拿起一次，不能掂重量进行比较）对自己开一枪，如果是空枪，歹徒就放了他（如图 8-1 所示）。

　　如果你是不幸的 M 先生，你会选择 A 还是 B 呢？

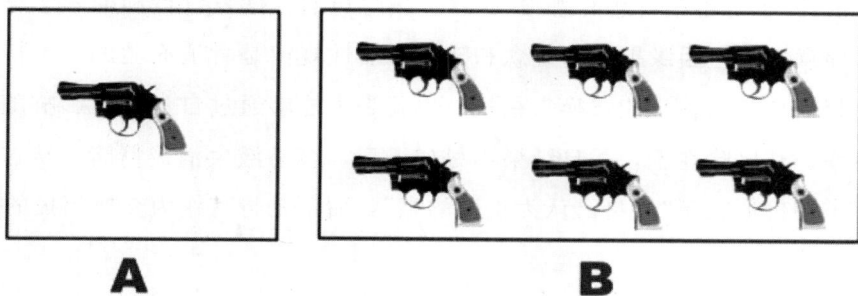

图 8-1　M 先生面临的两种选择

一、控制幻觉的概念

　　控制幻觉这一概念是心理学家埃伦·兰格（Ellen Langer）率先提出的。她在 1975 年发表于《人格与社会心理学杂志》（*Journal of Personality and Social Psychology*）第 32 卷上的"控制幻觉"（The Illusion of Control）一文中，将控制幻觉定义为：在完全不可控或部分不可控的情境下，个体由于不合理地高估自己对环境或事件结果的控制力而产生的一种判断偏差。

　　在兰格提出控制幻觉的概念之后，还有一些研究者也给控制幻觉下了一些定义，其中一些和兰格的定义类似。比如，当人们处于客观或不可控情境中时，他们认为自己对该情境有较高的控制感，即控制幻觉（Skinner，1996）。还有一类定义强调事件结果是完全随机的。比如，有研究者认为，控制幻觉指的是个体认为自己对随机事件的结果有控制力（Abramson，1979），指人们有一种倾向，愿意相信个人能力可以影响偶然事件的结果（Matute，Yarritu & Vadillo，2011）。还有一些定义不强调事件和结果是否随机或可控，而是只要存在过高的控制感即控制幻觉。比如，有研究者认为控制幻觉是指个体对环境或某一事件的控制能力的高估（Thompson & Armstrong，1998）。

在赌博游戏中，控制幻觉随处可见。例如，人们在玩掷骰子游戏时，如果希望掷出大的点数时会用力扔，期盼"大力出奇迹"，而希望掷出小的点数时会轻轻地扔（Plous，1993），还有在掷之前朝骰子哈气或念念有词等。

还有一种控制幻觉的表现被称为"公平世界"信念（Hafer & Begue，2005）（亦见第二章）。公平世界信念是指，人们相信行为与结果之间一定存在对应关系，也就是人们常说的"善有善报，恶有恶报"。这一信念虽然在激发善行和抑制恶行方面具有正面引导意义，但因缘果报的观念和随机偶然性规律是背道而驰的，秉持这一信念的人会相信自己的善举能够换来福报，也就是说能够通过自身行为影响随机事件发生的概率。其风险在于，一旦结果不尽如人意，容易滋生消极情绪。从这个意义上讲，善举的价值在于"做自己认为正确的事"，而不是将其作为交换福报的筹码。

研究者小传

埃伦·兰格（图 8-2）是美国著名的心理学家，现任哈佛大学心理学系教授，主要研究领域为控制幻觉、决策制定、老化理论（aging theory）以及专注力理论（mindfulness theory）。兰格生于 1947 年，从小就显示出了对于行为、心理等事物的好奇心与热爱。她 27 岁（1974）获得了耶鲁大学的社会与临床心理学的博士学位。1981 年，她荣获古根海姆学者奖。她获得的其他的重要荣誉包括美国心理学协会评选的个人杰出贡献奖，美国应用与预防心理学协会颁发的基础科学与应用心理学突出贡献奖，詹姆斯·麦凯恩·卡特尔（James McKeen Cattel）奖以

图 8-2　埃伦·兰格

及高尔顿·奥尔波特（Gordon Allport）团体关系奖等。她发表了超过 200 篇的学术研究文章以及 6 本学术著作，包括《专注力》（*Mindfulness*）和《专注力学习的力量》（*The Power of Mindful Learning*）等。她是历史上首位获得哈佛大学心理学教授终身职位的女性，其研究成果不仅在心理学领域具有重要影响，而且成为管理学、

法学、金融学、医学等其他学科的基础理论。她的新作《逆时针》(*Counterclock-wise*)则涉及幸福感问题，试图证明返老还童在心理学上是可以实现的。

二、控制幻觉的成因

在兰格看来，控制幻觉的成因在于个体将不可控的随机情境当作了可控的技能情境。后来又有研究者提出了控制启发式理论和自我调节理论对其进行了补充。

(一)技能情境和随机情境的混淆

关于控制幻觉的成因，兰格认为，人们在日常生活中经常面对两种情境：第一种是技能情境；第二种是不可控/随机情境。控制幻觉的产生是由于人们混淆了这两种情境。

(1)技能情境。在此情境下个体可以通过练习和努力获得想要的结果，是个体可以控制的。比如，很多与运动技能相关的成绩，通常都是可以通过训练来提高的。有一个流传甚广而真实性待考的故事——有人问 NBA 巨星科比·布莱恩特(Kobe Bryant)他的成功之道是什么，科比的回答是："你见过凌晨四点的洛杉矶吗?"言下之意是说他的成功源自刻苦的训练。漫画《篮球飞人》(又译《灌篮高手》)中，主人公樱木花道极具篮球天赋，可投篮命中率很差，经过一个假期 10 万次的投篮，他的投篮命中率令人刮目相看。还有驾驶汽车的例子，很多新手上路开得很不稳，随着驾驶时间和次数的增加，逐渐变得驾轻就熟。这些例子一方面说明，在技能情境中，不断的练习是可以对结果产生影响的；另一方面，由于存在"练习"和"成绩或表现的提高"之间的因果关系，因此在这类技能情境中，结果是可控的。

(2)不可控/随机情境。在此情境下个体的行为与结果之间没有因果关系，是个体无法控制的。在这类情境中，无论个体多么努力，训练态度多么诚恳，对结果都毫无影响。比如，当前许多城市为限制机动车数量，而对购买新车实行摇号制度。你不能说："我通过勤学苦练以提高摇号中签的概率。"因为任何努力和摇号结果之间不存在因果联系。

但是，人们并不是总能够意识到技能情境和不可控/随机情境的区别，往往在不可控情境中也会相信自己能控制某事件的结果，因而会产生控制幻觉。一种情况是，人们常常将一些随机事件(如买彩票)看作含有某些技能成分的非随机事件。这种错误在某些喜欢赌博的人身上表现得非常强烈。研究发现，成瘾性的博彩者总是表现出更多的控制幻觉，因为他们倾向于将自己的行为与某一结果联系起来，认为可以通过提高自己的博彩技能而获得更多的赢的机会（Dannewitz & Weatherly，2007）。还有研究发现，很多赌徒甚至愿意花费 1495 美元学习被认为能够帮助他们控制掷骰子结果的所谓"特殊课程"（Schwartz，2008）。这样的"课程"当然是彻头彻尾的骗局（斯坦诺维奇，《这才是真正的心理学》，2015）。另外一种情况就是，事件本身不是随机性的，但对于个体来说是不可控的，如果这时个体仍然觉得自己能够影响事件的结果，也说明个体存在控制幻觉。例如，在一项关于"魔力信念"的研究中，研究者让一个人投篮，同时让另一个人在旁边祈祷他能投中，如果对方真的投中了，祈祷者就会认为其中有自己的功劳，实际上他没有起到任何作用（Pronin，Wegner，Mccarthy et al.，2006）。

有时，人们甚至将"运气"这种机遇因素也视为一种"技能"。在这种情况下，人们可能会将自己的权利或责任让渡给"更幸运"的他人以获得更多的控制感。在一项关于集体投注的研究中，某个公司设彩票资金池，每次选派一名代表去选择号码并购买彩票，选派的依据是投注历史上的输赢情况，赢钱记录最高的员工获得代表权，直到他的赢钱记录被另一名成员超过。即使所有人的赢钱记录都差不多，他们也会选择看起来运气最好的那个人去代表他们（Wohl & Enzle，2009）。

我们在本章前言中提到的彩票投注站的例子也是如此。彩票本身是一个随机事件，属于不可控情境。人们从过往中奖号码中寻找所谓的"趋势"和"规律"，钻研各种投注方法，其实都是错把不可控的随机情境当成了可控的技能情境，从而高估自己的行为对于结果的影响力和控制力。

（二）控制启发式理论

苏珊·汤普森（Thompson，1999）认为兰格的解释并不充分，继而提出了控制启发式理论来解释控制幻觉现象。这一理论认为，对控制的判断取决于两种条件：一是创造结果的意图；二是行为和结果之间的联系。在随机游戏中，这两种条件频繁地联系在一起——当有赢的意图时，就会有行动，继而产生结果。即使结果是随机的，控制启发式也会让玩家感觉自己对结果有一定的掌控。以下是我们的一名研究生玩手机游戏《阴阳师》的感悟：

"玄不救非，氪不改命"，前段时间手游《阴阳师》火遍大江南北，我终于见识到了让人欲罢不能的"玄学"——抽卡。它的规则是玩家前期可以通过一定的任务获得神秘的符咒，即通常所说的"蓝票"，用它可以抽取各种各样的式神，至于抽到的式神的种类和等级就只能靠运气了。那么重点来了，如果只是单纯地靠运气，我们只需要打开蓝票，静静地等待式神跳出来就好，但是这么一想似乎这个游戏就没什么玩头了。关键在于，在打开蓝票和跳出式神之间有一个"画符"的环节，玩家可以在屏幕上任意画出图案，或者可以按录音喊话，画完或喊完之后，才会抽取式神，就是这么一个步骤，让许多人深陷其中不能自拔……抽卡攻略简直铺天盖地，衍生出了各种各样的"玄学"：用猫抽、用脚抽、凌晨抽卡、换频道大法、画五角星、画式神、写字、唱歌……或者是画圈不画星、子时灵气最足(23：30～凌晨1：30)、每次抽卡间隔5秒、偶尔骂一下反而出好东西，抽卡前记得洗手。最后还有一个不到万不得已不要使用的办法：叫爸爸……诸如此类数不胜数，抽到SSR的人好像每个人都有一套专属自己的抽卡哲学，而还没抽到的非酋们就争相"蹭欧气"、抱大腿、询问别人的抽卡哲学俨然成风。

(三)自我调节理论

自我调节理论提供了另外一种关于控制幻觉的解释。人们具有掌控自己所处环境的内在目标，希望在混乱无序、不确定性或压力中重新获得掌控感。当缺乏真实的控制时，人们应对的方法之一就是自欺欺人地认为自己具有掌控环境的能力(Fenton-O'Creevy，Nicholson，Soane et al.，2003)。

三、引发控制幻觉的线索

兰格认为，控制幻觉就是个体对自己成功可能性的估计远高于其客观可能性的一种不合理的期望。她试图验证这样一个假设：如果鼓励或者允许被试在随机情境下可以像在技能情境下那样采取策略，他们往往会更愿意采取技能导向型的行为，也就是说会产生控制幻觉。为了能得到更有说服力的结果，兰格选取了极具典型的完全随机的玩彩票事件，其理由是，如果某些因素可以在完全随机的情境中引发控制幻觉，那么当这些因素被引入原本就存在少许控制的情境中时，控制幻觉效应应该会大大增强。她采用一系列实验分别或有联系地将这些因素(或引发控制幻觉的线索)一一进行验证分析,这些线索主要包括:(1)竞争力;(2)选择权;(3)熟识度;(4)卷入/参与。

(一)竞争力

试想这样两种情景。

情景 A:你去买彩票,投注点只剩 10 张彩票,排在你前面的 9 个人每人买走了一张,还剩 1 张,你是否愿意买。

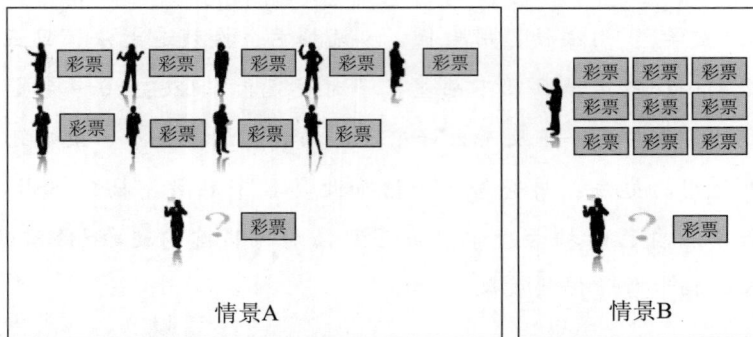

图 8-3　两种彩票情景

情景 B:你去买彩票,投注点只剩 10 张彩票,排在你前面的那个人买走了 9 张,还剩 1 张,你是否愿意买。

理性的分析一下便可知道,在两种情景中,你购买最后一张彩票的中奖概率是相同的。但我相信,在情景 A 中,你可能会更愿意买走最后一张彩票,而在情景 B 中,你购买最后一张彩票的意愿会大大降低。两种情景的区别在于,第一种情景下,其他彩票是分散在多位你的中奖竞争对手中的,每个人中奖的概率是均等的;在第二种情景下,其他彩票集中在一位竞争者手里,理论上,他中奖的概率是你的 9 倍,显得更有竞争力。实际上,这种对手竞争力的强弱并不影响你实际的中奖概率——因为彩票仍然是随机事件,但对于对自身和对手竞争力的感知却会影响个体对于这一事件的掌控感。

兰格认为,由于人们常常为了评估自己的技能而参加竞争性的游戏或比赛,因此如果把对于竞争力的评估这一因素引入到随机情境中,就会引发控制幻觉。兰格通过一个经典实验证明了竞争力是导致控制幻觉的重要线索之一。

在这项实验中，被试要求和实验者指派的对手玩"抽牌比大小"的扑克游戏。这种游戏规则非常简单，就是双方各抽一张牌，然后比牌面大小，谁的牌面大谁赢。这个游戏毫无技术含量，更关键的是，结果是随机的。被试被分为两组，分别面对不同类型的对手。"高竞争力组"被试面对的是一个衣装合身，充满自信的对手；而"低竞争力组"被试则面对一个衣着不合身、紧张退缩的对手，然后被试被要求和对手进行多轮游戏并在每一局中下注，下注额是每局 0~25 美分。实验的基本假设是，如果对手的竞争力影响了被试在这一随机/不可控情境中的控制感，那么两组被试的下注额会存在差异。实验结果证明了这一假设：当面对高竞争力的对手时，被试平均每局下注额是 11.04 美分；而面对低竞争力的对手时，被试平均每局下注是 16.25 美分。对于第一轮下注额的差异则更为明显（因为第一轮下注是紧跟着实验操纵之后进行的）。面对高竞争力对手时，被试首轮平均下注额为 9.28 美分，而面对低竞争力对手时，首轮平均下注额达到了 16.72 美分。

（二）选择权

埃伦·兰格在关于选择权线索引发控制幻觉的经典实验中，采用随机派发彩票和自选彩票两种发放方式。实验包含这样一个逻辑：如果一个人真的认为自己可以对于彩票的结果进行控制，他（她）就会对彩票的价值有更高的估计，超过那些感觉没有控制力的人；如果他（她）认为自己的彩票真具有较高的价值，那么在出让彩票时，他（她）会要求潜在的买家出更高的价钱来购买彩票。兰格在这项实验中就证明了，是否拥有对彩票的选择权，会影响人们对于自己持有彩票的估价。

在 1973 年的超级碗比赛（superbowl game，全美橄榄球大联盟的年度锦标赛，是美国最高级别的橄榄球赛事）开始的前一个星期，研究者将做成橄榄球球星卡片的彩票发给了长岛的两家公司的各一名职员，这两名职员对研究的目的一无所知。他们各自回到自己的公司，然后询问办公室里的同事是否愿意花 1 美元买一张彩票。被试被告知，彩票在他们的公司和另一家公司均有销售，获胜者将会赢取总额为 50 美元的奖金。最终有 53 名公司职员购买了彩票而成为研究的被试。这些被试被随机地安排在两种条件下：有选择权和无选择权。有无选择权的操纵方式如下：第一位被试是自己选择要购买的彩票，第二位被试被派发了和前一位被试同样的一张彩票。如此循环下去，如此一来，被试就被分成了有选择权和无选择权两组。

接下来，被试均被告知："另一间办公室里有人想买彩票，但是因为我们的彩票已经售罄，他请我询问下你愿意以多高的价格卖出你的彩票？这对我来说都无所谓，但是我应该告诉他要花多少钱呢？"这些人的报价就构成了因变量的测量。如果出现被试不愿意出售彩票的情况，实验者就会去刺激他直到他给出一个报价。然后实验者会对表示"不愿意出售"的被试进行记录，并附上其最终给出的报价。

结果正如预测的那样，是否拥有选择权在很大程度上影响了彩票的价值。在有选择权的情况下被试出售自己彩票的平均价格为 8.67 美元，而没有选择权的情况下为 1.96 美元。最初有 15 个被试回应他们不愿意卖彩票。在这 15 个被试中，买彩票时拥有选择权的被试占到 10 人，另外 5 人则无选择权，人数上存在显著差异。

这一实验的结果支持了之前的假设：拥有选择权利的个体更会对手持的彩票抱有更高的期望价值。相反，被迫接受匹配彩票的人们往往估价较低。这就是控制幻觉的选择效应。此处的选择权，也可以理解为技能要素中的一种，所以是否拥有该权利会造成估价的差异。

事实上，这一实验及结果也映射了美国彩票销售的历史。在 20 世纪 70 年代之前，美国的彩票销量不温不火，当时的彩票销售方式是"机选派发式"，即有一台类似口香糖销售机的彩票机，投注者放入硬币或钞票，机器弹出彩票，投注者是没有选择权的。自从 20 世纪 70 年代中期新泽西州引入了参与式彩票售卖之后，美国各州才爆发购买彩票的热潮。所谓参与式就是让购买者可以自行刮奖或自行挑选号码。而这类参与性博彩正是利用了当时兰格研究的控制幻觉现象：人们错误地相信他们的参与行为能够决定随机事件。

回想本章一开始关于"M 先生的困境"的例子。显而易见，无论哪一种方案，导致死亡的概率都是 1/6。但是和大多数人一样，你可能会本能地希望选择从 6 把枪中挑 1 把的 B 方案。为什么呢？两种方案的区别在于，A 方案没有选择，B 方案可以在 6 把枪中进行选择。这种选择权导致的"控制感的增加"，使得更多人倾向于选择 B 方案——虽然这种控制权的感觉并不能增加你生还的概率，只是一种幻觉而已。

（三）熟悉性

兰格还设计了一项实验，证明个体对随机事件中某些成分的熟悉程度会诱发控制幻觉。在这项研究中，研究者招募了 60 名被试，采用的实验范式类似于之前提到的"派发彩票—自选彩票"实验，区别在于，研究者又对彩票的"熟悉性"进行了操纵，一部分彩票上面是正规的文字（高熟悉性），而另一部分彩票上面是一些奇怪、难以理解的符号（低熟悉性）。这样就构成了一个 2（选择权：有 VS 无）×2（熟悉性：高 VS 低）的被试间设计。结果发现，有选择权且高熟悉性组被试愿意保留彩票（不选择出让）的比例最高，达到了 62％，无选择权且低熟悉性组的比例最低，只有15％的被试愿意保留彩票。

关于赌博的研究也发现，人们会选择熟悉的但获胜概率较低的赌博游戏（Heath & Tversky，1991）。

（四）卷入/参与

在另一项实验中，兰格试图考察卷入或参与是否会和熟悉性一道引发控制幻觉。她采用了一个电子装置作为实验材料。这个装置是一个 43.18cm×43.18cm×11.43cm 的木箱，里面有三条蚀刻铜电路，表面覆盖着树脂玻璃。装置配有一支金属笔，当用这支笔接触电路时，就可能使线路闭合，让内置蜂鸣器发出声响。箱子的边上有 10 个电动开关，预先设定的那一条电路会被立即触发，另外如果金属笔落在任何一条电路上 10 秒以上蜂鸣器也会被触发。还有一个"全开/全关"的开关，"全开"状态下，触及任何一条电路都会触发蜂鸣器，"全关"状态下，无论触及哪条电路都不会响。

研究者分别对"参与度"和"熟悉性"这两个因素进行了操纵，构成了一个 2（参与度：高 VS 低）×2（熟悉性：高 VS 低）的被试间设计。在高参与组，被试被告知这一电子设备是程序预先设定好的，因此当被试金属笔顺着电路滑走时会随机地碰到某个点位，激发蜂鸣器，而他们的任务是猜测哪条电路会触发蜂鸣器，并用笔在电路上滑走；低参与度组的被试接受同样的指导语，但区别在于由实验者替被试操作金属笔。高熟悉度组的被试被告知设备的插头出了问题，在修复插头的间歇，他们可以熟悉和摆弄设备；低熟悉性组的被试则直接开始任务，没有熟悉设备的环节。因变量的测量是被试对于自己选择正确电路的信心程度进行 1~10 的评估，然后在每一次成功触发电路后伴随着一份问卷，让被试评估，自己在五轮任务之内的表现和一位国际象棋冠军的表现进行比较，谁的更好。实验结果发现，熟悉性和参与度都表现出显著的主效应，即高熟悉性和高卷入程度都能引发更高的信心程度和对自己表现的评估。

这一结果意味着，身体/动作的卷入会增强个体对于事件的控制感。在赌博游戏中，老虎机(slot machine)的拉杆设计也体现了对控制幻觉理论的应用(Thompson & Armstrong，1998)。本来图案滚动的结果是程序设定的，对赌客来说是不可控的，但有了拉杆或按钮，就让赌客在操作中感觉有技能因素的参与，将结果和自己拉拉杆的动作联系起来，由此产生了控制幻觉，使得赌博行为一发不可收拾。在美华人将拉斯维加斯戏称为"拉输回家"，其十分形象地说明了利用控制幻觉制造的赌博机器对赌博者造成的巨大"黏性"。

兰格又在后继的两个实验中证明，被动的卷入也会引发控制幻觉。在一项依托赌马比赛的现场实验中，被试被要求在不同的时间点对自己赢得奖金的信心做出估计，结果发现，随着时间的推移，被试的信心水平在提高。兰格对此的解释是，时间的增加意味着个体对于事件进行了更多的思考，即有更高的卷入度，诱发更强的控制幻觉。有意思的是，结果中出现了性别差异。兰格认为，由于男性相比女性对于赌马更为熟悉，因此相同时间内对于此事件的思考投入会少于女性，也就是说，女性会比男性进行更多的思考，有更高的卷入程度。结果也证实了这一点：女性被试在这一过程中对于赢得奖金的信心水平高于男性。在另外一项实验中，兰格继续采用了彩票抽奖的方法，彩票为三位数的号码，一部分被试分三天每天得到一个数字，另一部分被试一次性得到三个数字。然后被试被逐个询问，是否愿意用手中的彩票交换获奖概率更高的另一张彩票。其中的假设是，每天得到一个数字的被试对于事件本身进行了更多的思考，有更高的卷入度。结果正如之前的预期：高卷入度组的被试更不愿意交换手中的彩票。

四、控制幻觉的影响因素

（一）人格特质

一些稳定的人格特质会对控制幻觉的程度产生影响。例如，包括控制点、神经质、自我效能和自尊在内的核心自我评价特质会影响控制幻觉的程度，通常来说，这些特质得分越高，个体越倾向于认为自己可以控制环境(Judge & Kammeyer-

Mueller，2011)。

还有研究表明，特质迷信的个体会更持久地进行赌博、参与促销性游戏、投资股票等(Carlson，Mowen & Fang，2009)。这一点在竞技体育领域表现尤为突出。由于竞技体育结果具有高度不确定性，许多运动员多少会表现出一定的迷信行为，如 NBA 前球星卡尔·马龙(Karl Malone)在投篮前念念有词，贾森·基德(Jason Kidd)在比赛罚球前总会摸一下自己的屁股然后对篮筐飞吻，足球运动员进场前亲吻戒指或草皮等行为，同样都是控制幻觉的表现。虽然在特定情境中，增强自信可能会带来更好的表现，但是迷信并不能为完成任务和实现目标提供真正的帮助。

(二)归因方式

如果个体将成功归因为技能原因而非运气时，就会产生更强的控制幻觉。在兰格和罗斯的一项研究中，被试被要求预测 30 次掷硬币的结果。反馈是经过操纵的，使得每个被试的正确猜中率都是 50%。但是他们"猜中"出现在哪儿会影响组间差异。一些人被告知他们前期的预测更准确，另一部分被试则被告知他们正确猜中轮次平均分布在所有轮次中。之后，接受了"前期猜中率更高"反馈的被试，对于自己的正确率有着过高的估计，并对于自己未来竞猜的表现有着更高的预期(Langer & Roth，1975)。

(三)控制感

有一项汽车驾驶事故概率估计的研究证明，控制感的高低会影响控制幻觉的程度(Mckenna，1993)。在该研究中，被试被要求分别从"司机"和"乘客"的视角对发生交通事故的概率进行从 -5 分到 +5 分的评估。高权力组的问题是：与其他司机相比，你认为当你在驾车时发生交通事故的可能性有多大？低权力组的问题则是：你认为当你作为一名乘客时发生交通事故的可能性有多大？结果表明，被试认为当自己处于司机的角色时，交通事故发生的可能性会更低一些。

(四)情绪

一般来说，积极情绪容易导致"快而脏"(quick and dirty)的认知加工，助长过度自信，从而增强控制幻觉；消极情绪引发精细加工，会降低控制幻觉。在一项研究中，研究者将有、无抑郁倾向的被试分别放在积极情绪诱发、情绪模拟、中性情绪诱发和无操纵四种条件下，然后给其呈现一个要么亮绿灯要么亮红灯的装置，让其判断下一次是否绿灯亮起。如果被试猜对了绿灯，就会获得奖励；如果亮起的是非绿灯则没有奖励。任务之后询问被试在多大程度上感觉对于任务有控制。结果发现，非抑郁个体中，抑郁情绪诱发组的被试其控制幻觉低于抑郁情绪模拟组、中性情绪诱发组和无操作组的被试，而情绪模拟组的被试模拟了抑郁情绪的表现后，报告的控制感也低于中性情绪诱发组和无操作组；另一方面，抑郁个体中，积极情绪诱发组的被试表现出的控制幻觉和对结果产生影响的过度自信水平高于积极情绪模拟组、中性情绪诱发组和无操作组(Alloy, Abramson & Viscusi, 1981)。

(五)动机

当个体对某一特定结果有着高需要时，会激发其行动的动机，从而使得个体更容易高估自己的控制力，进而产生控制幻觉。在与之相关的一项研究中，被试被随机分为两组：一组为饥饿组，即高需要组；另一组为正常组。被试的任务是记忆一些无意义的三角形图案，如果被试可以回忆出所有的项目，就可以得到一个放在实验室的麦当劳超级汉堡，而成功的概率(1/20，19/20)由实验者操控。结果表明，无论在哪种概率条件下，饥饿组的被试都认为自己可以完成任务的概率要高于正常组，而且饥饿组的被试更容易高估自己的控制力，即产生了控制幻觉(Binger, Angle, Park et al., 1995)。

另外一项研究则表明，如果个体在完成任务的过程中有更高"追求好成绩"的动机而不是为了"学习新东西"，则会表现出更多的迷信行为(如选择幸运符)。在其中一个实验中，两组被试要分别想象自己将进行一个以"拿更高分数"或"学更多知识"为目标的任务，并选择是否使用代表"幸运"的笔。结果发现，相对于为了学习更多知识的被试，以取得好成绩为动机的被试更倾向于选择"幸运"笔(Hamerman & Morewedge, 2015)。

(六)权力地位

权力地位也是诱发控制幻觉的因素之一。有研究表明，权力地位和控制感之间存在关联。一般来说，处于较高社会经济地位的人、处于主导群体中的成员（Guinote，Brown & Fiske，2006；Lachman & Weaver，1998）会报告更强的控制感，这种伴随权力地位产生的高控制感会导致更强的控制幻觉。

在一项研究中，研究者先将被试分为三组，其中两组被试分别回忆高或低的权力事件，第三组被试不回忆与权力有关的事件，作为基线对照组，借此完成权力感高低的操作。接下来，让被试参与一个猜骰子点数的游戏，如果事先猜中的数字正好是骰子掷出的数字，就能获得5美元的奖励。在开始掷骰子之前，实验者询问被试：是否愿意让实验助手代劳？结果发现，高权力启动组的被试全部要求自己来掷骰子，低权力启动组的被试坚持自己掷骰子的比例为58%，而基线组被试坚持自己掷的比例为69%（Fast，Sivanathan，Mayer et al. 2012）。

（七）文化

文化对于控制幻觉的影响具有领域特异性。如有研究表明，由于整体性思维和解析性思维的差异，东方人更强调事物之间的联系，因此对于共变关系的判断更加自信，也更容易产生控制幻觉；西方人被给予一定的控制权后（如手动控制任务），自信水平会显著提高，而这一点在东方人身上表现不明显（Ji，Peng & Nisbett，2000）。

五、控制幻觉在金融投资领域的表现

在投资决策领域，控制幻觉会对企业家分配资产，金融家分配资金，生产管理者创造出最有效益的资源利用组合等决策活动产生影响，使得个体有时不能做出理性的分析和决策，进而对公司及个人的利益造成损失（Marta，Neil & Biscaccianti，2003）。

（一）频繁交易

正如之前所言，参与和卷入程度会诱发控制幻觉。由于投资活动具有持续时间长、高自主性和参与度的特点，因此容易产生控制幻觉。对于个体投资者来说，控制幻觉在金融和投资领域的表现莫过于频繁交易。有数据表明，1998年纽约证券交易所的周转率超过 75%。而在中国的情况更是惊人，1996 年上海证券交易所的换手率是 591%，深圳证券交易所的换手率是 902%。但频繁交易是否意味着更高的投资收益呢？研究者布拉德·巴伯（Brad Barber）和特伦斯·奥丁（Terrance Odean）在此方面做了大量工作。在一项研究中，他们取样 1991 年至 1996 年中的 78000 名投资者，结果发现年交易量越高的投资者的实际投资收益越低（Barber & Odean，2001）。他们还观察了 166 个投资俱乐部 6 年的交易，发现平均每年的周转量是 65%，年净收益是 14.1%，而作为基准的标准普尔 500 指数收益是 18%。还有研究者发现，在 1983—1989 年，积极的基金经理的业绩差于标准普尔 500 指数的表现，扣除管理费，积极的管理反而减少了基金价值（Lakonishok，Shleifer & Vishny，1992）。

此外，男性一般被认为在许多领域（体育技能、领导能力、与别人相处能力）中总是过高估计自己，因此更高的自信和控制感也会导致控制幻觉。巴伯等人在 1991 年至 1997 年中，研究了 35 000 名投资者的投资行为，将年交易量作为过度自信的指标，发现男性投资者的年交易量比女性投资者的年交易量总体高出 45% 以上，而投资收益却略低于女性投资者（Barber & Odean，1998）。

（二）高风险偏好和低业绩表现

控制幻觉与低风险知觉和高风险行为相关（Houghton，Simon，Aquino et al.，2000）。在一项针对伦敦城市投资银行的交易员的研究中，研究者给交易员们呈现一张类似实时的股价和指数的图表，他们的任务是利用三个电脑按键来提升股价。研究者提醒他们，图表上的数值是随机变化的，但按键可能会起作用。事实上，走势并不受按键的影响。将交易员对操作成功的估计分数作为控制幻觉的测量，然后将这一得分和他们的实际业绩相比。结果发现，控制幻觉越强的交易员，在分析、风险管理和利润贡献率方面表现越低，他们获得的报酬也更少（Fenton-O'Creevy，Nicholson，Soane et al.，2003）。

（三）关联性偏好

事件与个体的关联性越高，个体就越容易产生控制幻觉。有研究发现，当一个事物对个体来讲具有特殊意义时，个体更容易对其产生控制幻觉（Goodman & Irwin，2006）。很多人购买股票时，偏好代码与自己或亲人的生日数字或幸运数字有关的股票。在启发式偏差一章中提到的本地偏差、异国偏差都可以被认为是关联性偏好引发的控制幻觉。

在一般情况下，控制幻觉对于个体来说是一种需要调整的认知偏差，会造成个体非理性的决策。比如，控制幻觉是赌徒持续参与赌博的主要诱因（Cowley，Briley & Colin Farrell，2015）。但在特定情况下，控制幻觉也有其积极的应用。例如，在医疗领域，创设积极的控制幻觉情境有利于病人树立战胜疾病的信心，更主动地配合治疗，从而有助于病情康复（Lefcourt，1973）。另外，这也涉及控制幻觉的心理意义问题。任何一种心理现象能够经历人类漫长的进化过程被保留下来，必定有其适应价值。控制幻觉的积极心理意义就在于：面对一个不可控和充满不确定性的世界，人们需要找到一个"抓手"让自己感到有所掌控，从而保持信心和希望。

📇 本章要点

1. 控制幻觉是指，在完全不可控或部分不可控的情境下，个体由于不合理地高估自己对环境或事件结果的控制力而产生的一种判断偏差。

2. 人们在日常生活中经常面对两种情境：第一种是技能情境；第二种是不可控/随机情境。但是，人们并不是总能够意识到技能情境和不可控/随机情境的区别，往往在不可控情境中也会相信自己能控制某事件的结果，因而会产生控制幻觉。

3. 如果鼓励或者允许人们在随机情境下可以像在技能情境下那样采取策略，他们往往会产生控制幻觉；如果某些因素可以在完全随机的情境中引发控制幻觉，那么当这些因素被引入原本就存在少许控制的情境中时，控制幻觉效应会大大增强。引发控制幻觉的线索主要包括：竞争力、选择权、熟悉度，卷入/参与。

4. 控制幻觉的影响因素包括人格特质、归因方式、情绪、控制感、动机、权力地位和文化等。

5. 控制幻觉在金融投资领域中的主要表现是频繁交易和关联性偏好。频繁交易的结果是，交易量越高的投资者的实际投资收益越低、基金经理的积极的管理反而减少了基金价值；较高的控制幻觉还和交易员较低的分析水平、风险管理能力和利润贡献率有关；关联性偏好表现在当一个事物对个体具有特殊意义时，个体更容易对其产生控制幻觉，具体表现为投资者偏好代码与自己或亲人的生日数字或幸运数字有关的股票以及本地偏差和异国偏差。

课后练习

1. 请举出几个你在生活中观察到的控制幻觉的例子。

2. 控制幻觉发生的情境，必须是完全随机的吗？

3. 试分析控制幻觉的三种原因理论的区别和联系。

4. 赌博游戏中有哪些与控制幻觉有关的现象或设计？

5. 投资决策中控制幻觉有哪些表现，会导致什么后果？

6. 小型案例分析：请阅读有关《安慰剂按钮》的材料：

美国《空调、供暖和制冷新闻》在 2003 年的一项调查表明，72％的空调从业者承认曾经为客户安装过没用的温度调节器。克雷格·派雷克斯（Creg Perakes）是田纳西州的一名空调工程师。他说，某公司曾经有一名公司员工总是抱怨办公室里太热，派雷克斯的解决之道是在办公室里装上了一个温度调节按钮，然后装模作样地在通风管道里鼓捣一通，告诉那名员工，以后觉得热的时候，按那个温度调节按钮就可以了。这招果然有效，听见通风管道内的气流声，那名爱抱怨的员工便安稳多了，再也没有对工作环境提出任何意见。

请试着分析安慰剂按钮为什么会有用？它和控制幻觉有何关系？

7. 请试着举出一些降低控制幻觉的方法。

参考文献

陈雪玲，徐富明，刘腾飞 等. 控制幻觉的研究方法、形成机制和影响因素[J]. 心理科学进展，2010，18(5)：800-809.

基斯·斯坦诺维奇. 这才是心理学：看穿伪心理学的本质[M]. 窦东徽，刘肖岑，译. 北京：人民大学出版社，2015.

Alloy, L. B., Abramson, L. Y., & Viscusi, D. Induced mood and the illusion of control[J]. Journal of Personality and Social Psychology, 1981, 41(6): 1129-1140.

Alloy, L. B. , & Abramson, L. Y. Learned helpnessness in human[J]. Journal of Experimental Psychology, 1979, 87: 49-74.

Barber, B. M. , & Odean, T. Boys will be boys: gender, overconfidence, and common stock investment[J]. The Quarterly Journal of Economics, 2001, 116(1): 261-292.

Binger, P. M. , Angle, S. T. , Park, J. H. , et al. Need state and the illusion of control[J]. Personality and Social Psychology Bulletin, 1995, 21(9): 899-907.

Biner, P. M. , Angle, S. T. , Park, J. H. , et al. Need state and the illusion of control[J]. Personality and Social Psychology Bulletin, 1995, 21(9): 899-907.

Carlson, B. D. , Mowen, J. C. , & Fang, X. Trait superstition and consumer behavior: re-conceptualization, measurement, and initial investigations[J]. Psychology & Marketing, 2009, 26(9): 689-713.

Cowley, E. , Briley, D. A. , & Farrell, C. How do gamblers maintain an illusion of control [J]. Journal of Business Research, 2015, 68(10): 2181-2188.

Dannewitz, H. , & Weatherly, J. N. Investigating the illusion of control in mildly depressed and nondepressed individuals during Video-poker play[J]. Journal of Psychology, 2007, 141(3): 307-320.

Fast, N. J. , Sivanathan, N. , Mayer, N. D. , et al. Power and overconfident decision-making[J]. Organizational Behavior & Human Decision Processes, 2012, 117(2): 249-260.

Fenton-O'Creevy, M. , Nicholson, N. , Soane, E. , et al. Trading on illusions: unrealistic perceptions of control and trading performance[J]. Journal of Occupational & Organizational Psychology, 2011, 76(1): 53-68.

Goodman, J. K. , & Irwin, J. R. Special random numbers: beyond the illusion of control[J]. Organizational Behavior & Human Decision Processes, 2006, 99(2): 161-174.

Guinote, A. , Brown, M. , & Fiske, S. T. Minority status decreases sense of control and increases interpretive processing[J]. Social Cognition, 2006, 24(2): 169-186.

Hafer, C. L. , & Begue, Laurent. Experimental research on Just-World theory: problems, developments, and future challenges[J]. Psychological Bulletin, 2005, 131(1): 128-167.

Hamerman, E. J. , & Morewedge, C. K. Reliance on luck: identifying which achievement goals elicit superstitious behavior[J]. Personality & Social Psychology Bulletin, 2015, 41(3): 323-325.

Heath, C. , & Tversky, A. Preference and belief: ambiguity and competence in choice under uncertainty[J]. Journal of Risk & Uncertainty, 1991, 4(1): 5-28.

Houghton, S. M. , Simon, M. , Aquino, K. , et al. No safety in numbers[J]. Group and Organization Management, 2000, 25(4): 325-353.

Ji, L. J. , Peng, K. , & Nisbett, R. E. Culture, control, and perception of relationships in the environment[J]. Journal of Personality and Social Psychology, 2000, 78(5): 943-955.

Judge, T. A, & Kammeyer-Mueller, J. D. Implications of core self-evaluations for a changing organizational context[J]. Human Resource Management Review, 2011, 21(4): 331-341.

Lachman, M. E. , & Weaver, S. L. The sense of control as a moderator of social class differences in health and well-being[J]. Journal of Personality and Social Psychology, 1998, 74(3): 763-773.

Lakonishok, J. , Shleifer, A. , & Vishny, R. W. The impact of institutional trading on stock prices[J]. Journal of Financial Economics, 1992, 32(1): 23-43.

Langer, E. J. The illusion of control[J]. Journal of Personality & Social Psychology, 1975, 32(2): 311-328.

Langer, E. J. , & Roth, J. Heads I win, tails it's chance: The illusion of control as a function of the sequence of outcomes in a purely chance task[J]. Journal of Personality and Social Psychology, 1975, 32(6): 951-955.

Lefcourt, H. M. The function of the illusions of control and freedom[J]. American Psychologist, 1973, 28(5): 417-425.

Martz, B. , Neil, T. C. , & Biscaccianti, A. Trade Smith: an exercise to demonstrate the illusion of control in decision making[J]. Decision Sciences Journal of Innovative Education, 2003, 1(2): 273-287.

Matute, H., Yarritu, I., & Vadillo, M. A. Illusions of causality at the heart of pseudoscience[J]. British Journal of Psychology, 2011, 102(3): 392-405.

Mckenna, F. P. It won't happen to me: unrealistic optimism or illusion of control[J]. British Journal of Psychology, 1993, 84(1): 39-50.

Odean, T. Do investors trade too much[J]. Social Science Electronic Publishing, 1998, 89(5): 1279-1298.

Plous, S. The psychology of judgment and decision making[M]. The psychology of judgment and decision making.

Pronin, E., Wegner, D. M., Mccarthy, K., et al. Everyday magical powers: the role of apparent mental causation in the overestimation of personal influence[J]. Journal of Personality and Social Psychology, 2006, 91(2): 218-231.

Skinner, B. F. Finding solutions to social problems: behavioral strategies for change[J]. 1996.

Thompson, S. C., Armstrong, W., & Thomas, C. Illusions of control, underestimations, and accuracy: a control heuristic explanation[J]. Psychological Bulletin, 1998, 123(2): 143-161.

Thompson, S. C. Illusions of control: how we overestimate our personal influence[J]. Current Directions in Psychological Science, 1999, 8(6): 187-190.

Thompson, S. C, & Armstrong, W. Illusions of control, underestimations, and accuracy: a unrealistic perceptions of control and trading performance[J]. Journal of Occupational and Organizational Psychology, 1998, 76(1): 53-68.

Wohl, M. J. A., & Enzle, M. E. Illusion of control by proxy: placing one's fate in the hands of another[J]. British Journal of Social Psychology, 2009, 48(1): 183-200.

第九章　从众和羊群效应

最近，网络上兴起了一批"网红奶茶店"。这些奶茶店刚刚开业不久，你就会看到下雨天，店外排起了长达数里的长队，成了一道靓丽的风景的同时，更是成为网络头条，越来越多的人想要一品这些店里奶茶的味道。但这些奶茶店之所以这么红火，真的是因为它的奶茶好喝吗？在记者的采访中，很多人的答案都是：看到别人都来买，自己也就来买了。事实上，这种"随大流"的现象在生活中比比皆是。一个ofo小黄车火了，各种颜色的共享单车出现在大街小巷；一种共享单车火了，各种共享概念更是如雨后春笋般涌现出来。做生意如此，我们的很多个人行为更是如此。在股市中，他人买时买入，他人卖时卖出是非常普遍的现象，但这显然并不是最理性的行为。早在 20 世纪，社会心理学家就对这类行为产生了兴趣，把它们称为从众行为，并且发现了一些十分有趣的研究结果。

在本章中，我们将在第一部分介绍从众的概念；在第二部分介绍从众研究的经典实验，包括谢里夫的规范形成实验、阿希的群体压力实验；第三部分我们会介绍从众的表现形式，包括顺从、服从和接纳，以及从众的影响因素——群体因素、情境因素和个体因素；在第四部分，我们会介绍羊群效应及其分类，包括有意或无意羊群行为，理性、有限理性或非理性羊群行为；第五部分我们介绍羊群效应的特点。

💡 课前热身

1. 日本福岛核泄漏事故发生后，我国出现了抢购食盐的风潮，这是为什么？抢购者可能存在哪些心理动因？

2. 我国股市曾实行过一次熔断机制，结果连续发生熔断，这一机制被迫叫停。导致这种快速连续熔断的原因是什么？

一、从众的概念

从众（conformity），是指个人的观念与行为由于群体直接或隐含的引导或压力而向与多数人相一致的方向变化的现象。其行为本质，是个体受到某种社会影响力作用之后产生的一种适应性行为反应。从定义中不难看出，这种群体压力可能是真实的，如面临确定的奖励或惩罚；但在更多的情况下，这种压力更可能是隐含的，是群体成员为了保持与群体的关系而需要遵守群体意见或规范时所感受到的一种无形的心理压力，并没有真实的外力施加，却可以使群体成员倾向于做出为群体所接受或认可的反应。从众也不仅仅是指与他人一样的行动，还指个人受他人行动的影响；另外，不只是在群体环境下，它还指当你脱离群体时，你的行为和信念是否仍保持不变，是否还存在群体压力下的从众行为。

从众在不同文化中的理解存在差异。西方个人主义文化并不赞赏屈从于同伴压力，因此，"从众"一词往往含有消极的价值判断。北美和欧洲的社会心理学家给从众的社会影响贴上了消极的标签，如屈从、顺从，而不是赋予积极的含义，如社会敏感性、反应性、团队合作等。这反映了他们的个体主义文化。而在日本，与其他人保持一致并不是软弱的表现，而是宽容、自控和成熟的象征。在日本的电影中有这样的描写：无论在日本的什么地方，你都可以体验到一种难以名状的平静感，这种平静来自人们确切知道彼此之间的相互期待。这反映了大多数东方国家对集体主义文化的推崇。

综合来看，"从众"行为是利与弊并存的。从积极方面来看，从众可以使得群体保持一致性，从而扩大群体规模。比如，在音乐会结束以后，一部分人站起来鼓掌，最后全场的人都会站起来鼓掌，即使有些人可能并没有什么感触。另外，从众可以使群体的凝聚力变得强大。尤其是在团队合作中，它使得团队成员更容易形成一个统一的目标，从而提高合作效率与成功的可能性。从更大的方面来说，从众可以促进社会良好风气的形成，推动法制法规的实施。当整个社会的人都在严格地遵守法制时，有人违规，那么他将会受到惩罚，并且没有人会为他说情，他甚至会被社会孤立，此时的从众将是一种最可靠的适应社会的方式。当然，从众也存在着消极的一面。一味地从众就是盲从，有时反而会造成愚蠢的错误。另外，从众容易扼杀群体成员的创造性，有些具有创造性想法的人可能会迫于群体压力，放弃自己的想法，而跟随大部队的思路。因此，从众是优点与缺点并存，在不同的条件下，会产生不同的结果。

二、从众的经典研究

从众的经典实验可以追溯到谢里夫（M. Sherif）在 1935 年利用光点游动错觉进行的实验。当然，最为人们所知的是所罗门·阿希（Solomon Asch）的从众实验。

（一）谢里夫的规范形成研究

谢里夫（Sherif，1935）利用游动错觉现象进行了自己的实验。所谓游动错觉，是一种知觉错觉，是一种让人们觉得静止的光点看起来会动的现象。首先，将被试单独带入一间暗室，被试将会在暗室中看到一个光点，并被告知这个光点是运动的。接着，被试被要求估计光点移动的距离。结果表明，不同的被试所做出的估计存在较大差异，有人认为光点移动了几英寸，也有人认为光点移动了 20～30 英寸[①]。经过几次实验后，每一名被试都形成了自己特有的估计移动的范围。

接下来，实验进入第二部分。谢里夫把 3 或 4 人同时放入同一暗室中，他们均参与了上一阶段的实验，并都建立了自己的估计范围，且估计范围各不相同。谢里夫发现，当由 2～3 人组成的小组面对同一光点时，要求他们分别说出自己的估计，他们开始互相影响。例如，有两人原来各自估计的移动范围是 5～8 英寸、18～25 英寸。一经共同估计，两人估计的范围就一次比一次接近。实验进行到第 9 次时，两人的估计范围就达到了完全一致，均是 11～15 英寸。

实验继续进行。这些被试被重新分开单独做判断时，每个人并没有恢复到其原先建立的个人反应模式，也没有形成新的反应模式，而是一致地保持了群体形成的规范。

（二）阿希的群体压力研究

所罗门·阿希在 1951 年进行的从众实验可以被称作最为经典的从众研究之一。阿希在校园中招聘志愿者，号称这是一个关于视觉感知的心理实验。实验在一间房间内进行，形式非常简单，就是给被试呈现两张纸，一张纸上印着一条线段，被试

[①] 1 英寸≈2.54 厘米。

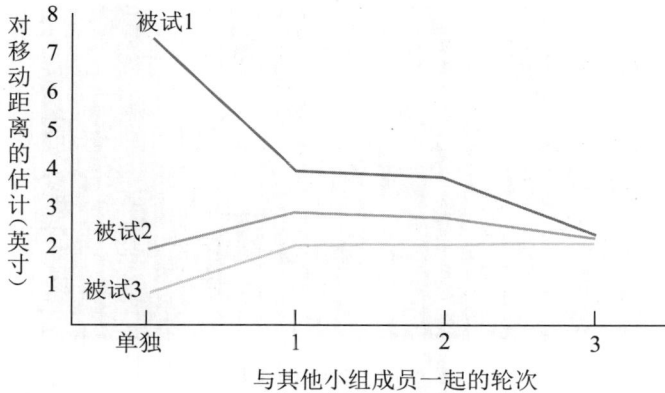

图 9-1 谢里夫的光点游动判断实验结果

需要在另一张印有几条线段的纸上找出与刚才那条长度相同的线段。实验需要测试多组不同的被试，7~9 人一组，每组要做 18 个测试。

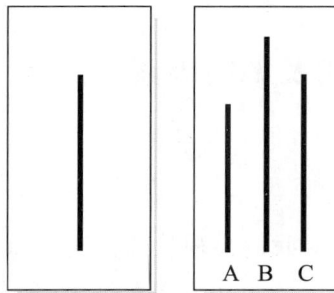

图 9-2 阿希实验材料示例

志愿者来到实验房间会发现，屋子里的七个座位已经坐了 6 个人，只有最后一把椅子空着。你会以为别人都来得比你早，其实，那 6 个人都是阿希的助手。接着，如图 9-3 所示的那样，测试的答案都是极其简单的，只要是智商正常的人都不太可能答错。在回答问题的过程中，被试们是按座位顺序一个接一个回答问题的，这样每次志愿者总是最后一个回答的。在 18 次测试中，实验助手有 12 次故意出错，并且是一起给出相同的错误答案。

结果表明，在这项测试中，志愿者们的最终正确率为 63.2%，而没有干扰单独测试的对照组正确率是 99%。而且，75% 的人至少有一次从众行为，也就是选择了跟助手们相同的错误答案。有 5% 的人甚至从头到尾跟随着大部队一错到底。只有 25% 的人可以一直坚持自己的观点，同时也是正确的观点。

图 9-3　阿希实验现场

阿希的实验表明：有些人情愿追随群体的意见，即使这种意见与他们的意见相抵触（自身感觉得来信息与群体得来的信息有差异）。群体压力导致了明显的趋同行为，虽然他们可能从未见过面或根本不认识。

三、从众的表现形式及影响因素

（一）从众的表现形式

从众有多种表现形式，有时我们会顺从某种期望和要求，但并不真正喜欢这样做。这种由外部力量施压而违心地做出从众行为我们叫作顺从（compliance）。我们之所以顺从，主要是为了得到奖励或逃避惩罚。比如，我们会穿礼服、打领带，尽管我们并不愿意这样，但我们还是这么做了，因为我们要出席的场合所有人都是这样打扮自己的，我们因不想成为异类而顺从于一种无形的压力。

如果我们的顺从行为是由明确的命令所引起的，那么我们称它为服从（obedience）。米尔格莱姆（Stanley Milgram）的服从实验就是典型的服从行为。比如，2013年交管部门提出的禁止"闯黄灯"规定，尽管很多司机都一时难以适应，甚至很多人反对，但大家还是要去遵守，因为违规会带来罚款和扣分的处罚。

有时我们真的相信群体要求我们所做的事情是理所当然的，这种发自内心的真诚的从众行为叫作接纳（acceptance）。比如，我们和成千上万人一样喝牛奶，因为我们真的认为牛奶是有营养的，是有利于身体健康的。从众行为中的接纳是最经得起时间考验的，往往会保持得十分长久。有时接纳会紧跟着顺从出现，我们也可能发自内心地接受一开始质疑的事情。

（二）从众的影响因素

1. 群体因素

影响从众的群体因素很多，包括群体规模、群体一致性、群体凝聚力等。

一定程度上，群体规模越大，持有一致意见或采取一致行为的人数越多，个体感受到的心理压力越大，越容易产生从众。比如，在阿希的进一步实验中，他分别将志愿者与一名至多名实验助手组成小组。当只有志愿者和实验助手组成的两人小组进行测试时，当助手故意回答错误时，志愿者的最终成绩几乎和单独回答时一样好。但是当助手增加到两人时，志愿者的错误率上升到13.6%。当助手增加到3个人时，志愿者的错误率就上升到了31.8%。类似地，米尔格拉姆曾让其同伴在一条热闹的街道上仰头看对面楼房第62层的窗户，当1人仰头看时，过路人停下来看的只有4%；当5人仰头看时，过路人停下来看的比例上升到16%；当10人仰头看时，上升到22%；当15人仰头看时，则达到40%。还有学者研究了耶路撒冷汽车站的排队现象。当2人或4人排队时，新来的乘客很少去排队；当有6人以上排队时，新来的乘客一般也会跟着去排队；排队的人越多，则其他人越倾向于排队。

如果群体中只有一人持有不同意见，他就要承受巨大的压力。但如果群体中还有另一人持反对意见，那么前者所面临的从众压力就会大大缓解。同样是在阿希进一步的实验中，他让一位假被试做出不同于其他多数人的反应，结果被试的从众行为减少了3/4，因为被试有了一个"合作者"，从中得到了巨大的支持力量。即使这个假被试并没有发表与被试相同的意见，但只要他与群体的意见相异，就会增强被试的信心，削弱从众心理。总之，一致性程度越高，个体越倾向于从众。

群体凝聚力也是影响从众行为的重要因素。所谓群体凝聚力，是指群体成员相互吸引的程度，它取决于群体中的人际关系。群体的凝聚力越强，群体成员之间的依恋性、意见一致性以及对群体规范的从众倾向就会越强烈。当群体成员之间相互吸引时，群体中多数成员的行为都会导致少数人极大的从众行为；相反，如果群体是一个松散群体，群体成员分歧较大，则群体中个人的从众行为就会大大下降。

2. 情境因素

情境因素中信息的模糊性会影响从众行为。若外来的信息本身十分模糊，模棱两可，对个体的判断与认知带来了很大的困难，从而增加了从众行为的可能性。克瑞奇·菲尔德(Crutch Field)改变了阿希的实验条件，实验中呈现了性质不同的、模糊性程度不等的五种刺激系列。其中，简单明了的线段长度比较时，从众行为为30%，而模糊难辨的星形与圆形的面积比较时，从众行为升高到46%。

从众行为的公开性也会影响从众行为。从众行为的公开程度越高，人们做出独立行为就越少，从众倾向就越大。在阿希的实验中，被试的从众行为是公开表示的。若是采用匿名的方式，则从众行为就会减少。多伊特(Deutsch)在实验中观察被试当众和私下两种情境下的从众行为。结果发现前者为30%，后者为25%。由此可见，匿名情境降低了群体压力，削弱了被试的孤立感。

权威人士也会具有一定的影响力。人们往往会听从权威者的意见，但是却会忽视一般成员的观点。高地位者之所以能影响低地位者，使之屈服于群体规范，是因为他被认为有权利和能力酬赏从众者而惩罚歧异者。此外，高地位者比低地位者显得较自信能干，经验丰富，能得到较多的信息，这样就赢得了低地位者的信赖。这些因素综合在一起，使高地位者成为权威人物，而低地位者相对受人轻视，不得不表现出从众行为。所谓"人微言轻，人贵言重"，正说明了这个问题。有一项有趣的研究——观察人们乱穿马路的从众行为。研究者首先统计了无视路标的行人2400人，发现他们乱穿马路的比例为25%，其次让其助手扮演一个穿戴讲究、举止文雅而不乱穿马路的行人时，人们乱穿马路的从众行为下降到17%；若助手扮演一个穿戴讲究而有意乱穿马路的行人时，则人们的从众行为上升为44%。这说明穿戴体面对行人来说，具有一定的权威性。另外，米尔格拉姆在其服从实验的进一步研究中也发现，主试的地位越高，被试用最强电压电击"学生"的人数也就越多(金盛华，2005)。

3. 个体因素

一些人格特征包括个人的智力、自信心、自尊心以及社会赞誉、需要等与从众行为密切相关。智力低下者，接受能力较差，思维灵活性不够，自信心较低，易产生从众行为。有较高社会赞誉需要的人，比较重视社会对他的评价，希望得到他人的赞许，因此也容易表现出从众倾向。在著名的米尔格拉姆服从实验中，米尔格拉姆对参加实验的被试进行了人格测验，发现执行主试的命令，对"学生"施加电击的被试，其人格特征有权威主义倾向。权威主义人格有一系列的特征：世俗主义，十分重视社会压力以及个人行为的社会价值。显然，从众行为因为人格特征的不同而存在着个体差异性。

在性别差异方面，长期以来，人们都认为女性比男性更容易从众。曾有早期研究表明，女性的从众率为35%，而男性只有22%。但进一步的研究则指出，过去的实验之所以得出女子更容易从众的结论，是因为实验材料大多为男性所熟悉而女性所陌生的，如政治、球赛等。20世纪70年代，西斯川克(Sistrunk)将实验内容分为男性熟悉的足球运动、汽车驾驶等，女性熟悉的诸如育婴常识、烹调技术等，男女同样熟悉的中性材料，这样三类来研究从众行为。结果发现，男女被试对自己所不熟悉的项目都表现出较高的从众率，在自己所熟悉的方面都表现出较大的独立性，而对于中性项目，男女两性的从众率几乎完全相同。所以性别差异对从众行为几乎没有影响。

有人认为从众行为是学习的结果，儿童是倾向于独立的，随着年龄的增长从众行为才增多。但是，也有人认为独立性是随年龄增长而增强的，故随着年龄的增长，从众行为会减少。目前关于年龄与从众行为之间的关系尚无定论。

文化差异也是影响从众的重要因素。西方国家大多是较为宽松的社会环境，强调个体性，最具代表性的国家便是美国。在美国，教师最主要的教学任务就是培养学生的批判性思维能力，使他们对任何言论能够进行批判性思考，这在一定程度上会降低从众行为。东方国家则恰恰相反，他们强调集体主义，如中国。强调秩序与整体，愿意在旧有的秩序中进行改进与完善，而不是像西方国家那样倾向于在否定和斗争中建立新的平衡，这种模式很容易促使人们放弃个人的观点来迎合大多数人的思想，形成较多的从众行为。但文化是个动态的而且发展变化的概念。在巴西、加拿大以及美国，多次重复阿希的实验，发现从众的比例比20年前有所降低。

四、羊群效应

(一)羊群效应的概念及分类

法国科学家让约翰·法伯(John Farber)曾经做过一个松毛虫实验。他把若干松毛虫放在一个花盆的边缘，使其首尾相接成一圈，在花盆的不远处，又撒了一些松毛虫喜欢吃的松叶，松毛虫开始一个跟着一个绕着花盆一圈又一圈地走。只要其中任何一只稍微改变路线就能吃到嘴边的松叶。可悲的是，这一走就是七天七夜，饥饿劳累的松毛虫尽数死去。

上述这个实验向我们生动展示了羊群效应。羊群效应其实也是一种从众效应，是个人的观念或行为由于真实的或想象的群体影响或压力，从而向与多数人相一致的方向变化的现象。现实中，我们更多地将羊群效应用于经济学领域。它指市场上存在那些没有形成自己的预期或没有获得一手信息的投资者，他们过度依赖舆论而非自己已经拥有的信息，而对大众的行为进行模仿，或是根据其他投资者的行为来改变自己的行为的现象。

羊群效应一词源于生物学对动物聚群特征的研究。羊群是一种很散乱的组织，平时在一起也是盲目地左冲右撞，可一旦有一只头羊动起来，其他的羊也会不假思索地一哄而上，全然不顾前面可能有狼或者不远处有更好的草。最早提出羊群效应的是凯恩斯。他指出："在投资收益日复一日的波动中，显然存在着某种莫名的群体偏激，甚至是一种荒谬的情绪在影响着整个市场的行为。"他还形象地描述了羊群行为在金融市场上的体现形式，即经典的"选美理论"——金融投资如同选美。在有众多选手参加的选美比赛中，规则是如果猜中了谁能够得冠军就可以得到大奖。在这种情况下，你不能猜你认为最漂亮的选手能够得到冠军，而应该猜大家会选哪个选手得冠军，即诀窍就是要猜准大家的选美倾向和投票行为，这使得大家尽可能地猜测别人可能的选择，并模仿这种选择，不论自己是否真的认为当选者漂亮，从而产生了羊群效应（朱曦济，彭建凯，吴雪清，2012）。

羊群效应是一个非常复杂的现象，其产生有人的从众本能和行为主体的有限理性等多方面的原因。根据不同的分类模式，羊群行为可以进行如下分类。

根据事件的内在发生机制，可以将羊群行为分为有意的羊群行为和无意的羊群行为。有意的羊群行为指的是群体中的个人对其他行为主体明显的模仿和跟从行为。无意的羊群行为，又被称为虚假的羊群行为，是信息被有效利用而表现出的结果，指具有类似信息的群体在遇到类似问题的时候，做出相似决策的集体行为。

在群体性事件中，某种程度上，无意的羊群行为是存在的，即群体会为了某一特定利益而团结起来，推举出群体的领导者，为达到共同目的同进退，以使集体中个人利益最大化。比如，事先预谋好的群体性事件，以一定利益奖励为依据推举出领导者即领头羊，事前策划好事件的过程与细节，做好群体性事件参与人员的分工，其目的明确，行动统一，组织化程度高。相对地有意的羊群行为，从目的性上来说，主要是凑热闹的心理，目的性弱，为发泄心中的怨恨，表现为随波逐流、盲从、非理性，冲动性强，组织化低。由于情绪易于激动，群体中情绪感染程度高，具有极大的社会危害性。

另外，根据经济学中的理性人假设，羊群行为还可以被分为以下三类：一类是非理性的羊群行为，第二类是有限理性的羊群行为，第三类是理性的羊群行为。非理性的羊群行为是指行为主体未进行理性分析而盲目地相互模仿；有限理性的羊群行为是指参与者对于某一问题并不能实现完全准确的判断，存在认知偏差，从而未能达到个人利益最大化的目标。有限理性的羊群行为是以心理情绪为出发点，部分放弃了理性分析。而理性的羊群效应则是指由于信息获取困难及心理因素等原因，行为主体将羊群行为作为其最优策略。一般情况下，我们认为无意的羊群行为是理性的，而有意的羊群行为根据群体性事件参与者心理的发展状态，可出现有限理性羊群行为或者是非理性羊群行为（吴玉桐，梁静国，2008）。

（二）羊群效应的特点

羊群效应是由大量的羊群行为产生的，羊群效应的特点与羊群行为密不可分（蒋多，徐富明，陈雪玲等，2010）。

第一，羊群行为普遍存在于人们的社会生活中。有研究者在企业管理活动中发现羊群行为。例如，有研究者对企业中负责招聘的工作人员进行研究发现，这些工作人员拒绝招募长期失业的员工。因为他们推测其他企业也拒绝招募这类员工，由此表现出羊群行为（Oberholzer-Gee，2008）。此外，个体在消费决策中同样表现出羊群行为。我国台湾学者在对个体网络购书行为进行研究后发现，个体倾向于购买其他人评价较高或者销售量较大的书籍，表现出羊群行为（Chen，2008）。

第二，专家和新手都会表现出羊群行为。韦尔奇（Ivo Welch）曾对股评专家的羊群行为进行研究。他给股评专家提供了1989—1994年的金融评论信息，让这些股评专家根据这些信息做出买卖金融资产的决策。研究结果表明，股评专家也会表现出羊群行为，他们会根据主试提供的评论进行投资决策（Welch，2000）。宋军和吴冲锋（2003）对中国的股评专家进行研究也得到了相同的结论。

第三，羊群行为具有跨文化的一致性。众多对美国投资者投资行为的研究表明，生活在美国文化传统中的投资者普遍存在羊群行为（Quiamzade & L'huillier，2009；Andersson，Hedesstroön & Gaärling，2009）。还有对意大利资本市场中投资者的研究也发现了羊群行为（Caparrelli，D'Arcangelis & Cassuto，2004）。对日本证券市场的研究也发现日本证券市场中的投资者普遍表现出羊群行为（Uchida & Nagawa，2007）。陆剑清（2007）对中国股民的羊群行为进行研究，得到了相同的结论。这些结果表明羊群行为具有跨文化的一致性。

第四，羊群效应一般出现在一个竞争非常激烈的行业中，而且这个行业中有一个领先者（领头羊）吸引了主要的注意力，那么整个羊群就会不断模仿这个领头羊的一举一动，领头羊到哪里去"吃草"，其他的羊也去哪里"吃草"。比如，在电子商务领域，阿里巴巴旗下的淘宝因为发展得比较早因而能占据比较大的市场份额。淘宝首先在双十一搞了促销活动，没想到异常火爆，且一年比一年火，当天的交易额也是以秒计算。于是，各大购物平台都开始在每年选择一个特殊的日子进行大促销活动，京东、唯品会、聚美优品，这些我们叫得上名字来的电商平台都纷纷这样做，但声势和利润显然和淘宝的双十一大促是无法相比较的。

📇 本章要点

1. 从众：是指个人的观念与行为由于群体直接或隐含的引导或压力而向与多数人相一致的方向变化的现象。

2. 从众的经典研究：谢里夫的规范形成实验、阿希的群体压力实验。

3. 顺从：由外部力量施压而违心的从众行为。

4. 服从：由明确的命令引发的顺从行为。

5. 接纳：发自内心的真诚的从众行为。

6. 从众行为的影响因素：群体因素包括群体规模、群体内部一致性、群体凝聚力等。情境因素包括信息的模糊性、从众行为的公开性、权威人士。个体因素包括个人智力、社会赞许性需求、文化背景等因素。

7. 羊群效应：是个人的观念或行为由于真实的或想象的群体影响或压力，从而向与多数人相一致的方向变化的现象。

8. 羊群行为根据内在的发生机制可以分为有意的羊群行为和无意的羊群行为。根据理性程度可以分为非理性羊群行为、有限理性羊群行为、理性羊群行为。

9. 羊群效应的特点：普遍性、跨文化的一致性、专家和新手都会出现、竞争激烈的领域容易出现。

🔧 课后练习

1. 斯坦利·沙赫特的实验：一群被试一起讨论一名叫约翰尼·罗科的少年的犯罪史。一组被试一共有 9 人，但这之中只有 6 人是真实的被试，另外三人是实验者的助手，这三名助手分别扮演不同的角色，分别是随大流者、偏离者、游移者。那么，你认为这三种角色的成员哪个人在群体中最受欢迎呢？

2. 羊群效应和股票市场上的过度反应有何关联？

3. 代理人机制下，为何也会存在羊群效应？

参考文献

戴维·迈尔斯. 社会心理学（第 11 版）[M]. 侯玉波，乐国安，张智勇等，译. 北京：人民邮电出版社，2016.

金盛华. 社会心理学[M]. 北京：高等教育出版社，2005.

蒋多，徐富明，陈雪玲等. 资本市场中投资者羊群行为的心理机制及其影响因素[J]. 心理科学进展，2010，18(5)：810-818.

陆剑清. 关于我国投资者从众行为的实证研究[J]. 心理科学，2007，30(2)：431-433.

宋军，吴冲锋. 中国股评家的羊群行为研究[J]. 管理科学学报，2003，6(1)：68-74.

吴玉桐，梁静国. 羊群行为与有限理性[J]. 学术交流，2008，173(8)：116-118.

朱曦济，彭建凯，吴雪清. 金融市场羊群行为研究综述[J]. 国际金融，2012，4：75-80.

Andersson，M.，Hedesström，T. M.，& Gärling，T. Social influence on predictions of simulated stock prices[J]. Journal of Behavioral Decision Making，2010，

22(3): 271-279.

Asch, S. E. Studies in the principles of judgments and attitudes: II. determination of judgments by group and by ego standards[J]. The Journal of Social Psychology, 1940, 12(2): 433-465.

Asch, S. E. Opinions and social pressure[J]. Nature, 1955, 176(4491): 1009-1011.

Caparrelli, F., D'Arcangeli, A. M., & Cassuto, A. Herding in the Italian stock market: a case of behavioral finance[J]. Journal of Behavioral Finance, 2004, 5(4): 222-230.

Chen, Y. Herd behavior in purchasing books online[J]. Computers in Human Behavior, 2008, 24: 1977-1992.

Oberholzer-Gee F. Nonemployment stigma as rational herding: a field experiment[J]. Journal of Economic Behavior and Organization, 2008, 65(1): 30-40.

Sherif, M. A. A study of some social factors in perception[J]. Archives of Psychology, 1935, 27(187): 1-60.

Quiamzade, A., & L'huillier, J. Herding by attribution of privileged information[J]. Journal of Behavioral Decision Making, 2010, 22(1): 1-19.

Uchida, H., & Nagawa, R. Herd behavior in the Japanese loan market: evidence from bank panel data[J]. Journal of Financial Intermediation, 2007, 16(4): 555-583.

Welch I. Herding among security analysts[J]. Journal of Financial Economics, 2000, 58(3): 369-396.

第十章　效用理论

有这样一个有趣的小故事。一个富人正在沙滩上享受大海的美景、晴朗的天空和温暖的阳光。同时，他身边躺着一个一文不名的年轻流浪汉。富人对这个年轻的流浪汉说："年轻人，你要到外面的世界去奋斗啊。"年轻的流浪汉问："我为什么要去努力奋斗呢？"富人说："努力奋斗才能获得更多的财富啊。"年轻的流浪汉又问："获得更多的财富又是为什么呢？"富人说："获得更多的财富你才能到海边度假，享受这里的海滩和阳光啊。"年轻人反问道："那么，你认为我现在正在做什么呢？"从这个小故事中不难看出，财富对于富人和流浪汉显然具有不同的意义。或者，我们可以说，巨大的财富对富人具有很高的效用，而对流浪汉来说则微不足道。同样，财富可以给富人带来幸福感，而流浪汉的幸福显然不是财富带来的。

效用，作为一个经济学领域的重要概念，自18世纪被提出以来，在消费、福利、立法等很多方面都发挥着重要作用。由此发展出的效用理论也是经济心理学的基础理论之一。幸福作为民众实际感受的一种度量，正逐渐成为许多国家关心的重要施政目标。联合国在2012年正式发布了首份《全球幸福指数报告》，以评价不同国家民众的幸福感。事实上，幸福与效用也有着密切的联系，其一直伴随着经济学理论的发展而不断演变着。

在本章中，我们将在第一部分首先介绍幸福与效用的关系。在第二部分，我们将介绍早期的效用理论，包括不同的效用观以及期望值理论。在第三部分，我们将介绍期望效用理论。最后一部分，我们将具体介绍期望效用理论的六条公理以及对公理的违背。

💡 课前热身

1. 有一句谚语："他人之蜜糖，我之毒药。"如何从效用的角度理解这句话？

2. 想象一下，假如吃一块巧克力给你带来的满足感是 M，那么吃两块同样的

157

巧克力带来的满足感是 2M 吗？吃三块、四块、五块……给你带来的满足感是成倍递增的吗？

一、幸福和效用的关系

幸福在哲学、社会学和心理学等研究领域均有不同的语义，但无论从定义的精准还是研究的脉络看，经济学范畴下的幸福内涵及外延更为完备与清晰。

在经济学范畴下对幸福问题的关注可追溯至边沁时代，这主要体现在他的效用论之中。边沁(Bentham)认为"效用"一词涵盖着有关快乐和痛苦的体验，正的效用意味着获得了更多快乐，负的效用意味着承受了更多痛苦。如果快乐是幸福的一种体现，那么效用就与幸福存在着某种关系，幸福是效用的一种属性。但在当时的经济学语境下，快乐或是幸福难以度量，经济学家便采取了将"欲求"等同于快乐的简化假定。例如，费雪(Fisher)就将效用直接定义为商品的"可欲性"。随着新古典经济学的兴起，这种对于效用的定义被逐渐强化，理性的决策者被描述为一种"欲望机器"，他们的效用只反映对商品的欲求度，而与能否从商品中体验到快乐无关。至此，效用的快乐含义已经趋于绝迹，这使得幸福问题也从效用内涵中逐渐淡出。

直至 20 世纪后期，随着心理学及神经科学的日益发展和成熟，生物心理学家贝里奇(Berridge)在老鼠、灵长动物和人类婴儿身上发现，大脑中存在两个神经系统，分别与欲求和快乐有关。行为经济学家卡尼曼也提出了效用概念的二分法，他认为效用可分为决策效用(decision utility)和体验效用(experienced utility)。前者指某一选择相对于其他选择的重要程度，而后者指某一选择所带来的快乐体验，这与贝里奇所提出的两个神经系统刚好对应，所以显然，二者是并存的，并且不能被混为一谈。

如果体验效用反映了效用中原有的快乐含义，那么体验效用和幸福究竟具有怎样的关系呢？实际上，体验效用涵盖着快乐的多个维度。比如，欣赏美景与享受美食会带来完全不同的快乐，这在哲学上被称作感受性质问题。由此我们认为，幸福也仅是快乐的一种类别，它并不是体验效用的同义词，我们可以将幸福视作体验效用的一个子集。这种观点似乎与古典经济学时代将幸福看作效用的一种属性的观点具有一定的共性(贺京同，那艺，郝身永，2014)。

另外，一个著名的幸福公式不得不提，那就是诺贝尔经济学奖得主萨缪尔森(Samuelson)在前人的幸福理论的基础之上，通过自己的探索，运用极为精炼的经济术语概括出的：幸福＝效用/欲望。从这个公式中，我们可以看出幸福与效用呈正比，与欲望呈反比。也就是说，欲望既定的条件下，效用越大越幸福；效用既定的条件下，欲望越小越幸福；当欲望无限大时，幸福就会趋于零。效用与主观感受有关，所以幸福也和主观感受有关。幸福就是感受，是精神方面对消费物的享受和满足；幸福的感觉和消费物品的多少和贵贱不成比例。比如，生活困难的人，每天能吃到肉和蛋，按时领到工资就幸福；腐败的人整天山珍海味也不满足。所以，效用和幸福虽紧密相关，但他们的关系还会受到个体欲望大小的影响。

二、早期效用理论

（一）伯努利的效用观

1738 年，丹尼尔·伯努利（Daniel Bernoulli）在其发表的《测定风险新理论之解说》一书中首次提出了"效用"概念，认为一物价值的决定不以该物的价格为基础，而以其带来的效用为基础，一物的价格只取决于该物本身，而且对任何人都是一样的。然而，一物的效用则取决于估价该物的人的特殊情况。伯努利的观点可以归结为两点：

（1）商品的价值取决于商品的效用，而不是商品的价格；

（2）商品的效用大小是因人而异的，1 元钱对富人和穷人的效用是不同的。

（二）加里阿尼的效用观

同样在 18 世纪，意大利资产阶级经济学家加里阿尼（Galiani）在其所著的《货币论》中提出："价值是一种比例，由'效用'和'稀缺性'的比例构成。"比如，空气和水，它们对人的身体来说是必不可少的，但是却很便宜；而钻石对人的身体几乎没什么用，但是却价格昂贵，就如同我们俗话所说的"物以稀为贵"。他认为，这其中的效用就是一物带来福利的能力，一个无法带来福利和快乐的商品就是无效用的。

（三）边沁的效用观

边沁是最早将效用概念引入社会科学领域的学者。他建议社会应该按效用原则组织起来。他认为效用就是客体能使人获得幸福和避免痛苦的能力，一切客体的价值都在于它的效用。根据边沁的理论，所有立法都应该按照功利主义原则来制定，从而实现"最多数人的最大利益"，这在当时那个君主意志、宗教教义高于一切的时代，可谓是颇具革命性的。

另外，边沁提出了效用递减法则。他认为，一个人占有的财产越多，从增加的单位财产上所获得的幸福越少。尽管边沁还未从其最大幸福原理和幸福递减法则中引出边际效用概念，但已经为后者的出现奠定了哲学基础。

（四）杰文斯的效用观

新古典经济学家杰文斯（William Stanley Jevons）在其代表作《政治经济学理论》一书中提出了对效用的理解。他认为，凡是能引起快乐或避免痛苦的东西都可能有效用。效用是物品以某种方式服务于人类的能力。杰文斯的效用概念与边沁的效用概念较为接近，并将其进行了推广，用以解释消费者的消费行为。杰文斯认为经济理论是一种"愉快与痛苦的计算"，理性的人应根据每一物品所能增添的边际效用来做出他们的消费决策。

（五）庞巴维克的效用观

奥地利经济学家庞巴维克（E. V. Baverk）是提出边际效用价值论的最具影响力的代表人物之一。他在其著作《资本实证论》中对边际效用价值论做出了经典的阐述。他认为，所谓"价值"，是指物对物主的重要性，相同的物品对不同的人，具有完全不同的价值。一切经济活动都是以满足人类欲望为出发点的，而物品能够满足人的欲望的这种性质就是物品的效用。效用随着人们消费的某种商品的不断增加而递减。边际效用就是某物品一系列递减的效用中最后一个单位所具有的效用，即最小效用。它是衡量商品价值量的尺度。该理论与马克思主义的劳动价值论根本对立，其最大的特点是，以主观心理解释价值形成的过程，认为商品的价值是人对物品效用的感觉和评价，商品价值成为心理范畴。

（六）期望值理论

假如你有以下两个选择：

A. 30％的可能赢得 2000 元

B. 70％的可能赢得 1000 元

你会选择哪个呢？根据期望值理论，人们会选择 B 而不是 A。因为这两个选择的期望值分别是 600 和 700，即人们在决策时会同时考虑收益和收益的概率，并选取二者的乘积值较大的方案。这个理论有一项重要假设：人们都是风险中立的，即人们只考虑一个选择的期望值，而不考虑风险的大小，人们根据期望效益最大化进行决策。

然而，人们是否是风险中立的呢？期望值理论是否一直成立呢？

于是，便产生了著名的圣彼得堡悖论。18 世纪 30 年代，数学家丹尼尔·伯努利的堂兄尼古拉一世·伯努利（Nicholas I Bernoulli），在致法国数学家皮耶·黑蒙·德蒙马特（Pierre Rémond de Montmort）的信件中，提出一个问题：掷硬币。若第一次掷出正面，你就赚 1 元。若第一次掷出反面，那就要再掷一次，若第二次掷的是正面，你便赚 2 元。若第二次掷出反面，那就要掷第三次，若第三次掷的是正面，你便赚 2×2 元……以此类推，即可能掷一次游戏便结束，也可能没完没了地反复掷。问题是，你最多肯付多少钱参加这个游戏？你最多肯付的钱应该等于该游戏的期望值：

$$E = 1/2 \times 1 + \frac{1}{4} \times 2 + \frac{1}{8} \times 4 + \frac{1}{16} \times 8 + \cdots$$

$$= 1/2 + 1/2 + 1/2 + 1/2 + \cdots$$

$$= \sum_{k=1}^{\infty} 1/2 = \infty$$

这个游戏的期望值是无限大，即你最多肯付出无限的金钱去参加这个游戏。但事实上，没有人会愿意为这个游戏付出无限多的金钱，因为你也有可能只能得到 4 元、2 元，甚至 1 元。

比如，一个简单的选择题：

A. 100％的可能赢得 1000 元

B. 50％的可能赢得 2100 元；50％的可能一分钱也得不到

你会选择哪个选项呢？按照期望值理论，B 的期望值（1050 元）大于 A 的期望值（1000 元）。

但是，真正面临两个选择时，大部分人会选择 A，与其面对风险，不如选择一

161

个确定的答案。由此看来，期望值理论面临巨大的挑战，这也为期望效用理论的提出提供了可能性。

三、期望效用理论

对于著名的圣彼得堡悖论，丹尼尔·伯努利给出了自己的解决方案。他在1738年发表的《对机遇性赌博的分析》提出了解决圣彼得堡悖论的"风险度量新理论"，也首次提出了期望效用的概念。他认为，人们在投资决策时不是用"钱的数学期望"来作为决策准则，而是用"道德期望"来行动的。道德期望并不与得利多少成正比，而与初始财富有关。穷人与富人对于财富增加的边际效用是不一样的，即人们关心的是最终财富的效用，而不是财富的价值量，而且，财富增加所带来的边际效用（货币的边际效用）是递减的。因此，伯努利选择了对数函数作为道德期望函数，即对投币游戏的期望值的计算应为对其对数函数期望值的计算：

$$E = \sum_{n=1}^{\infty} \frac{1}{2^n} \alpha \log 2^n \approx 1.39\alpha \text{（其中，} \alpha > 0 \text{，为一个确定值）}$$

因此，期望收益最大化准则在不确定情形下可能导致不可接受的结果。而伯努利提出的使用期望效用取代期望收益的方案，可能为不确定情形下的投资选择问题提供最终的解决方案。

在此基础之上，冯·诺伊曼（Von Neumann）和摩根斯坦（Morgenstern）于1944年在公理化假设的基础之上，运用数学工具，建立了期望效用理论（expected utility theory）。该理论是期望值理论的重大修正，建立起了在不确定条件下对理性人的决策选择进行分析的框架。

冯·诺伊曼和摩根斯坦提出了期望效用函数。所谓期望效用函数是定义在一个随机变量集合上的函数。它在一个随机变量上的取值等于它作为数值函数在该随机变量上取值的数学期望。通俗来说，用它来判断有风险的利益就是比较"钱的函数的数学期望"而不是"钱的数学期望"。

设想消费者参加一次抽奖（lottery），所有可能产生的结果为 C，假定 C 的结果是有限的，我们用 $n=1，\cdots，N$ 来标示这些结果，每一结果发生的概率为 (p_i)，$i \in C$，这样，我们可将该简单抽奖（simple lottery）记为：

$$L = (p_1, L, p_N; C_1, L, C_N), C_1 \in C, p_i \geqslant 0, \sum_{i=1}^{N} p_i = 1$$

比简单抽奖更为复杂的是复合抽奖（compound lottery），其抽奖结果是众多的简单抽奖。复合抽奖记为：

$$(\alpha_1, L, \alpha_K; L_1, L, L_K), (\alpha_i)_{i \in K} \geqslant 0, \sum_{i=1}^{n} \alpha_i = 1$$

其中，$L_K = (p_1^k, L, p_N^k)$，$k \in K$ 是一个简单抽奖。对于每一个复合抽奖，我们可以计算出一个引至抽奖（reduced lottery）。它将复合抽奖简化为简单抽奖。任何复合抽奖的引至抽奖，可以通过下面的向量加法获得：

$$p_n = \alpha_1 p_n^1 + L + \alpha_K p_n^K, \quad n \in N$$

所有类似的抽奖商品，就构成了不确定情况下的商品空间，我们记抽奖商品空间为 L。不同的抽奖商品之间也应当存在着与普通商品之间类似的偏好顺序和关系。如果抽奖商品空间 L 上的偏好是理性的，并满足连续性假定，则存在一个序数效用函数：

$$\bar{u}: L \rightarrow R \text{ 使得：} L \geqslant L' \Leftrightarrow \bar{u}(L) \geqslant \bar{u}(L')$$

对一件抽奖商品的期望效用表示为对抽奖结果的效用函数的数学期望：

$$\bar{u}(L) = \sum_{i=1}^{N} p_i u(C_i)$$

其中，$u: C \rightarrow R$ 是普通序数效用函数，而 $\bar{u}: C \rightarrow R$ 是期望效用函数。

更一般的，我们可以表述为：

$$U(x) = E[\bar{u}(x)] = \sum_{i=1}^{N} p_i u(x_i)$$

其中，某个随机变量 x 以概率 pi 取值 x_i，$i = 1$，2，…，n。某人在确定得到 x_i 时的效用为 $u(x_i)$，$E[u(X)]$ 表示关于随机变量 x 的期望效用。因此 $U(x)$ 称为期望效用函数，又叫冯·诺依曼—摩根斯坦效用函数（VNM 函数）（Von Neumann & Morgenstern，1953）。

期望效用理论认为，期望效用值是在不确定条件下各种决策选项的效用的加权平均数，人们做出决策时是根据主观期望效用值的高低来进行的。通过了解概率和一系列决策选项的效用，就可以根据这个模型预测出一个"合理"的或内在一致的选择。期望效用理论成为处理不确定条件下理性人（rational actor）风险决策问题的分析范式。

四、期望效用理论公理及违背

（一）期望效用理论公理

期望效用理论指出，只要人们的效用函数满足下面的公理，就能建立起一个与之相一致的效用函数，用来确定不确定条件下的决策行为。为便于讲述，我们用符号 L（P，A，C）代表一种不确定事件，其产生 A 结果的概率是 P，产生 B 结果的概率是 1～P。

1. 公理一　可比较性公理（comparability axiom）

又被称作有序性公理，即个体在任意两个可以选择的方案 A 和 B 之间总是可以比较的，即偏好 A 胜过 B，亦即A＞B；或反之，偏好 B 胜过 A，即 A＜B；或两者之间无差异，记为 A～B。

2. 公理二　连续性公理（continuity axiom）

如果 A＞B＞C，那么存在一个概率 P(0＜P＜1)使得确定事件 B 与不确定事件 L(P，A，C)之间无差异。连续性假设将保证概率的变化不会改变原有的两个商品之间的偏好顺序。比如，如果消费者对"快乐和安全的开车旅行"的偏好强于"待在家中"，那么，他对于一个"快乐与安全的开车旅行"与一个具有但不为 0 的正概率事件"发生车祸导致死亡"的混合结果的偏好，仍然要强于"待在家中"。

3. 公理三　概率不等公理（unequal-probability axiom）

假定决策者偏好 A 胜过 B，即 A＞B，那么对于不确定事件 L1＝(P1，A，B)，L2＝(P2，A，B)，当且仅当 P1＞P2 时，决策者偏好 L1 胜过 L2，即 L1＞L2。

4. 公理四　传递性公理（transitivity axiom）

在彩票 1、2、3 之间如果存在L1＞L2，L2＞L3，那么一定有 L1＞L3；如果 L1～L2，L2～L3，那么一定有 L1～L3。比如，如果你喜欢可乐胜过雪碧，而且喜欢雪碧胜过橙汁，那么你就应该喜欢可乐胜过橙汁。

5. 公理五　独立性公理（independence axiom）

当决策者面临两个行为选择 A 和 B 时，如果决策者选择 A 而放弃 B，则对任何选择 C，以及不确定事件 L1＝(P，A，C)，L2＝(P，B，C)，决策者都会选择

L1 而放弃 L2。

独立性公理是不确定环境下决策理论的核心，它提供了把不确定性嵌入决策模型的基本结构。通过该假设，消费者可以将复杂的概率决策行为分为相同和不同的两个独立部分，整个决策行为仅由其不同的部分来决定。

6. 公理六　恒定性公理(invariance axiom)

决策者不会受到备选方案表现形式的影响。

接着，期望效用理论假设：每个决策者都有一个与上面六个公理相一致的实值效用函数，该效用函数以决策者决策行为的每种结果可能得到的收益值为自变量，并且每种行为结果产生的收益，也就是自变量都只有 n 个可能的取值(记为 $W1$，$W2$，……，Wn)，即每种结果到其收益之间是单映射。假设现有行为 I 和行为 II 供决策者选择。行为 I 将会使结果 Wi 以 p_i 的概率实现，而行为 II 使结果 Wi 以 q_i 的概率实现。若决策者选择行为 I 而放弃行为 II，则必有行为 I 所产生的期望效用大于行为 II 所产生的期望效用时，用数学表达有：

$$\sum_{i=1}^{n} U(W_I) p_i > \sum_{i=1}^{n} U(W_I) q_i$$

于是，对于一个决策人来说，在给定市场外部条件(给定可能的行为结果集 $\{Wi\}$，以及其每个元素所对应的概率 p_i)时，其决策的过程就可视为一个期望效用最大化的过程，即：

$$MaxU = \sum_{i=1}^{n} U(W_I) p_i$$

(二)期望效用理论公理的违背

期望效用理论公理是建立在决策者是理性人的基础之上的，这显然与现实生活存在着一定的差距，现实中的决策者存在着非理性的情况，因此，很多研究者也发现了对期望效用理论公理的违背现象。

1. 阿莱悖论

1988 年的诺贝尔经济学奖获得者英里斯·阿莱(Maurice Allais)于 1953 年提出著名的阿莱悖论，对期望效用理论的标准化地位提出了挑战。假设你面对如下的选择题：

第一对二择一选择题

选择 A　肯定获得 100 万美元

选择 B　0.10 的概率获得 500 万美元

　　　　0.89 的概率获得 100 万美元

　　　　0.01 的概率一分钱也得不到

第二对二择一选择题

选择 C　0.11 的概率获得 100 万美元

　　　　0.89 的概率一分钱也得不到

选择 D　0.10 的概率获得 500 万美元

　　　　0.90 的概率一分钱也得不到

面对第一对二择一选择题时，大多数人偏爱 A，该选择是符合期望效用理论的，因为：

$$u(1,000,000) > 0.10u(5,000,000) + 0.89u(1,000,000) + 0.01u(0)$$
$$或 (1-0.89)u(1,000,000) > 0.10u(5,000,000)$$

然而，面对第二对二择一选择题时，大多数人则偏爱 D，该选择在期望效用理论里意味着逆向的不等关系：$0.11u(1,000,000) < 0.10u(5,000,000)$

这个结果违背了期望效用理论的一个重要公理——独立性（independence）原则，或称为确定事件原则（sure thing principle）。依该原则，人们对选择 A、C 或选择 B、D 的偏爱不应受到由 0.89 的概率所产生的共同结果值（100 万美元或 0 美元）的影响。

研究者小传

莫里斯·阿莱（图 10-1），1911 年 5 月 31 日出生于法国巴黎，1931 年进入巴黎工学院。1933 年，阿莱以全班第一名的成绩毕业于巴黎工学院，之后进入巴黎国家高级矿业学院学习工程学，并于 1937 年在法国国家矿产与采矿部开始了他的工程师生涯。

在学生时代，莫里斯·阿莱经历了 1929—1933 年的世界经济危机和接踵而来的经济萧条时期。基于对 1929 年经济危机造成社会大灾难的愤怒和解决社会经济问题的热情，他立志为市场经济中出现的若干问题找到解决办法，并贡献自己毕生的精力。由于具有工程学的背景，阿莱自学了经济学，并把数学的严密性引进当时几乎没有定量分析的法国经济学派中。

大学毕业后，莫里斯·阿莱当上了矿业工程师。他决定发挥自己所学之专长，先从矿业角度搞微观经济分析，然后逐步扩大自己的经济研究领域。1943 年，莫里斯·阿莱出版了第一部经济学专著《微观经济学研究》（两卷），初步展示了他杰出的研究才能。1944 年，莫里斯·阿莱才33 岁，便成了巴黎国家高级矿业学院矿业经济分析的著名教授，并担任法国经济与社会研究中心主任。接着，莫里斯·阿莱在学术界的地位蒸蒸日上，担任的职务越来越多且越来越重要。1946 年，他任巴黎国家高级矿业学院院长和法国全国科学研究中心经济分析中心主任；1947 年，任巴黎大学统计研究所理论经济学教授；1954 年，任法国全国科学研究中心主管研究工作的主任；1958—1959 年，

图 10-1　莫里斯·阿莱

任弗吉尼亚大学经济学客座教授；1967—1970 年，他是瑞士日内瓦国际问题研究生院的教授；自 1970 年后，他担任了巴黎大学克莱芒—朱格拉高级货币分析研究室主任。

莫里斯·阿莱毕生致力于市场经济的潜心研究和经济学的教学工作。他在巴黎第十大学金融分析中心从事研究工作直至 1980 年退休。退休后，他一直坚持经济学的教学工作。阿莱"因为市场理论和最大效率理论方面"对经济学所做出的贡献，获得 1988 年诺贝尔经济学奖。他是第一个获诺贝尔经济学奖的法国学者。获得诺贝尔经济学奖时，他虽已 77 岁，但身体健康，精力充沛，仍在巴黎国家高级矿业学院讲授《金融行情分析基础理论》。

2. 厄尔斯伯格悖论

同样是违背了独立性公理，厄尔斯伯格（Ellsberg）提出了另一个悖论。假设一个罐中盛有 300 个球，其中 100 个球是红色的，其余 200 个球是黑色的和黄色的。现在从罐中随机抽取一个球，厄尔斯伯格设计如下决策情境：

决策情境一

	取出红球	取出黑球	取出黄球
a1	100 元	0 元	0 元
a2	0 元	100 元	0 元

决策情境二

	取出红球	取出黑球	取出黄球
a3	100 元	0 元	100 元
a4	0 元	100 元	100 元

其中,a1 表示的意思为:如果事件状态为"取出红球",那么当事人得到 100 元,否则他什么也得不到,其余类推。现在就上述两个决策情境分别进行选择,厄尔斯伯格邀请了哈佛大学的学生参与实验。实验结果是:对于第一个决策情境大多数人偏好 a1,而对于第二个决策情境,大多数人则偏好 a4。

我们用期望效用理论中的独立性公理来考虑这个问题。首先,情境一中行为 a1 和 a2 的事件状态"取出黄球"下的后果是相同的,都是 0 元。由独立性公理,这两个行为的偏好关系的确定与在事件状态"取出黄球"下的后果是不相关的。其次,情境二中行为 a3 和 a4 在事件状态"取出黄球"下的后果是相同的,都是 100 元。同理,a3 和 a4 的偏好关系的确定与这个后果无关。我们注意到:行为 a1 和 a3(a2 和 a4)在事件状态"取出红球"和"取出黑球"之下的后果分别是相同的。因此,根据独立性公理,如果当事人偏好行为 a1 当且仅当他偏好 a3。显然,由期望效用分析的结果和上述实验结果是矛盾的。这就是所谓的厄尔斯伯格悖论(郭文英,2005)。

3. 偏好反转

偏好反转(preference reversal)是风险决策中一种奇怪而普遍的现象,即在期望值大体相等的一对博弈中,人们往往选择概率高而损益值小的博弈,却对概率低而损益值大的博弈定高价,也就是说,人们在选择与定价中表现出偏好的不一致现象。

假设有两种彩票,分别是"高获胜概率"和"高获胜金额"彩票,如表 10-1 所示。

表 10-1 "高获胜概率"和"高获胜金额"彩票

组别	高获胜概率	期望值	高获胜金额	期望值
1	99%的概率获 4 美元,1%的概率输 1 美元	3.95	33%的概率获 16 美元,67%的概率输 2 美元	3.94
2	95%的概率获 2.5 美元,5%的概率输 0.75 美元	2.34	40%的概率获 8.5 美元,60%的概率输 1.5 美元	2.50
3	95%的概率获 3 美元,5%的概率输 2 美元	2.75	50%的概率获 6.5 美元,50%的概率输 1 美元	2.75

续表

组别	高获胜概率	期望值	高获胜金额	期望值
4	90％的概率获 2 美元，10％的概率输 2 美元	1.60	50％的概率获 5.25 美元，50％的概率输 1.5 美元	1.88
5	80％的概率获 2 美元，20％的概率输 1 美元	1.40	20％的概率获 9 美元，80％的概率输 0.5 美元	1.40
6	80％的概率获 4 美元，20％的概率输 0.5 美元	3.10	10％的概率获 40 美元，90％的概率输 1 美元	3.10

实验者根据配对方案，在每组中进行选择，并在选择后标明方案出售的最高价和最低价，结果，在高获胜概率和高获胜金额的游戏中，73％～81％选择了高获胜概率的人，在高获胜金额游戏中出价更高，即出现了偏好反转。而且，这种偏好反转很难改变。对于那些有经验、有金钱激励的决策者，偏好反转同样存在。类似的反转如接下来的两个情境（张玲，1999）。

第一对二择一选择：

　　A　100％赢得 1000 元

　　B　50％的可能性赢得 2100 元，50％的可能性什么也得不到

在第二部分，我们已经介绍过这个例子，这是对期望值理论的违背，因为大多数人会选择期望值较小的 A 选项，说明人们是风险规避的。那么，如果稍微改变一下情境，假定你刚刚赢得了 2000 元，同样面临一个二择一原则：

　　选择 A　100％损失 1000 元；

　　选择 B　50％的可能性损失 2000 元，50％的可能性什么也不损失

在这种情况下，大部分的人都会选择 B 选项，这又表明人们是风险寻求的。两种情境的不同之处在于人们是面临获得还是面临损失。在第一种情况下，赢钱对人们来说是一种获得，所以人们选择规避风险，在第二种情况下，人们面临的是损失，因此人们倾向于追求风险。决策者的选择行为不总是一致的，这显然违背了恒定性的公理假定。

4.“摇钱树”现象

所谓“摇钱树”现象，是指若有三个选择：A、B 和 C，决策者在 A 和 B 中偏好 B；在 B 和 C 中偏好 C；在 C 和 A 中偏好 A。若假设：决策者每改变一次选择就支

付一定的成本，则决策者就变成了别人的"摇钱树"。这种现象显然违背了期望效用的"传递性"公理，那么现实生活中是否有这样的决策呢？

假设在3个竞选者中选拔1位CEO。聘任委员会决定考虑他们的IQ和经验，并商定：若比较2人的IQ超过10分，选择高IQ者；若2人的IQ不超过10分，则选择更有经验者。3位候选人的情况如下所示。

候选人	IQ（分）	经验（年）
A	120	1
B	110	2
C	100	3

于是，在这种情况下，就出现了在A和B中选B；在B和C中选C；在C和A中选A的现象，即所谓的"摇钱树"现象（斯科特·普劳斯，2004）。

📇 本章要点

1. 期望值理论：人们在决策时会同时考虑收益和收益的概率，选取二者的乘积值较大的方案。

2. 期望效用理论：期望效用值是在不确定条件下各种决策选项的效用的加权平均数，人们做出决策时是根据主观期望效用值的高低来进行的。

3. 违背期望值理论的悖论：圣彼得堡悖论。

4. 期望效用理论公理：可比较性公理、连续性公理、概率不等公理、传递性公理、独立性公理、恒定性公理。

5. 违背期望效用独立性公理的实验：阿莱悖论、厄尔斯伯格悖论。

6. 偏好反转：在期望值大体相等的一对博弈中，人们往往选择概率高而损益值小的博弈，却对概率低而损益值大的博弈定高价，也就是说，人们在选择与定价中表现出偏好的不一致现象。

7. "摇钱树"现象：是指若有三个选择：A、B和C，决策者在A和B中偏好A；在B和C中偏好C；在C和A中偏好A。若假设：决策者每改变一次选择就支付一定的成本，则决策者就变成了别人的"摇钱树"。

课后练习

1. 对于下面的两个赌注：

A. 35/36 的概率获得 4 美元，1/36 的概率损失 1 美元

B. 11/36 的概率获得 16 美元，25/36 的概率损失 1.5 美元

在这两个赌注当中，你认为哪个更具有吸引力？若把这两个赌注出售，你愿意出价多少呢？

2. 如果你是一名大学毕业生，你面临下面的两个工作，两个工作唯一的不同是发放工资的方式不同：

A. 工资是佣金制，有 60% 的概率收入 2000 美元，有 40% 的概率收入 1000 美元

B. 工资是固定资金制，有 0.95 的概率收入 1500 美元，有 0.05 的概率收入 500 美元

那么，你会选择哪个工作呢？

3. 若面临两个投资机会 A 和 B：

A. 100% 赢得 3000 元

B. 80% 的概率获得 4000 元，20% 的概率一分钱也得不到

此时，你会选择哪一个投资机会？

若再次面临两个投资机会 C 和 D：

C. 20% 的概率获得 4000 元，80% 的概率一分钱也得不到

D. 25% 的概率获得 3000 元，75% 的概率一分钱也得不到

这一次，你会选择哪一个投资机会？

4. 在美国，旧物有几条出路：或举办"后院拍卖"，或捐赠给教堂，或捐赠给旧货商店，或当垃圾扔掉。旧东西在美国很不值钱，你可以在"后院拍卖"中买到 1 美元一个电熨斗，在教堂拍卖中买到 10 美元一套的百科全书（20 本）和 5 美元一套的西装。相反，在若干年前，旧东西在中国就值钱多了。在大城市，经常看到有人在收购各种旧的生活用品，然后运到贫穷、偏僻的农村地区以几倍的价格卖出。你认为，这种现象可以如何来解释呢？

参考文献

贺京同，那艺，郝身永. 决策效用、体验效用与幸福[J]. 经济研究，2014，7：176-188.

郭文英. 期望效用理论的发展[J]. 首都经济贸易大学学报，2005，7(5)：11-14.

斯科特·普劳斯. 决策与判断[M]. 施俊琦，王星，译. 北京：人民邮电出版社，2004.

张玲. 偏好反转研究述评[J]. 心理科学，1999，6：545-548.

Kahneman，D.，& Tversky，A. Prospect theory：an analysis of decision under risk[J]. Econometrica，1979，47：263-291.

Kahneman，D.，Wakker，P. P.，& Satin，R. Back to Bentham? explorations of experienced utility[J]. Quarte Journal of Economics，1997，112(2)：375-405.

Lichenctein，S.，& Slvioc，P. Reversals of preference between bids and choice in gambling decisions[J]. Journal of Experimental Psychology，1971，89：46-55.

Von Neumann，J.，& Morgenstern，O. Theory of games and economic behavior (3rd ed) [M]. Princeton，NJ：Princeton University Press，1953.

第十一章　前景理论

在前面章节中，我们大多在讨论与启发式直觉和认知偏差有关的决策问题。在接下来的四章中，我们将和大家一起进入有关决策模型的讨论中，这些内容也是经济心理学和行为经济学的核心内容。

大多数情况下，人们能够依据选项结果的预期效用做出合乎理性的决策。但有时候，人们的行为却明显地违背了效用最大化的理性预期。例如，投资者有时会抛掉正在上涨的股票，放弃本来应得的收益，有时又会抱着正在下跌的股票不放，任由损失扩大；明知肇事逃逸将面对更加严厉的惩罚，但有些司机却在事故发生后选择铤而走险。又比如，人们似乎不愿意花钱安装火灾警报器、更换旧轮胎或戒烟，即使这些举措只是付出很小的成本却能大大降低风险；还有，面对类似禽流感这类传染病，虽然被感染的概率极低，但人们总是"谈虎色变"，却对威胁更大的空气质量问题视而不见……人们这些令人困惑的表现与传统经济学所描述的"理性人"的形象相去甚远。事实上，人们这类看似非理性的行为往往出现在带有概率或风险性质的决策情境中，而揭示这些非理性表现背后的心理机制的，就是经济心理学家丹尼尔·卡尼曼及其同事阿莫斯·特沃斯基提出的前景理论。

作为理论背景的介绍，首先，我们将回顾效用理论的发展，了解前景理论是如何在对过往模型的修正和完善中发展起来的；其次，介绍前景理论的主要思想，包括传统期望效用理论存在的问题、选择过程和价值函数；再次，具体介绍前景理论的主要内容，包括确定效应、反射效应、损失厌恶、隔离效应、参照依赖和关注小概率事件。最后，对前景理论的理论意义和方法学启示等进行总结。

💡 课前热身

1. 请在 A、B 两种方案中进行选择：

A. 50%的可能性赢 1000 元，50%的可能性什么也得不到

B. 确定得到 450 元

2.(1)假设有这样一种公平的赌博：抛一枚质地均匀的硬币，如果掷出正面你将赢得 50 000 元，如果是反面你将输掉 50 000 元，如果只玩一次，你愿意参加吗？

A. 愿意　　　　　　　　　B. 不愿意

(2)一场重要的足球比赛已经进行到最后阶段，此时比分为甲队以 1：0 领先乙队。如果这一比分保持到终场，乙队将被淘汰。比赛的最后一分钟，乙队获得了发动最后一轮进攻的机会，乙队通常的做法会是：

A. 全力防守，保证不再失球

B. 放弃防守，全队参与进攻，做最后一搏

3. 猴子和板栗

有一只猴子最喜爱的食物是板栗。它由甲乙两名饲养员喂养。

甲饲养员的喂养方式是：每天给猴子 3 颗板栗，然后当着猴子的面拿走 1 颗；

乙饲养员的喂养方式是：逢单数天给猴子 3 颗板栗，逢双数天给猴子 1 颗板栗。

试问：猴子会更喜欢哪个饲养员？

4. 电影院幸运观众

场景 1：A 先生去电影院买票看电影，排到他时被影院工作人员告知，他是影院开业以来的第 10 000 名观众，可以获得 100 元奖金。

场景 2：B 先生去另外一家电影院买票看电影，排到他时被影院工作人员告知，排在他前面的那位先生是影院开业以来的第 10 000 名观众，可以获得 1000 元奖金，而他是第 10 001 名观众，可以获得 100 元奖金。

问题：A 先生和 B 先生都获得了 100 元奖金，谁更开心些？

一、效用理论的发展

正如罗马城不是一天建成的一样，前景理论也不是一夜之间凭空产生的。体现一种结论或发现的科学性的重要标志之一，就是这一结论和发现是否与已有的科学发现存在有机的关联。前景理论的产生和先于它产生的效用理论所经历的一系列的演变密切相关，后期一些主要的效用理论（如弗里德曼—萨德奇效用模型和马科维茨的通用财富模型）都为前景理论的产生奠定了坚实的基础。可以说，

前景理论是在这些模型的基础上不断改进发展而来的，这也是前景理论的科学关联性的体现。

(一)期望效用模型

现代经济学在不确定性决策问题上的著名理论模型是期望效用模型。该模型由冯·纽曼、摩根斯坦以及萨维奇等人继承18世纪数学家丹尼尔·伯努利对圣·彼得堡悖论的解答并进行严格的公理化阐述而形成。模型的基本内涵是，不确定情境下最终结果的效用水平是通过决策主体对各种可能出现的结果加权估价后获得的，决策者谋求的是加权估价后形成的期望效用最大化。期望效用理论以理性人假设为基础，认为人们对风险的态度是恒定不变的，其效用曲线自始至终凹形向下，这意味着随着财富的增加，财富能够给其带来的边际效用在减小，个体始终是风险厌恶的。但是有人指出，这一理论无法解释一个问题：为什么现实生活中很多人既买保险又买彩票？

(二)弗里德曼—萨维奇效用模型

弗里德曼和萨维奇指出，投资者通常同时购买保险和彩票，而它们是风险和期望收益完全不同的两种资产。投资者在购买保险时表现出风险厌恶，但在购买彩票时却表现出一种高风险寻求，这说明投资者并不像预期效用理论说的那样总是厌恶风险的。他们以一种凹凸相间的函数改进了期望效用模型，这一模型被称为弗里德曼—萨维奇效用函数。这个函数的主要思想包括：(1)凹形部分与购买保险政策相一致(risk-aversion)；(2)凸型部分与购买彩票相一致(risk-vowing)；(3)拥有与函数拐点处及其附近区域相对应的财富水平的人会既购买保险又购买彩票(魏巍，范智霆，2004)。

二、前景理论的主要思想

卡尼曼和特沃斯基于1979年在《计量经济学》(*Econometric*)杂志上发表了题为"前景理论：风险情境下的决策分析"(Prospect Theory：an Analysis of Decisions under Risk)的经典文章(Kahneman & Tverskey，1979)，并成了该刊历史

上被引用最多的文章。在这篇文章中，卡尼曼和特沃斯基系统阐述了前景理论的思想。

(一)传统期望效用理论存在的问题

卡尼曼和特沃斯基首先指出了传统的期望效用理论的不足。一直以来，期望效用理论在对风险决策的分析中占据统治地位。其模型内涵是：在风险情境下，最终结果的效用水平是通过决策主体对各种可能结果进行加权估价后获得的，决策者谋求的是加权估价后所形成的预期效用的最大化。

风险决策可以被视为在前景和赌博之间的抉择。所谓的前景(prospect)是指以概率 p_i 获得结果 x_i。其中 $p_1+p_2+\cdots+p_i=1$。研究者为使表述简化，在此省略 0 结果项，将之前的"以 p 的概率得到 x，同时以 $1-p$ 的概率得到 0"的$(x,p;0,1-p)$以(x,p)表示，用(x)表示确定得到 x 的无风险期望。

在两种期望之间进行选择时，期望效用理论的应用基于以下三条假设。

(1)期望：$U(x_1,p_1;\cdots x_n,p_n)=p_1u(x_1)+\cdots+p_nu(x_n)$。其含义为：某个包含若干结果的前景的整体效用 U，是各结果的期望效用之和。

(2)财富整合：当且仅当 $U(w+x_1,p_1;\cdots;w+x_n,p_n)>u(w)$ 时，在财富水平 w 上$(x_1,p_1;\cdots x_n,p_n)$是可接受的。也就是说，如果某一前景和个体的自有财富进行整合后产生的效用超过这些初始财富单独带来的效用，这一前景就是可以接受的。因此，效用函数对应的是财富的最终状态(包含了个体的初始财富水平)，而不是收益或者损失。

(3)风险厌恶：如果一个人更喜欢确定的前景，而不是任何能带来期望价值但是有风险的前景，他就是一个风险厌恶者。在期望效用理论中，风险厌恶和凹形的效用函数是等价的。风险厌恶的普遍性可能是对于风险决策最著名的结论。它导致18 世纪的理论学家认为随着金钱的增加，效用是边际递减的，这一主张甚至延续至今。

卡尼曼和特沃斯基指出，人们在不确定性条件下进行判断与决策时并不遵守期望效用理论，而是系统地违背了该理论的几大公理。接着他们采用让被试对假想式选择做出反应的方法证明了几个违反这些期望效用理论公理的现象。

基于以上对于违背期望效用理论的现象的讨论，卡尼曼和特沃斯基提出了一种新的关于个体风险决策的解释，即前景理论。该理论针对的是货币结果和既定的概率，但它可以扩展到更为复杂的选择中。

（二）选择过程

前景理论将选择过程分为两个阶段：初期的编辑（editing）阶段和随后进行的评估（evaluation）阶段。编辑阶段由对所给前景的一系列基本分析构成，过程中会对这些前景形成一个更为简化的表征。在评估阶段，个体对被编辑的前景进行评估，并选择价值更高的前景。

1．编辑

编辑阶段主要包含四个部分。

（1）编码（coding）：个体将结果知觉视为损失或收益，而非财富的最终状态。损失和收益是相对于某个参照点来说的。通常参照点对应的是当前财产水平，损失和收益与实际的支出和收入一致，然而有时参照点的位置也会受到个体当前面临的前景和对未来预期的影响。

（2）合并（combination）：将与产出相同结果相关联的概率进行合并，可以简化问题。例如，（200，0.25；200，0.25）的结果，可以合并为（200，0.5），并以此形式进行评估。

（3）分解（segregation）：将不同前景分解为无风险成分和风险成分。例如，（300，0.80；200，0.20）会被分解为无风险的（200）和有风险的（100，0.80）。

（4）相消（cancellation）：消除的情况可能有两种。一种是后文将要介绍的隔离效应，即个体对于一个两阶段的赌局，通常只考虑第二阶段；另一种情况是个体会忽略不同赌局中的相同成分。例如，有两个赌局可以选择：（200，0.20；100，0.50；-50，0.30）和（200，0.20；150，0.5；-100，0.30），个体可能会将两种选择中的相同成分（200，0.20）消除，使这两种选择变成（100，0.50；-50，0.30）和（150，0.50；-100，0.30），然后再进行评估。

此外，编辑过程中还有两种操作，一种是简化（simplification），另一种是对占优性的觉察（detection of dominance）。简化是指对概率或结果进行"四舍五入"式的粗略表征。例如，（101，0.49）会被编码为（100，0.50）。简化的一种非常重要的形式就是忽略极端小概率的结果。对占优性的觉察是指对前景的结果进行扫描，以发现哪种前景是占优性的。

许多偏好反转都源于对前景的编辑。例如，与隔离效应相联系的偏好不一致性是由于对相同成分的删除。许多选择的非传递性（intransitivities）源自使得不同前景的差异减小的简化操作。

2. 评估

在此阶段，个体对之前编辑的前景进行评估，选择价值（或效用）最高的选项。前景的整体效用，记为 V，可以用 π 和 v 来刻画。

π 和 p 构成决策权重 $\pi(p)$，反映的是概率 p 对于整体前景价值的影响程度。v 和单个结果构成 $v(x)$，反映的是这一结果的主观价值。需要注意的是，v 测量的是相对于参照点的损失或收益。根据前景理论，如果赌局是常态的（要么 $p+q<1$，或 $x \geqslant 0 \geqslant y$，或 $x \geqslant 0 \geqslant y$）则有

(1) $V(x, p; y, q) = \pi(p)v(x) + \pi(q)v(y)$。

卡尼曼和特沃斯基认为，个体对于绝对积极或绝对消极的赌局的评价原则和（1）式不同。在编辑阶段，此类前景被分解为两种成分：一种是无风险成分，如确定获得的最小收益或确定遭受的最小损失；另一种是风险成分，如可能发生的收益或损失。这种评估方式可以表述为：假如 $p+q=l$ 且 $x>y>0$ 或 $x<y<0$，则有

(2) $V(x, p; y, q) = v(y) + \pi(p)[v(x) - v(y)]$。

也就是说，绝对积极或绝对消极的前景等价于无风险的成分加上各结果价值的差值与和更为极端的结果相关的权重的乘积。例如，$V(400, 0.25; 100, 0.75) = v(100) + \pi(0.25)[v(400) - v(100)]$。上述公式的本质特征就是，将决策权重赋予了风险成分，而没有赋予无风险成分。同时，方程（2）的右边可以变形为 $\pi(p)v(x) + [l - \pi(p)]v(y)$。因此，在 $\pi(p) + \pi(1-p) = 1$ 的时候，方程（2）就变为了方程（1）。

前景理论的方程保留了传统期望效用理论的一般双线性模式，然而，为了适用于前文所提到的那些效应，前景理论假设价值依赖于相对变化而非最终状态，决策权重和设定的概率并不一致。这些与期望效用理论的分歧必将导致一些正常情况下无法接受的结果，如偏好的不一致性、不可传递性以及对占优性原理的违背等。当决策者意识到这种偏好的异常时，他们会主动纠正自己的选择，但在更多时候，决

策者并没有机会察觉自己违反了期望效用理论的原则，此时前景理论所提到的各种效应就会出现。

（三）价值函数

前景理论的核心是价值函数（the value function）。价值函数可以用图 11-1 表示。

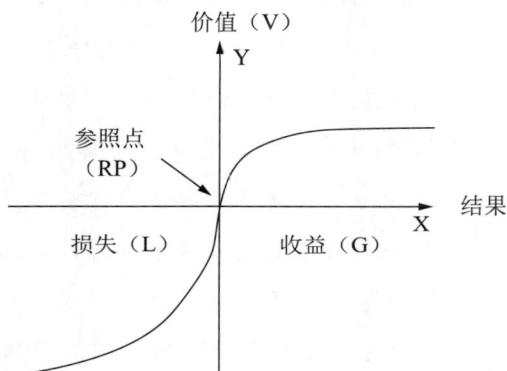

价值（V）

参照点
（RP）

结果

损失（L）　　收益（G）

图 11-1　价值函数

（来源：Kahneman & Tversky，1979）

价值函数的 X 轴表示相对于参照点的收益和损失，Y 轴表示价值（或效用），原点并非绝对零点，而是心理上损失和收益的相对分割点。这个函数直观反映了三个重要内容。

（1）人们对于损失和收益的心理敏感性都是递减的。从图 11-1 中可以看出，在收益部分，效用是内凹的曲线，而损失是外凸的曲线。

（2）人们对损失和收益的感受并不是对称的。也就是说，相同金额的收益和损失相比，人们对损失更敏感。表现在价值函数上就是损失的心理曲线比收益的心理曲线更陡峭。

（3）横轴和纵轴交汇的点称为参照点，它不是绝对意义上的零点，而是区分损益的分界点。

价值函数有助于理解之前所描述的一系列实验的结果。由于收益的敏感性是递减的，因此，人们更偏好确定的较小收益，而不选择不确定的更大收益，表现出风险规避的倾向，这就产生了确定效应。同样，对于损失来说，敏感性也是递减的，相对于确定的损失，人们表现出更强的风险偏好，以期通过放手一搏来获得一个避免损失的机会，表现出反射效应。价值函数中的参照点不是绝对的零点，而是人们心理上对损益做出判断的一个相对参考点。参照点转换也说明，人们往往不是根据相对的损失或收益而是最终资产状况来制定他们的决策，表现出隔离效应。

人物小传：丹尼尔·卡尼曼和阿莫斯·特沃斯基

2002 年 10 月 9 日，瑞典皇家科学院宣布，心理学教授卡尼曼与经济学教授弗农·史密斯(Vernon Smith)共同获得了该年诺贝尔经济学奖。这一消息令心理学界振奋不已。虽然兼具心理学家和经济学家双重身份的赫伯特·西蒙早在 1978 年就曾获得过诺贝尔经济学奖，但他更多的是作为经济学家获得这一殊荣的。而卡尼曼则不同，他从本科到博士阶段一直接受的是心理学训练，是真正意义上第一个凭借心理学研究荣获诺贝尔经济学奖的心理学家。正如瑞典皇家科学院总结的那样："丹尼尔·卡尼曼将源于心理学的综合洞察力应用于经济学研究，从而为一个新的研究领域奠定了基础。"

图 11-2　卡尼曼(左)和特沃斯基(右)

丹尼尔·卡尼曼，1934 年出生于以色列的特拉维夫。1954 年，他在以色列的希伯来大学获得心理学与数学学士学位；1961 年，获得美国加利福尼亚大学伯克利分校心理学博士学位；1978—1986 年，任加拿大不列颠哥伦比亚大学心理学教授；1986—1993 年，任美国加州大学伯克利分校心理学教授；从 1993 年开始担任普林斯顿大学(Princeton University)心理学教授和公共事务教授。卡尼曼著作颇丰且影响深远，他的重要著作在发表后的近 20 年中平均每年被引用超过 100 次。他的新作《思考，快与慢》(*Thinking，Fast and Slow*)迅速成为世界范围内的畅销书。

阿莫斯·特沃斯基，美国心理学家、行为科学家，因对决策过程的研究而闻名于世。他于 1937 年 3 月 16 日出生在以色列海法市；1961 年，获得位于耶路撒冷的希伯来大学文学学士学位，主修哲学和心理学。1965 年，他在密歇根大学获得哲学博士学位。特沃斯基在希伯来大学(1966—1978)和斯坦福大学(1978—1996)从事教学工作多年，曾是戴维斯—布莱克首席行为科学教授与斯坦福冲突和谈判中心的首席调查员。1992 年以来，他被任命为经济和心理学高级客座教授以及特拉维夫大学萨克勒(Sackler)高级研究学院终身会员。1982 年，他获美国心理学会颁发的杰出科学贡献奖；1985 年，当选为国家科学院院士。1996 年 6 月 2 日，特沃斯基因患恶性黑色素瘤在位于斯坦福的家中不幸去世，享年 59 岁。去世之前，他还在哈佛大学行为科学高级研究中心和俄勒冈研究院工作过。特沃斯基的主要研究兴趣在于不确定性判断和决策。他在这些领域的贡献体现出他对于关键问题准确无误的直觉以及使用数学推理阐明心理问题的强大能力。他生前发表了 120 多篇论文，每一篇都具有极高的学术价值，其中 15 篇在《心理学评论》(*Psychological Review*)上发表，超过其他任何一个曾在这本刊物上发表文章的单个作者。他还与人合作撰写了 10 部著作。他的工作不仅对心理学，而且对经济、法律等需要面对不确定性进行决策的领域都产生了巨大影响。遗憾的是，由于诺贝尔奖不颁给已去世的人，故特沃斯基无缘和卡尼曼分享这一殊荣，但这丝毫不影响他在学术界的地位和声誉。

三、前景理论的主要内容

卡尼曼和特沃斯基向被试呈现一系列假想式的问题，每个问题的选项都包含不同的结果和概率。问题的形式举例如下。

下面 A、B 方案中你更偏好哪个？

A. 50%的可能性赢 1000 元，50%的可能性什么也得不到

B. 确定得到 450 元

被试被要求想象他们真实地面对这样一个问题，并说出自己的选择。被试都是匿名的，并且在指导语中说明这个问题没有所谓的正确答案，目的只是想探究在有风险的情况下人们如何做出决策。问题以问卷的形式呈现，每份问卷中大概包含 12

个问题。问题被设计成了几种不同的形式，所以被试面对的是不同顺序的题目。除此之外，每个问题的选项顺序也进行了平衡。研究者通过一系列实验提出了五种主要的效应。

（一）确定效应

问题1：

从以下两个选项中做出选择。

A. 33％的可能得到 2500 元，66％的可能得到 2400 元，1％的可能得到 0 元

B. 确定得到 2400 元

问题2：

从以下两个选项中做出选择。

C. 33％的可能性得到 2500 元，67％的可能性得到 0 元

D. 34％的可能性得到 2400 元，66％的可能性得到 0 元

结果表明，在问题1中18％的人选 A，82％的被试选择 B；在问题2中83％的被试选择 C，17％的人选 D。人数百分比存在统计意义上的显著差异。而且，综合分析所有人的选择，61％的被试在两个问题中做出了模式化的选择，即在问题1中选择 B 而在问题2中选择 C。根据传统期望效用理论，问题1的偏好可表示为 $u(2400) > 0.33u(2500) + 0.66u(2400)$，变形得 $0.34u(2400) > 0.33u(2500)$，这和问题2的偏好明显不一致。

研究者又采用了另外几种类似的问题组合，也得到了相似的结果。如下所示。

问题3：

从以下两个选项中做出选择。

A. 80％的可能得到 4000 元

B. 确定得到 3000 元

问题4：

从以下两个选项中做出选择。

C. 20％的可能性得到 4000 元

D. 25％的可能性得到 3000 元

结果在问题3中20％的被试选择 A，80％的被试选择 B。在问题4中，65％的

被试选择 A，35％的被试选择 B。需要注意的是，C＝(4000，0.20)可以表示为(A，0.25)，D＝(3000，0.50)可以表示为(B，0.25)。传统效用理论的相消性公理认为，如果人们偏好 B 胜于 A，那么任何带有相同概率的(B，p)都应优于(A，p)。而研究中被试的反应却违背了这一公理。从表 11-1 所示的问题 3 中可以看出，显然，将选项的概率从 100％降低到 25％，比从 80％降低到 20％对被试的影响要大得多(也就是说，在概率降低的数值差不多的情况下，从"确定有"到"以 p 的概率有"的变化会造成更大的心理冲击)。卡尼曼和特沃斯基将这一现象称为确定效应(certainty effect)，即在收益情境下，人们偏好确定的收益，而厌恶可能的风险。通俗的说法就是"落袋为安""一鸟在手胜过十鸟在林"。

确定效应在经济生活中有许多表现。例如，在闯关智力问答节目中，很多已经闯过几关的选手面临"拿着现有奖品退出比赛"和"继续闯关有可能获得更大奖励或因答错丧失一切奖励"时会选择前者；在金融市场上，投资者急于变现已有的收益而卖掉正在上涨的股票；在餐厅结账时，有时收银员会让你在拿发票和免费领一瓶饮料之间选择，很多人会选择饮料，因为饮料是确定的收益，而发票中奖是不确定的选择。

(二)反射效应

刚才的确定效应是在两种收益情境中进行选择。如果换成损失情境呢？研究者又提出了一些和损失有关的选择问题。结果如表 11-1 右边一栏所示。

表 11-1　收益和损失情境下被试选择的人数百分比

积极前景(收益情境)	消极前景(损失情境)
问题 3：(4000，0.80)＜(3000) N＝95　　[20％]　　[80％]＊	问题 3'：(−4000，0.80)＞(−3000) N＝95　　[92％]＊　　[8％]
问题 4：(4000，0.20)＞(3000，0.25) N＝95　　[65％]＊　　[35％]	问题 4'：(−4000，0.20)＜(−3000，0.25) N＝95　　[42％]　　[58％]

注：()中左边的数字表示收益或损失值，右边的小数表示概率，如果是确定事件，则只有左边的数字。图中[]中的数字表示选择的人数百分比，＊表示统计上差异显著。

从这一结果可以看出，和收益情境不同的是，面对损失时，人们的风险偏好发生了反转，其偏好情况正好是收益情境的"镜中倒影"。卡尼曼和特沃斯基称之为反射效应(reflection effect)。反射效应表明，在损失情境下，人们的风险偏好会显著提高。也就是说，面对不可避免的损失，人们宁愿放手一搏。

反射效应在现实中也有诸多表现。典型的例子是，足球比赛的淘汰赛中经常出现这样的场面：落后一球的一方往往倾巢而出发动进攻，完全放弃防守，甚至连门将都弃门而出，冲到对方的禁区参与进攻，因为输一个也是输，输两个三个也是输，不如搏一把；一般人都知道，驾车肇事逃逸的惩罚是非常重的，但仍然有司机肇事后选择逃逸，铤而走险，这也是由于面对"承担责任"和"有可能逃脱惩罚"的选择时抱着侥幸心理；股票市场上，投资者抱着正在下跌的股票眼巴巴地期待奇迹，于是越套越牢。

（三）损失厌恶

假如有这样一个赌局，掷硬币猜正反，如果掷出正面你就赢得 50 000 元，掷出反面你就输 50 000 元，你愿意玩吗？

大多数人的回答都是"不愿意"，尽管这是一个完全公平的赌局（输赢概率都是50%）。这是因为相对于赢得 50 000 元的快乐，人们更在意输掉 50 000 元的痛苦。也就是说，相同金额的损失和收益，损失带给人的心理冲击更大。

在价值函数上，损失的心理曲线比收益的心理曲线更陡峭，这说明人们对损失和收益的感受并不是对称的。也就是说，相同金额的收益和损失相比，人们对损失更敏感，这就是所谓的损失厌恶(loss aversion)。需要强调的是，前景理论中损失厌恶的含义不是字面上的厌恶损失，而是指相同金额情况下，相对于收益，损失造成的心理冲击更大。

由于人们对损失要比对相同数量的收益敏感得多，因此即使股票账户有涨有跌，人们也会更加频繁地为每日的损失而痛苦，最终将股票抛掉，从而会放弃本可以获利的投资。

相关研究：股市波动提高精神疾患率

有研究者对股市波动性和精神疾病之间的潜在关系进行了探究。研究通过运用台湾从 1998 年到 2009 年超过 4000 天进行的精神疾病产生的日常影响的数据，评估了一系列时间内股价波动和精神疾病之间的关系，观察到股价波动明显影响精神疾病的住院率。在 12 年的随访期间，研究者发现，较低的股指，一天的股指下跌和一天内连续的股指下跌，都与更大的精神疾病住院率有关。TAIEX(台湾加权股价指数)1000 点的下跌，使每天精神疾病的住院治疗人数增加 4.71%。台湾股市一天内下跌 1%，每日精神疾病的住院治疗人数增加 0.36%。当股指一天内连续下跌，会导致在那一天因精神疾病住院治疗的人数增加大约 0.32%。研究发现，股指对于两性和所有年龄组来说都是重要的。此外，每天的变化对于两性和所有年龄组来说都具有重要意义，而积累变化影响最为显著的是男性以及年龄在 45~64 岁的人。持有股票可以帮助人们积累财富，但也会增加因精神疾病而住院治疗的人数。股价波动确实会让人们疯狂(Lin，Chen & Liu，2015)。

沉没成本效应：损失厌恶的典型表现

沉没成本是指已经付出且不可收回的付款、投资等。一个理性人选择时绝不会把沉没成本考虑在内，但作为一个拥有情感的人，你对损失的厌恶会让你迈入沉没成本的陷阱。

想象你想去滑雪，在网上买了一张密云室内滑雪票，票价 100 元；后来你又在网上看到了一张怀柔露天滑雪票，票价 50 元，于是你又买了(一般来说，露天滑雪的体验要优于室内滑雪)。结果你突然发现，这两个冰雪之旅的时间正好冲突，而两张票都不能退或者转让。你会去哪个？

大多数人会本能地选择去 100 元的室内滑雪，但别忘了，无论你选择去哪里享受冰雪之旅，实际花费的成本都是 150 元。既然如此，何不选择体验更好的那一种呢？损失厌恶导致的沉没成本效应常常使得我们忽略一个重要的事实：所谓最优的选择，是要在将来带给你更好的体验，而不是为了弥补你在过去的损失。

损失厌恶的应用：劝人们做其不愿意做的事

研究者进行了一项研究，探讨何种宣传方式能够有效督促女性进行预防乳腺癌的定期检查。研究者招募了三组女性被试，A 组女性获得一份宣传手册，从预防乳腺癌收益的角度谈检查的重要性；B 组女性的手册强调不进行检查可能导致的损失；C 组女性则两者都不提及。4 个月后进行回访，调查每组女性在这段时间内进行检查的比例，结果发现，进行检查的女性比例最高的是 B 组(57%)，显著高于 A

组(38％)和 C 组(39％)的女性(Myerowitz，& Chaiken，1987)。由此可见，劝说人们做他们不愿意做的事时可以利用人们损失厌恶的心理特点，从损失的角度谈"不这样做的坏处"，往往能够收到不错的效果。

(四)隔离效应

卡尼曼和特沃斯基提出了隔离效应(isolation effect)。他们指出，为了简化选择，人们常常不考虑选项中的共有成分，而去关注不同成分。这一取向可能导致偏好的反转，因为两个前景可能被按照不止一种方式分解为"共有的"和"独特的"成分，而不同的成分可能导致迥异的偏好。研究者称这一现象为隔离效应。

问题 5：假设有这样一个两阶段赌博。在第一阶段，你有 0.75 的概率结束游戏并不赢得任何奖金，以及 0.25 的概率进入下一阶段。如果你进入第二阶段，你有两种选择。

A.80％的可能性赢得 4000 元

B. 肯定赢得 3000 元

被试必须在游戏开始前做出选择。对于这一赌局来说，个体面对的实际选择是：以 0.25×0.80＝0.20 的概率赢得 4000 元，还是以 0.25×1.0＝0.25 的概率赢得 3000 元。

结果在 141 名被试中，78％的被试选择 B。这一问题和之前的问题 4 实质一样，但结果正好相反。显然，人们忽略了第一阶段的赌博，而这一阶段赌博的结果是两种选择所共有的。这个问题的决策树如图 11-3 和图 11-4 所示：

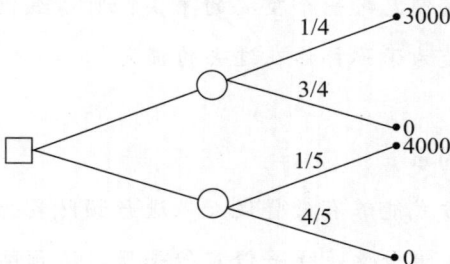

图 11-3　问题 4 的决策树示意图　　图 11-4　问题 5 的决策树示意图

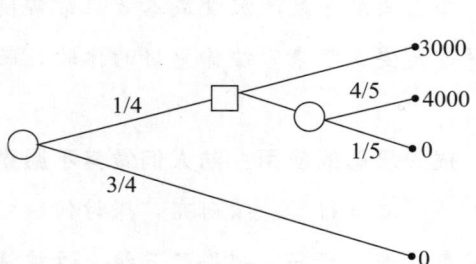

隔离效应意味着，相对于相同概率和结果的风险投资，固定收益的"或有确定性"(contingent certainty)提高了选项的吸引力。

（五）参照依赖

价值函数中的参照点也具有重要的心理意义。在参照点左侧意味着损失，在参照点右侧被视为收益。损失和收益是相对于参照点而言的。因此，引发收益或损失感的不是实际的金额或结果，而是相对于参照点的收益或损失。人们进行决策时并没有把已有的资产和可能面临的收益或损失一体化，也就是说，在决策时，人们考虑的不是资产的最终状态，而是更看重相对的变动；人们看的不是最终的结果，而是看最终结果与参照点之间的差额。

卡尼曼和特沃斯基又通过下列问题展示了结果的呈现方式的变化如何改变个体的选择。

研究者请被试考虑下面的问题。

问题6：不算你自己的钱，现在你拥有1000元。你现在被要求在下面两者之间做出选择。

A. 有50％的可能性得到1000元

B. 确定得到500元

结果70个被试中16％的人选择A方案，84％的人选择B方案。人数百分比的统计差异显著。

问题7：不算你自己的钱，现在你拥有2000元。现在要求在下面两者之间做出选择。

C. 有50％的可能性损失1000元

D. 肯定损失500元

结果68名被试中有69％的人选择方案C，31％的人选择方案D，统计差异显著。

综合来看，绝大多数的被试在第一个问题中选择B，在第二个问题中选择C。这些选择印证了前面所说的确定效应和反射效应。然而，如果考虑这些条件的最终状态（将初始拥有1000元考虑进去），这两个选择问题其实是相同的：

$$A=(2000，0.50；1000，0.50)=C，B=(1500)=D$$

事实上，问题7只是在问题6的初始资金的基础上加了1000元，并从结果中减去了1000元。显然，被试并没有将初始资金和预期结果视为一体。这一模式显然违背了效用理论。举例来说，按照效用理论，无论是达到 100 000 美元之前的财富水平是 95 000 美元还是 105 000 美元，100 000 美元的财富都会被赋予相同的效用。因此，选择获得 100 000 美元还是选择以 50% 对 50% 的概率获得 95 000 美元或 105 000 美元，并不依赖于个体当前拥有大于或小于这些金额的资产。再根据风险厌恶假设，效用理论认为拥有 100 000 美元的确定性使得其总是成为决策中的首选。然而，被试对问题 7 和之前一些问题的回答表明，个体只有在拥有资金量较小时才会呈现此反应模式。这种个体忽略各选项中所共有的财富的现象说明，承载价值（效用）的不是最终的财富水平，是财富的相对变动。

经典实验：冰激凌的估价

假设有两种比萨摆在你面前，这两块比萨在原料、做法、口味方面完全一样，不同之处在于一大一小。那么你是否愿意为更大的比萨付更多的钱呢？相信大部人的回答是肯定的，因为相对于小块的比萨，大块的比萨带来的效用更大。为了获得更大的效用而支付更高的价格是天经地义的。但芝加哥大学布斯商学院的奚恺元曾做过有趣的冰激凌研究，证明人们很多时候并不是那么理性(Hsee, 1998)。

研究者让两组人对两种大小不同的冰激凌进行单独估价。一种是 8 盎司^①的冰激凌装在 10 盎司的杯子中，另一种是 7 盎司的冰激凌装在 5 盎司的杯子里。理论上，被试应当为更大的冰激凌做出更高的估价才对。但结果出人意料：被试对于装在 10 盎司杯中的 8 盎司冰激凌的平均估价是 1.66 美元，而对装在 5 盎司杯中的 7 盎司冰激凌的平均估价是 2.26 美元！这是因为，8 盎司的冰激凌虽然更大，但装在 10 盎司的杯子里就显得小了；相反，7 盎司的冰激凌虽然绝对量更小，但放在 5 盎司的杯子里显得分量十足。这一结果充分说明，人们对物品价值的估计严重依赖于参照框架。

1. 惜败效应

体育比赛的领奖台上，冠军自然开心，那么第二开心的是亚军还是季军呢？其实是季军。因为亚军的参照点是冠军，他更多的是为没有获得冠军而懊恼，而季军很开心，因为他的参照点是没有登上领奖台的第四名。这一现象可以被参照依赖理

---

① 1 盎司≈29.27 毫升。

论所解释。银牌得主往往以冠军为参照，多年训练的辛苦付出与"差那么一点就赢了"的现实遗憾交织在一起挥之不去，叫人怎么能开心得起来，即使微笑也是强颜欢笑。

和令人沮丧的银牌一样，现实生活中也有许多"倒在成功终点线前"的现象或境遇——年会抽奖环节，你手中的号码和一等奖中奖号码仅差一位；升职竞聘时，你一直领先，却在最后一轮考核中落败，与你梦寐以求的职位失之交臂；体育比赛中，本来领先，最后时刻被对手反超比分——胜利就在眼前或手边，却由于糟糕的运气或失误导致功亏一篑——"煮熟的鸭子又飞了"。

有关惜败效应(near-miss effect)的研究可以追溯到斯金纳有关赌博游戏中差点儿赢(almost win)现象的分析(1953)。随后几十年中围绕差点儿赢效应或惜败效应进行的大量研究发现，"惜败"会导致后继其他一些消极行为结果。例如，如果老虎机保持一定的"差点儿赢"现象出现的频率，那么老虎机玩家就会在此游戏上沉迷更长的时间(Kassinove & Schare，2001；MacLin，Dixon，Daugherty et al.，2007)；老虎机玩家认为，"惜败"比常规的"输"更接近"赢"(Dixon & Schreiber，2004)；相对于常规的"输"，赌博玩家对"差点儿赢"更为厌恶，但"继续玩"的意愿却更高(Luke，Lawrence，Frances et al.，2009)。

一项白鼠实验证明，面对"差点儿获得食物"的结果，白鼠大脑中的奖赏回路被激活。这表明"差点儿赢"会欺骗大脑，让它相信我们赢了，哪怕实际上输得很惨(Winstanley，Cocker & Rogers，2011)。

这些研究结果都说明，首先，和传统上由于实力悬殊或预料之中的失败相比，"惜败"给人造成的心理冲击更大；其次，如果个体对"惜败"的结果进行了错误的解释，就可能导致更为消极的后继行为(比如，"差点赢"让我们尽管输了钱，却感觉像赢钱，于是更多地投入赌博)。

2. 诱饵效应

先看一个《经济学人》年度订购的案例。

与其他大多数杂志一样，《经济学人》在其网站上提供每年度的杂志订购服务，订购对象分为全年份的电子刊与全年份的纸质刊两种。但《经济学人》并不是简单地提供两种对象的单独订购套餐，而是提供以下的三个选项：

(1)订购全年度网络版杂志＄59

（2）订购全年纸质版杂志＄125

（3）订购全年纸质版＋网络版杂志＄125

第二个选项的存在看上去像是毫无用处。但是，调查发现，如果没有第二个选项，用户选择订阅59美元的电子版的比例是68％，选择订阅125美元印刷版＋纸质版的占32％；而当第二个选项存在时，选择订阅59美元的电子版的比例是16％，没有人选择选择订阅纸质版，而选择订阅网络版＋纸质版的人数飙升至84％！

当人们对两个不相上下的选项进行选择时，因为第三个新选项（诱饵）的加入，会使某个旧选项显得更有吸引力，这就是所谓"诱饵效应"。诱饵效应往往被视作前景理论中"参照依赖"的表现。

著名的经济心理学家丹·艾瑞里（Dan Ariely）通过一项实验证明了诱饵效应的存在。研究者给两组被试分别呈现两组男子面孔，让被试选出他们认为更有吸引力的面孔。事实上，A和B的面孔的吸引力在之前的预实验中被评定为无差异。两组的区别之处在于，情景1中加入了通过软件"丑化"的A，而情景2中加入了通过软件"丑化"的B。结果不出所料，情景1中被试认为A更有吸引力，而情景2中被试认为B更有吸引力。研究者指出"相似但略逊一筹的物品会让原物品更有吸引力"，如图11-5所示。

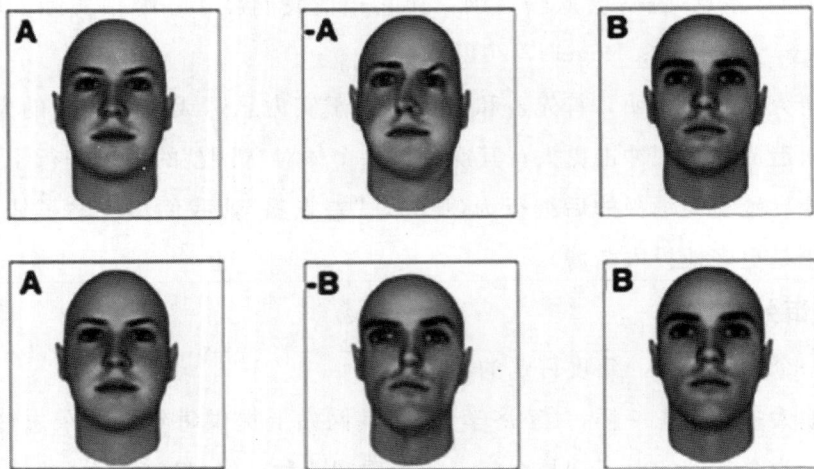

图 11-5　丹·艾瑞里的面孔吸引力研究

参照依赖在经济生活中还有许多有趣的表现和应用。例如，我们都相信，收入越高越幸福，那么，你会选择同事每月都挣 8000 元，你挣 7000 元的工作，还是同事挣 5000 元，你挣 6000 元的工作呢？这个问题留给大家自己思考吧。不过西方有句谚语是这样说的："如果你比你小姨子的老公每年多挣 1000 块钱，就算是一个有钱人了。"

（六）关注小概率事件

卡尼曼和特沃斯基还提出了权重函数（the weighting function）。现实生活中，买彩票是赌自己会走运，买保险是赌自己会倒霉。这是两种很少发生的事件，但人们却十分热衷。卡尼曼和特沃斯基还揭示了一个奇特现象，即人类具有强调小概率事件的倾向。考虑下面两个问题。

问题 8：

A. 0.01 的可能性得到 5000 元

B. 肯定获得 5 元

结果 72 名被试中 72% 的人选择 A，28% 的人选择 B，统计差异显著。

问题 8'：

A. 0.01 的可能性损失 5000 元

B. 肯定损失 5 元

结果 72 名被试中 17% 的人选择 A，83% 的人选择 B，统计差异显著。

从结果可以看出，无论是在损失还是收益情境中，小概率事件都对被试的决策产生了很大的影响。面对小概率的赢利，多数人是风险偏好者；面对小概率的损失，多数人是风险厌恶者。因此，权重曲线如图 11-6 所示。

决策权重曲线说明，人们对事件赋予的权重并不是和概率等比变化的，而是在心理上赋予小概率事件更大的权重，这种效应被称为"关注小概率事件"。决策权重函数包含三种特性。

1. 劣可加性

劣可加性指小概率事件常常被高估，即在小概率区域内，决策权重常常高于概率值，对于较小的 p 值具有 $\pi(p) > p$。回想课前练习中的问题 5，这个决策问题可以表述为在（6000，0.001）和（3000，0.002）之间选择，由于劣可加性，导致 $\pi(0.001)/\pi(0.002) > v(3000)/v(6000) > 1/2$，这意味着在个体看来，同样是小概率

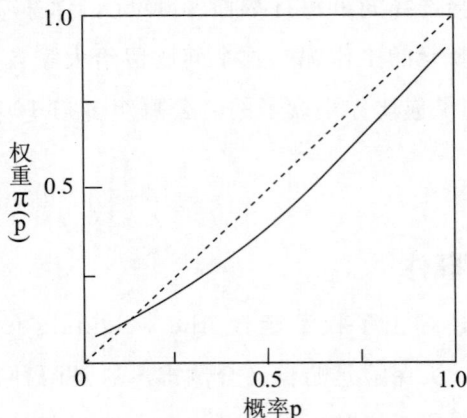

图 11-6 决策权重曲线

（图片来源：Kahneman & Tversky，1979）

事件，但更小概率的事件反而有着更大的权重，因此更多人会倾向于选择（6000，0.001)的彩票。

2. 次确定性

如果事件发生的概率逐步提高，决策权重呈现与之相符的正比变化，那么，各互补概率事件决策权重之和应当等于确定性事件的决策权重，即 $\pi(p)+\pi(1-p)=1$，但随着事件发生概率的提高，人们的决策权重却低于理论预期值，导致 $\pi(p)+\pi(1-p)<1$，这种特性被称为次确定性。

3. 次比率性

这一特性是指当概率一定时，大概率对应的决策权重比率小于小概率对应的权重比率，即当事件发生的概率以相同的比例发生变化时，接近小概率一端的变化具有更高的决策权重（心理价值）。理查德·泽克豪斯（Richard Zeckhauser）曾举过一个例子：假如你被强迫玩俄罗斯轮盘赌（Russian Roulette）。一种危险的赌博，要拿一把 6 发子弹的左轮手枪对自己的脑袋开枪，有两种选择：A. 如果能够把子弹从 4 枚减少为 3 枚，你愿意花多少钱？B. 如果能够把子弹从 1 枚减少为 0 枚，你愿意花多少钱？研究发现，相对于把死亡的概率从 4/6 降低到 3/6，人们更愿意为把死亡概率从 1/6 减至 0 支付更多的钱。也就是说，相对于减少风险，人们更愿意消除风险，这也说明了决策权重具有次比率性。

人们本能地赋予小概率事件以相对更高的权重。这也解释了为何人们喜欢购买彩票和保险，同时对小概率的食品安全、致死性流行病问题如此敏感。

这也解释了为何人们往往不愿意花钱安装防盗警报器、更换旧轮胎或戒烟，因为这些举措都可视作概率保险。人们更愿意花费成本去消除风险而非降低风险。

概率保险问题

购买保险这一行为的盛行往往被视为一种明证，以证明金钱的效用函数是内凹曲线。否则人们为何花费超过预期成本的金钱购买保险？然而，有关某项保险政策的吸引力的实验却并不支持金钱效用函数任何时候都是内凹的观点。例如，人们偏好自付额小但理赔覆盖面比较小的保险方案，胜于自付额高但理赔覆盖面较大的方案，这与风险厌恶相违背。另一类与效用曲线不一致的保险问题称为概率保险（probablilistic insurance）。

研究者列举了下列实验。

这项实验由斯坦福大学的 95 名学生参与。这个实验解释了为何概率性保险不受欢迎。

问题 9：你发现保险公司提供了一个新的险种——概率保险。在这个项目中，你只要付通常保险费的一半。为了防止损失，有 50% 的概率你可以支付另一半的保费，那么保险公司就会承担所有的损失，另外有 50% 的概率你可以拿回你的保费并且自己承担所有的损失。例如，如果一个事故发生在一个月的奇数天，你要付另一半的保险金并且你的损失由保险公司承担，但是如果事故发生在偶数天，那么你的保险金会被退还，你的损失也不会被保险公司承担。你是否会购买这种概率保险？

结果 95 名被试中 20% 的人选择买，而 80% 报告不买，人数百分比的统计差异显著。这一实验说明，概率保险是没有吸引力的，显然，将亏损概率从 p 降低到 $p/2$ 远没有将这一概率从 $p/2$ 降低到 0 那么有价值。

四、对前景理论的评价

第一，卡尼曼和特沃斯基的前景理论作为一种决策模型，是针对传统的期望效用理论的不足提出的。之前的经济心理学实验已经发现，如果加入人类的心理和行为过程，在对人类实际的投资决策过程进行研究时，传统的期望效用理论存在着局限。人们在不确定性条件下进行判断与决策时并不遵守期望效用理论，而是系统地违背了该理论的几大公理，如占优性公理、传递性公理、恒定性公理等。一些研究者也针对传统期望效用理论问题提出了修正模型，如弗里德曼—萨维奇模型、马科维茨的通用财富模型等，而卡尼曼和特沃斯基的价值函数则在这些模型的基础上更进了一步，这一模型和其代表的前景理论是目前为止较为完善的风险决策理论。

第二，前景理论的提出拓展了西蒙关于人类"有限理性"（bounded rationality）的观点。西蒙将人类理性的有限性归结为加工问题时心理及时间资源的有限性。卡尼曼和特沃斯基的前景理论则认为，非理性行为的出现是由于面对风险决策时，人们对损失的天然厌恶和对问题的表征方式导致了不同的风险偏好，继而出现违背传统期望效用理论的行为。如此一来就丰富了有限理性的内涵：如果西蒙所说的有限理性是由于资源有限性导致的被动犯错，那么卡尼曼和特沃斯基就证明了，人们在努力试图遵循理性原则的时候仍然会主动犯错。

第三，卡尼曼和特沃斯基采用的"假想式选择"范式也有其优点。首先是题目形式简单，便于理解，题目并不包含复杂的计算，适用性广且易于操作；其次是所有问题都涉及简单的金钱计算，有利于诱导被试报告自己的真实偏好；最后是其结果的形式直观，能够直接证明研究者的假设。

第四，卡尼曼和特沃斯基在进行选择实验的同时，又用严谨的数学语言描述、归纳和总结了风险决策行为背后的心理机制和规律，研究兼具实验主义和逻辑实证主义的色彩。这种方法让经济学和心理学、数学等多种学科之间形成了广泛的交叉，拓展了相关学科（尤其是经济学和心理学）的研究领域。

📇 本章要点

1. 前景理论是在期望效用模型、弗里德曼—萨维奇模型及马科维茨的通用财富模型的基础上不断改进发展而来的。

2. 前景理论将选择过程分为两个阶段：编辑（editing）阶段和评估（evaluation）阶段。编辑阶段包括编码、合并、分解、相消四个方面。在评估阶段，个体对之前编辑的前景进行评估，选择价值（或效用）最高的选项。

3. 价值函数主要反映三方面的内容。（1）人们对于损失和收益的心理敏感性都是递减的。从图11-3中可以看出，在收益部分，效用是内凹的曲线，而损失是外凸的曲线。（2）人们对损失和收益的感受并不是对称的。也就是说，相同金额的收益和损失相比，人们对损失更敏感。表现在价值函数上就是损失的心理曲线比收益的心理曲线更陡峭。(3)横轴和纵轴交汇的点称为参照点，它不是绝对意义上的零点，而是区分损益的分界点。

4. 确定效应：在收益情境下，人们偏好确定的收益而厌恶可能的风险。

5. 反射效应：在损失情境下，人们的风险偏好会显著提高。

6. 损失厌恶：相同金额的收益和损失，人们对损失更加敏感。

7. 隔离效应：为了简化选择，人们常常不考虑选项中的共有成分，而去关注不同成分。这一取向可能导致偏好的反转。

8. 参照依赖：引发收益或损失感的不是实际的金额或结果，而是相对于参照点的收益或损失；承载效用或价值的不是财富的最终水平，而是相对的变动。

9. 关注小概率事件：人们对事件赋予的权重并不是和概率等比变化的，而是在心理上赋予小概率事件更大的权重。

10. 决策权重函数的三种特性：劣可加性、次确定性和次比率性。

🔧 课后练习

1. 假设你获得了一次机会在 A、B 两种旅游方案中进行选择：

A 方案：你有 5% 的机会赢得英格兰、法国、意大利的三周之旅。

B 方案：你确定获得为期一周的英格兰之旅。

你会选择哪个方案？

2. 假设有 A、B 两种彩票可供选择。A 彩票可能以 2/1000 的概率赢得 6000 元，B 彩票可能以 1/1000 的概率赢得 3000 元，你会选择哪个？

3. 为何人们会过早卖掉正在上涨的股票，却长期持有亏损的股票？

参考文献

魏巍，范智霆.“弗里德曼—萨维奇困惑”的行为金融学解释[J]. 经济论坛，2004，(1)：81-82.

Ariely，D. Predictably irrational：the hidden forces that shape our decisions[J]. Journal of Consumer Marketing，2008，32(1)：526-528.

Dixon，M. R.，& Schreiber，J. E. Near-miss effects on response latencies and win estimations of slot machine players[J]. Psychological Record, 2004, 54(3): 335-348.

Hsee, C. K. Less is better: when low-value options are judged more highly than high-value options[J]. Journal of Behavioral Decision Making, 1998, 11: 107-121.

Kahneman, D., & Tversky, A. Prospect theory: an analysis of decision under risk[J]. Econometrica, 1979, 47: 263-291.

Kassinove, J. I., & Schare, M. L. Effects of the "near miss" and the "big win" on persistence at slot machine gambling[J]. Journal of the Society of Psychologists in Addictive Behaviors, 2001, 15(2): 155-158.

Lin, C. L., Chen, C. S., & Liu, T. C. Do stock prices drive people crazy[J]. Health Policy and Planning, 2015, 30(2): 206-214.

Luke, C., Lawrence, A. J., Frances, A. J., et al. Gambling near-misses enhance motivation to gamble and recruit win-related brain circuitry[J]. Neuron, 2009, 61(3): 481-490.

Maclin, O. H., Dixon, M. R., Daugherty, D., et al. Using a computer simulation of three slot machines to investigate a gambler's preference among varying densities of near-miss alternatives[J]. Behavior Research Methods, 2007, 39(2): 237-241.

Meyerowitz, B. E., & Chaiken, S. The effect of message framing on breast self-examination attitudes, intentions, and behavior[J]. Journal of Personality and Social Psychology, 1987, 52(3): 500-510.

Skinner, B. F. Science and human behavior[J]. American Journal of Sociology, 1953, 28(52): 4529.

Winstanley, C. A., Cocker, P. J., & Rogers, R. D. Dopamine modulates reward expectancy during performance of a slot machine task in rats: evidence for a "near-miss" effect[J]. Neuropsychopharmacology, 2011, 36(5): 913-925.

第十二章　框架效应

　　纳斯尔丁·阿凡提是新疆民间故事中的著名人物。民间流传着这样一则关于他的故事。有一位巴依^①在河边走路时不慎落水，大声向岸边百姓呼救。虽然这位巴依在当地的名声不怎么好，但人命关天，善良的老百姓们还是纷纷跑到河边设法营救。众人将手伸向水里的巴依，向他喊道："把你的手给我！"可奇怪的是，无论人们怎么喊，巴依就是缩在水里不愿伸手。眼看情况危急，阿凡提正好路过，他分开众人，走上前去，向水中的巴依伸出手，嘴里喊道："来，给你！"—— 令人诧异的事情发生了：巴依立刻伸出手，抓住阿凡提的手，被拉了上来。众人不解，纷纷向阿凡提求教：为何我们去救他不伸手，而你一来他就伸手了呢？阿凡提微微一笑说道：巴依向来习惯伸手从别人那里拿东西，而不愿将自己的东西给别人，所以一听到"给你"便很高兴，而"给我"，巴依是万万不肯的。

　　这则故事机智地讽刺了某些无良富人只知索取、不知奉献的做派。抛开故事本身的寓意不谈，这其中还蕴含了一个很有意思的现象：在这个落水营救的情境中，"把你的手给我"和"把我的手给你"本质并无不同，但却引发了信息接收者迥然不同的行为反应。这种由于相同信息的不同呈现方式会引发不同行为模式的现象，就是所谓"框架效应"。框架效应的存在是相当普遍的，不仅存在于假设问题的选择中，也存在于涉及真实的风险权衡和金钱得失的选择中；框架效应所影响的，不仅是人的生命损失和金钱的选择，还涉及日常的消费、慈善、言语沟通等诸多决策。按照最容易获得的框架行事有时是合理的，因为可以节省考虑其他备选框架所需要付出的心理努力，有时则会被框架束缚、诱导并误入歧途，犯下错误。

　　在这一章中，我们先介绍框架效应的概念和经典研究，接着呈现框架效应的成因、类别和影响因素，最后展示这一效应在经济活动中的应用和表现。

---

　　① 巴依：源自突厥语的一个汉语译词，语意为"富裕的"，衍生出的意义为"贵人，老爷，达官贵人"。

课前热身

1. 加油站问题

假设你在行驶途中准备给自己的车加油，发现附近有两家加油站，地理位置相近，

A 加油站的广告是：付现折扣！93♯汽油，现金 3.25 元/升，刷卡 3.55 元/升

B 加油站的广告是：93♯汽油，现金 3.25 元/升，刷卡加收 0.3 元/升

看到这两则广告后，你会更倾向去哪家加油呢？为什么？

2. 赌马者的决策问题

假设你是一位赌马者。在今天的赌局中，你已经输掉 140 元，还剩 10 元在手，正考虑是否下注 1 赔 15 的冷门马。假如有以下两种可能的思考方式。

思考方式 A：要么保留 10 元，要么小概率赢得 150 美元，或者大概率输掉所有钱；

思考方式 B：要么肯定损失 140 元，要么很大机会输掉 150 元，很小机会不赔不赚。

请问，这两种思维方式对你的决策会有不同的影响吗？哪一种思维方式下，你更可能继续进行赌博呢？

3. 股市预测

问题 1：如果道琼斯指数去年上涨了 20%，从而达到了 8000 点，你认为今年年底它会到达多高点位？

问题 2：如果道琼斯指数去年年底已经达到了 8000 点，你估计它今年的收益率是多少？

一、框架效应的概念

经济决策的理论历来认为，人是理性的动物，能够排除干扰，做出理性的决策。然而，人类在许多方面有非理性的特征，其中最引人注目的例子就是所谓"框架效应"（framing effect）。在这一效应下，相同信息以不同的方式呈现会对后来的选择具有戏剧性的影响。

所谓框架（framing），是指对相同客观信息的不同表述。对于一个决策问题，

我们需要界定可供选择的选项、行为的结果以及事件发生的可能性或条件概率。决策框架(decision frame)就是指决策者对于特定选择相联系的行动、结果以及可能性所持的概念。决策框架部分是由问题形式决定的,部分是由社会规范、习惯和决策者性格特征决定的。理性的决策要求对选项的偏好不应该因问题框架而改变。然而,当改变了对选项、结果和可能性的表述框架后,人们的选择偏好发生了系统的反转。这种对相同客观信息的不同表述能够显著地改变决策模型的现象,就是框架效应。

特沃斯基和卡尼曼(Tversky & Kahneman,1981)构建了一系列选择问题来揭示这一现象,并且解释了其中的心理原则。这篇研究中所列出的结果均来自以斯坦福大学和不列颠哥伦比亚大学的学生为被试所做的简短的课堂问卷调查。我们来看一下有关"亚洲疾病问题"的调查结果(结果中 N 代表调查人数,括号中的数字代表选择该选项的人数百分比)。

问题 1(N=152):假设美国正在准备应对一种罕见的亚洲疾病的爆发,该疾病可能会导致约 600 人死亡。科学家提出了两种可供选择的对抗该疾病的方案。假设以下为经过准确的科学估算得出的每一个方案实施后的结果:

如果采用方案 A,200 人将获救。(72%)

如果采用方案 B,有 1/3 的可能 600 人将获救,但有 2/3 的可能没有人获救。(28%)

你会选择哪个方案?

关于这个问题,大多数人的选择都是规避风险的:肯定能救活 200 个人的预期比有 1/3 的可能性救活 600 个人这个期望值相等但有风险的预期更有吸引力。

第二组的调查者,听取了与第一组同样的故事,但采用了不同的选择框架,问题如下:

问题 2(N=155):

如果采用方案 C,400 人将会死亡。(22%)

如果采用方案 D,有 1/3 的可能没有人死亡,而有 2/3 的可能 600 人会死亡。(78%)

你会选择哪个方案?

大多数人在问题 2 中的选择是冒险的:确定的 400 人死亡比 2/3 概率 600 人死

亡的选项更无法让人接受。问题1和问题2中的选择表明了一个通常的模式：包含了获得的选项是促使人们规避风险的，包含了损失的选项则使人冒险。但是，我们很容易看出这两个问题是等效的，它们之间唯一的区别是，在问题1中的结果是通过活下来的人数来描述的，而在问题2中是通过死亡的人数来描述的。这种改变伴随着从风险规避到冒险的明显的偏好反转，这一结果可以用前景理论来解释。

二、框架效应对期望效用理论经典假设的违背

（一）框架效应对恒定性公理的违背

恒定性公理是传统期望效用理论的基本公理之一，其含义是指各个期望的优先顺序不依赖于他们的描述方式，改变各个结果的描述方式（框架）不会改变优先顺序。我们来看一个例子。

在两阶段博弈中第一阶段中有75％的概率结束游戏同时没有任何收益，有25％的概率进入第二阶段。如果进入第二阶段可以在选项 A：3000 和选项 B：4000（0.8）之间选择。条件是要求被试必须在做出博弈之前做出选择（如图12-1所示）。

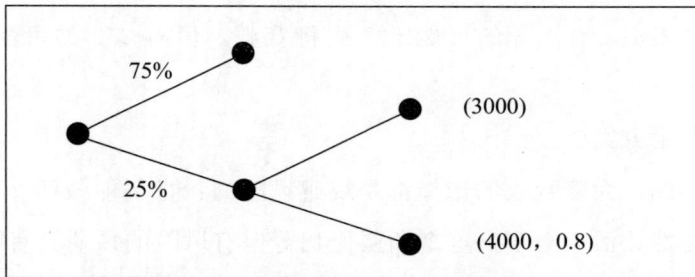

图 12-1　两种决策流程示意图

之前的研究结果发现，选择 A（3000）的被试比例为78％，而选择 B（4000，0.8）的比例为22％。即有：

$$A(3000)78\%\qquad(a)$$
$$B(4000，0.8)22\%\qquad(b)$$

实际计算获得3000美元的概率为 $0.25\times1=0.25$；获得4000美元的概率为 $0.25\times0.8=0.2$，即以上结果可表示为：

A'（3000，0.25）78％　　（a'）

B'（4000，0.2）22％　　（b'）

而当问题以另一种方式呈现，即让被试在选项 C：（3000，0.25）和选项 D：（4000，0.2）之间进行选择时，被试的选择结果如下：

C（3000，0.25）35％　　（c）

D（4000，0.2）65％　　（d）

从这一结果可以看出，（a）、（b）和（a'）、（b'）以及（c）、（d）本质上是同一问题的不同表述方式，但被试的反应结果却存在很大差异。而根据恒定性公理，各个结果的描述方式（框架）不会改变偏好的优先顺序，这一结果就构成了对恒定性公理的违背。

（二）框架效应对占优性公理的违背

所谓占优性公理，是指如果一项策略与其他策略相比较，至少在某一方面比其他策略都好，而其他方面与其他策略一样好，这项策略被称为占优性策略。理性的个体永远都不会采取一个被其他策略占优的策略（斯科特·普劳斯，2004）。

请看下面一个选择问题。

决策 1：在以下 A、B 中进行选择。

A.25％的概率盈 240 美元，75％的概率亏 760 美元；

B.25％的概率盈 250 美元，75％的概率亏 750 美元；

实验结果：（$N=86$）；A(0)；B(100％)

决策 2：在以下 C、D 中进行选择。

C. 确定能获得 240 美元；

D.25％的可能获得 1000 美元，75％的可能获得 0 美元。

实验结果：$N=150$；C(84％)；D(16％)

决策 3：在以下 E、F 中进行选择。

E. 确定会损失 750 美元；

F.75％的可能损失 1000 美元，25％的可能什么都不损失；

实验结果：$N=150$；E(13％)；F(87％)

我们将这三个决策的被试选择结果并列起来，得到以下结果：

A. 25％的概率盈 240 美元，75％的概率亏 760 美元　　　　（0）

B. 25％的概率盈 250 美元，75％的概率亏 750 美元　　　（100％）

C 确定能获得 240 美元　　（84 ％）

D. 25％的可能获得 1000 美元，75％的可能获得 0 美元　　（16％）

E. 确定会损失 750 美元　　（13％）

F. 75％的可能损失 1000 美元，25％的可能什么都不损失　　（87％）

也就是说，大部分人会在 C、D 之间选择 C，同时在 E、F 之间选择 F；同时，如果少部分会在 C、D 之间选择 D，同时在 E、F 之间选择 E。换言之，更多人会同时选择 C、F，而较少人会同时选择 D、E。那么我们将 C 和 F、D 和 E 联合起来，看人们的选择是否真的如此。经过等式变换，可以得到图 12-2 右边的形式。

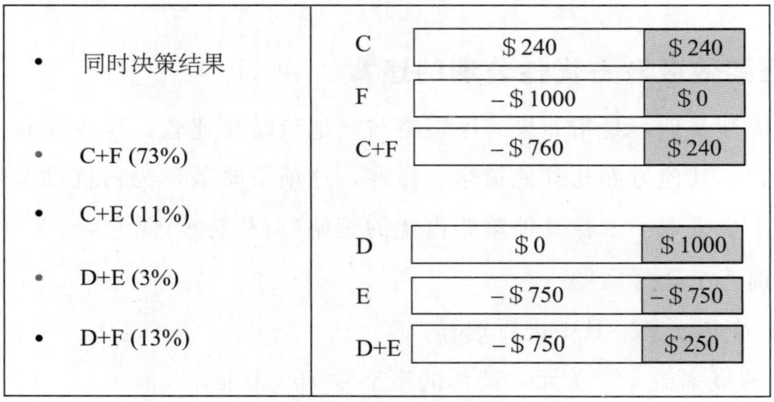

图 12-2　C＋F 和 D＋E 同时决策结果

这时，让被试在 C＋F 和 D＋E 之间进行选择，发现选择 C＋F 的人数比例为73％，选择 D＋E 的人数比例为 13％。这看上去符合我们的预测。但是，问题来了，C＋F 和 D＋E 是不是看上去很眼熟呢？我们把它写下来：

C＋F：（25％，240）；（75％，−760）　　　（73％）

D＋E：（25％，250）；（75％，−750）　　　（3％）

再让我们回到 A、B 选择。将 A、B 选择写成相同的形式：

A：（25％，240）；（75％，−760）　　（0％）

B：（25％，250）；（75％，−750）　　（100％）

你会发现，C＋F 和 D＋E 之间进行的选择，和 A、B 之间的选择形式上完全一样，但是，人们的选择结果却大相径庭。B 选项相对于 A 选项来说，是一个完全占优的选项，同样，和 A 最终形式相同的 D＋E 选项对于 C＋F 选项来说，同样是完全占优的选项，但是人们的选择却表现出偏好的反转。也就是说，C、D、E、F 的选项联合起来，其实只是 A、B 选项的变形，但呈现形式的变化，却改变了人们的选择偏好。占优性原理在这里失效了。

三、框架效应的类别

有研究者将框架效应分为三种类别，分别是：（1）特征框架效应（attribute framing effect）；（2）目标框架效应（goal framing effect）；（3）风险选择框架效应（risky choice framing effect）（Levin，Schneider & Gaeth，1998）。

（一）特征框架效应

特征框架效应是指，以积极的语言对事物的关键属性进行描述，比起以消极的语言描述，人们对事物或事件的满意度更高。人们有一种"积极偏好"，喜欢听正面的描述。比如，桌子上有半杯水，有人说它是半空的，有人说它是半满的，虽然描述的是同一件事，表达的是相同的意思，但"半满"比"半空"听上去要积极一些。很多研究也发现了这种特征框架效应。例如，超市里把牛肉描述为"瘦肉占 80％"比描述为"肥肉占 20％"更能让消费者对牛肉满意（Levin & Gaeth，1988）；研发团队进行工作总结以争取下一阶段资金支持时，用成功率来评估自己的绩效，比用失败率能够得到更多的资金支持（Duchon，Dunegan & Barton，1989）。

（二）目标框架效应

目标框架效应是指，当一个信息强调为不做出某种行为导致的消极后果时，比强调为做出这种行为的积极后果，对个体更有说服力，个体也更倾向于做出这种行为。例如，保险销售中，保险业务员通常会向潜在客户宣传不购买保险导致的负面案例；大部分国家政府都规定，烟盒上必须印有"吸烟有害健康"的字样，有些国家和地区甚至要求厂家在烟盒上印刷因吸烟导致肺癌、口腔癌的解剖照片，非常触目惊心。之前在前景理论一章中讲到损失厌恶时，列举的促进女性进行定期乳腺检查的研究案例也同样是目标框架效应的体现。

(三)风险选择框架效应

风险选择框架效应即卡尼曼和特沃斯基通过亚洲疾病问题提出的框架效应,指冒险的愿望依赖于潜在结果被积极表征(正面框架)还是消极表征(负面框架)。也就是说,当信息以积极的形式呈现时,个体表现出风险规避的倾向;当信息以消极的形式呈现时,个体表现为风险偏好的倾向。

思考在"课前热身"中的"赌马者决策问题"。和亚洲疾病问题一样,人们的风险决策取决于自身如何对问题加以表征。显然,相对于"保留10元"这种正面框架来说,"肯定损失140元"是一种负面框架,这时损失的感受会激发强烈的风险偏好。如果以这种负面框架表征这一决策问题,赌马者更有可能将最后的10元继续投入到回报概率很小的赌博中,最终大概率输掉所有的钱,这能够解释赌场里每天最后一场赌局中风险大的赌注最受欢迎的现象,这同样也能解释塞勒提出的"翻本效应"。

四、框架效应的机制理论

框架效应的产生存在三种机制理论:(1)前景理论;(2)模糊痕迹理论;(3)概率心理模型。

(一)前景理论

框架效应的原理可以用前景理论来解释,它与损益情境(正面或负面框架)、损失厌恶和参照点相关。

1. 损益情境(正面或负面框架)

在正面框架下,人们表现出收益时偏爱风险规避(risk-averse preference for gains);在负面框架下,人们表现出受损时偏爱风险寻求(risk-seeking preference for losses)。

2. 损失厌恶

框架对选择的影响是与"损失厌恶"相关的。如果一个框架强调和某个选择相联系的损失,这个选择的吸引力就会减小;如果一个框架利用敏感性递减规律,使得某项选择的损失看起来较小，那么这个选择就更有吸引力。例如，街边的"十元店"的标语："样样 10 元"。

3. 参照点

框架效应还和参照点有关。例如，在亚洲疾病问题中，问题 1 中 600 人死亡是参照点，此时"有人确定生还"的方案便在直觉上成为优势策略；问题 2 中没人死亡是参照点，"有人确定死亡"的方案在直觉上成为劣势策略。

（二）模糊痕迹理论

该理论从认知的角度出发，认为记忆表征或记忆痕迹是从精确详细表征到简要模糊痕迹的连续体。人们天生爱用简要模糊的方式表征问题，因为模糊表征所需的认知努力更少。就如同图 12-3 所示，人们刚看到一匹马时，印象深刻，能够凭记忆复述诸多细节，比如海和沙滩的背景，马的毛色、鬃毛形状等，而过了一段时间再想起这匹马的时候，由于缺乏记忆的强化和巩固，能够提取的只是一个简单的马的轮廓。

图 12-3 记忆痕迹随时间变得模糊

还是以亚洲疾病问题为例。A 方案 200 人将生还，被个体在头脑中表征为"生还"（A'）；B 方案有 1/3 的机会 600 人将生还，而有 2/3 的机会将无人生还，被个体在头脑中表征为"有些人生还或无人生还"（B'）。此时 A' 和 B' 相比，人们更倾向于选 A'。

（三）概率心理模型

该理论认为，人们面对选择情境时会构建局部心理模型（local mental model）。

当问题足够复杂以至于无法建构局部心理模型时，人们会根据概率和环境信息构建概率心理模型。建立概率心理模型首先会借助参照群(reference class)。参照群决定了个体进行决策时所依赖的最主要的线索。

以亚洲疾病问题为例。这个问题的参照群是"抗击疾病的方案"，在这个参照群中，时间是最重要的线索。抗击疾病需要时间，时间会导致结果的改变。

200人生还，意味着至少有200人获救，而随着时间的推移，可能有更多的人获救。

400人死亡，意味着至少有400人死亡，而随着时间的推移，可能有更多的人死亡。

此外，在框架效应中决策过程的认知神经机制是近年来研究的热点。很多研究已经发现框架效应与大脑的情绪系统相联系，情绪系统在调节决策偏差方面起着重要作用(de Martino，Kumaran，Seymour et al.，2006)。规避风险的倾向与调节焦虑和压力在大脑中有相同的功能定位(Trepel，Fox & Poldrack.，2005)。有研究(Gonzalez，Dana，Koshino et al.，2005)考察了认知努力在决策过程中的调节作用，提出由于消极情绪会比积极情绪激发更多的认知努力，所以在不同的框架下做出决定时认知努力的卷入就会存在差异，研究结果的确证实了认知努力在消极框架下要比在积极框架下参与更多。

五、经济活动中的框架效应

(一)风险溢价和预期回报

最基本的金融理论认为，风险和预期回报之间正相关，即"高风险要有高回报"。人们参与投资活动的目的就是为了赚取风险溢价。同时还存在另外一种思考框架，即企业的经营风险可能会对收益前景产生负面影响。同样是对未来的收益进行预测，当框架不同时，人们会做出迥异的反应。

芬兰投资顾问在不同框架下回答某个具有某些不良特征的企业的回报率问题。第一种问题框架涉及"需求回报"，也就是投资的风险溢价。问题形式为："其他条件都相同的情况下，如果一家企业具有如下特征，你是否需求更高回报?"结果发现，参加测试的168名顾问中，大多数人都认为如果投资具有如下特征的企业，需要更高的风险溢价，或者说他们期望更高的投资回报。比如，86.2％的人认为具有高负债的企业需要更高的风险溢价，77.7％的人认为具有低增长前景的企业需要更高的风险溢价（见表12-1）（Kaustia，Laukkanen & Puttonen）。

表 12-1　"需求回报"框架

其他条件都相同的情况下，如果一家企业具有如下特征，你是否期望更高回报？		
	是	否
高负债杠杆	86.2％	13.8％
低增长前景	77.7％	22.3％
低股票流通性	89.3％	10.7％
较少分析师跟踪关注	52.4％	47.6％
N	168	

第二种问题框架涉及"预期回报"，也就是投资的风险溢价。问题形式为："其他条件都相同的情况下，如果一家企业具有如下特征，你会期望更高、更低还是相同的回报？"结果发现，参加测试的314名顾问中，大多数人都针对不良特征做出了较为消极的回报预测。比如，只有12.5％的人期望具有高负债的企业有更高的回报，而认为具有低增长前景的企业拥有更高回报的人数比例则更少，只有1.9％。而在上一个问题框架中，这两个数字分别是86.2％和77.7％（见表12-2）。

表 12-2　"预期回报"框架

其他条件都相同的情况下，如果一家企业具有如下特征，你会期望更高、更低还是相同的回报？			
	更高	更低	相同
高负债杠杆	12.5％	68.2％	19.3％
低增长前景	1.9％	93.0％	5.1％
低股票流通性	7.3％	70.1％	22.6％
较少分析师跟踪关注	14.9％	25.7％	59.4％
N	314		

这个研究直观地显示出问题框架对于响应者的显著影响。当问题被表征为"高风险企业的风险溢价"时，人们秉承高风险要有与之相对应的高回报的原则，本能地要求这类企业有更高的风险溢价；而当问题被表征为"高风险企业的预期收益"

时，人们判断的着眼点放在了风险企业的经营前景和盈利能力上，此时对于未来收益便持有悲观的看法。

　　另外一项有关企业排名的研究也证明了类似的现象(Statman，Fisher & Anginer，2008)。此项研究的背景是，2007 年，美国《财富》杂志曾经请超过 10 000 名资深总裁和分析师根据声望的 8 项特征对 587 家企业进行评价，给分范围从 0(糟糕)到 10(优秀)，从而得到了较为权威的《财富》评分(Fortune Score)。研究者通过问卷调查了 1800 名投资者，并将其分为 6 组，每组 300 人；研究者又选择了 210 家企业中 70 家呈现给各组投资者。其中 3 组投资者的问卷版本要求他们对这些企业的预期回报进行打分评级，另外 3 组得到的问卷版本则要求他们对这些企业的风险进行打分评级。也就是说，一半的投资者对企业的评价是在"预期回报"的框架下，而另一半投资者的评价则是在"风险"的框架下。将两组人的评价结果和财富分数结合进行分析，结果发现，预期回报评分和财富评分呈显著正相关，说明对于业内一致看好的企业，受访投资者也认为其具有较好的收益前景；同时，风险评分和财富评分呈显著负相关，意味着投资者认为业内越看好的企业其风险也应越低。将风险评分和预期回报评分二者结合起来看，发现二者呈现负相关，即预期回报随着风险评分的升高而降低。这就违背了"高风险要有高回报"的基本金融理念。

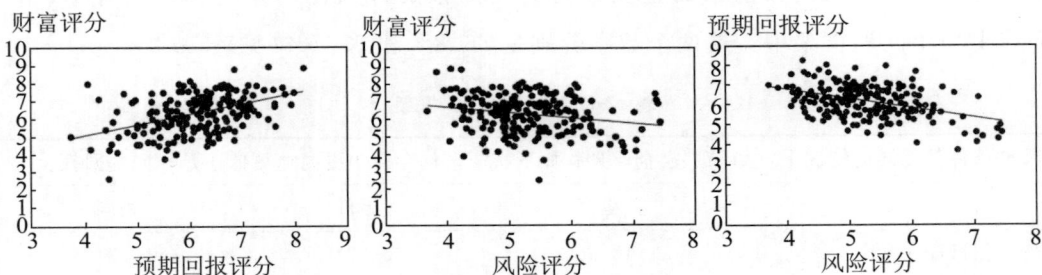

图 12-4　预期回报评分、财富评分和风险评分

(二)预测价格和预测回报

　　格雷瑟等人(Glaser，Langer，Reynders et al.，2005)发现在股市预测中也存在框架效应。最典型的就是预测价格和预测回报两种框架。当人们被要求做出收益预测时，人们往往将以往趋势外推到将来(参见代表性启发式一章中的外推法偏差)，此时人们会倾向采用类似动量投资的预测策略；而当被要求对价格进行预测

时，人们往往表现出向均值回归的倾向。因此，被呈现不同框架的个体有可能会做出完全不同的预测，尽管价格和回报本质是紧密关联的。在格雷瑟等人的研究中，被试被要求对 7 个股票时间序列做出判断，一半被试被要求预测未来价格（价格模式），另一半的被试则被直接要求回答未来收益（回报模式）。结果呈现显著的框架效应：在对上行趋势的时间序列进行回报预测时，收益模式下的个体的预测显著高于价格模式下的个体；在对下行趋势的时间序列进行回报预测时，回报模式下的个体给出的结果显著低于价格模式下的个体。"课前热身"中的第 3 个问题就是类似的题目设计。

（三）"返还"和"奖金"

有时候，仅仅是事物名称的变化也会引发框架效应，继而会影响人们的经济决策。2001 年，美国政府获得的税收收入超过了需要支付的消费，从而导致预算结余。为刺激消费，提振经济，美国政府决定将这些结余返还给纳税人。实施此计划时，政府官员和媒体采用了"返还"（rebate）一词。但是心理学家埃普利等人（Epley, Mak & Idson，2010）指出，政府界定此计划所使用的词汇"返还"极大地限制了此计划的效力。如果是为了拉动消费和刺激经济，应该将这笔款项描述为"奖金"（bonus）而非"返还"。他们用三个研究支持了这一观点。

研究证据："返还"和"奖金"的不同叫法如何影响消费和储蓄

在研究 1 中，一组被试阅读"返还框架"下的材料：税款削减支持者认为，政府应该将这些预算结余作为"代扣收入"返还给纳税人；另一组阅读"奖金框架"下的材料：税款削减支持者认为政府应将预算剩余作为"奖金收入"返还给纳税人。两组被试得出花费金额和储蓄金额的百分比。结果，"返还"框架组平均花费 25％，储蓄 75％；而"奖金"框架组花费 87％，储蓄 13％。

在研究 2 中，研究者给哈佛研究生参与者每人 50 美元，并将其描述为一份学分"返还"，或者"奖金"。在随后的一周中，调查学生花费和储蓄的比率。结果和研究 1 类似，"返还"组被试平均报告花费了 10 美元，储存了 40 美元；而"奖金"组平均报告花费了 22 美元，储存了 28 美元。

在研究 3 中，研究者建立了一个"实验商店"，给哈佛大学的研究生每人 25 美元的"意外之财"。同样，这笔钱要么被称为"返还"，要么被称为"奖金"，并在"实验商店"里以20％的折扣来销售商品，考察参与者的消费情况。结果发现，"返还"组被试仅花费2.34美元，而"奖金"组被试平均花费11.6美元。

过去，框架效应不仅是研究的热点，也被行为经济学家介绍给大众，以改善人们的行为决策，提升幸福感。卡尼曼在其新作《思考，快与慢》中建议："如果人们能对自己会得到多少钱而不是会损失多少钱建立框架，就会对将要发生的事有心理准备""通过改变参照点来重新建构问题吧，假想我们从未拥有过某个东西，会认为它值多少钱呢""广告商要你在他们的邮件列表中勾选以表明不愿意接受其信件。如果他们要你在列表中勾选表明愿意接受的话，他们的邮件列表就会短得多……"善用框架效应，让生活更美好。

👥 本章要点

1. 框架效应指对相同客观信息的不同表述能够显著地改变决策模型的现象。

2. 框架效应违背了传统期望效用理论的公理假设：恒定性公理和占优性公理。

3. 框架效应分为三种类别，分别是：（1）特征框架效应；（2）目标框架效应；（3）风险选择框架效应。

4. 框架效应的产生存在三种机制理论：（1）前景理论；（2）模糊痕迹理论；（3）概率心理模型。

5. 当投资者从"风险溢价"和"预期回报"角度看待企业的经营风险时，会得到不同的收益预测。

6. 当人们被要求做出收益预测时，人们往往将以往趋势外推到将来（参见代表性启发式一章中的外推法偏差），此时人们会倾向采用类似动量投资的预测策略；而当被要求对价格进行预测时，人们往往表现出向均值回归的倾向。

7. 研究证明，"返还"和"奖金"的不同叫法会引发不同的框架，继而导致人们消费和储蓄的变化，总体而言，"奖金"框架会比"返还"框架引发更多的消费和更少的储蓄。

🔧 课后练习

1. 你能想到的框架效应在商业中的应用有哪些？

2. 有些时候，框架效应会让我们犯非理性的错误。如何运用心理学的方法来抵御框架效应的消极影响？

3. 最近人工智能是被经常提及的话题。在诸多的人工智能产品的功能演示之后，人们惊叹科技的进步，并憧憬着人工智能能够做更多的事情使得未来生活变得更加轻松和幸福；而特斯拉总裁埃隆·马斯克（Elon Musk）则不断警告，人工智能的发展最终会让人类面临灭顶之灾，这一看法也得到了很多人的支持。这两种流行观点的对立中是否存在框架效应的解释？

参考文献

斯科特·普劳斯. 决策与判断［M］. 施俊琦，王星，译. 北京：人民邮电出版社，2004.

de Martino, B., Kumaran, D., Seymour, B., et al. Frames, biases, and rational decision-making in the human brain［J］. Science, 2006, 313(5787)：684-687.

Duchon, D., Dunegan, K. J., & Barton, S. L. Framing the problem and making decisions：the facts are not enough［J］. IEEE Transactions on Engineering Management, 1989, 36(1)：25-27.

Epley, N., Mak, D., & Idson, L. C. Bonus of rebate：the impact of income framing on spending and saving［J］. Journal of Behavioral Decision Making, 2010, 19(4), 407-407.

Glaser, M., Langer, T., Reynders, J., et al. Framing effects in stock market forecasts：the difference between asking for prices and asking for returns［J］. Review of France, 2007, 11(2)：325-357.

Gonzalez, C., Dana, J., Koshino, H., et al. The framing effect and risky decisions：examining cognitive functions with fmri［J］. Journal of Economic Psychology, 2005, 26(1)：1-20.

Kaustia, M., Laukkanen, H., & Puttonen, V. Should good stocks have high prices or high returns［J］. Financial Analysts Journal, 2009, 65(3)：55-62.

Levin, I. P., Schneider, S. L., & Gaeth, G. J. All frames are not created equal：a typology and critical analysis of framing effects［J］. Organazational Behavior and Human Decision Process，1998，76(2)：149-188.

Levin，I. P. ，& Gaeth，G. J. How consumers are affected by the framing of attribute information before and after consuming the product[J]. Journal of Consumer Research，1988，15(3)：374-378.

Statman，M. ，Fisher，K. L. ，& Anginer，D. Affect in a behavioral asset-pricing model[J]. Financial Analysts Journal，2008，64(2)：20-29.

Trepel，C. ，Fox，C. R. ，& Poldrack，R. A. Prospect theory on the brain? Toward a cognitive neuroscience of decision under risk[J]. Cognitive Brain Research，2005，23(1)：34-50.

Tversky，A. ，& Kahneman，D. The framing of decisions and the psychology of choice[J]. Science，1981，211：453-458.

第十三章 禀赋效应

捕猎野鸭一直是美国人最喜欢的活动之一，随着人类活动对自然环境的影响的日益加剧，这项传统活动的黄金岁月一去不复返。北达科他州、南达科他州和明尼苏达州所拥有的适宜野鸭生存的湿地只占全国总湿地面积的 10％，却承载着超过55％的野鸭的生息和繁衍。出于可持续发展的考虑，要么对捕猎者的人数进行限制，要么让捕猎者承担（至少是部分承担）湿地保护的成本。研究者就此曾做过一个调查，结果发现了一个有趣的现象：捕猎野鸭者愿意平均每人支付 247 美元的费用以维持适合野鸭生存的湿地环境，但若要他们放弃在这块湿地捕猎野鸭，他们要求的赔偿却高达平均每人 1044 美元（Hammaek & Brown，1974）。也就是说，让这些捕猎者放弃捕鸭的权利比让他们购买作为公共物品的捕鸭资格要难得多。

除了这个有关野鸭的例子，在现实生活中类似的例子也比比皆是：在议价交易中，卖家总是觉得买家出价太低，而买家总是认为卖家要价太高，使得交易难以发生，这种现象在二手交易市场中尤为明显；在城市化进程中，有关部门和居民在拆迁补偿金额方面总是很难达成一致；当资金链紧张时，企业往往采取部分裁员也不会实施全员降薪等。似乎存在这样一种机制，人们往往赋予自己已经拥有的东西以更高的价值，正如古语所云："敝帚自珍。"这种心理现象就是"禀赋效应"。

在这一章里我们会从以下方面对禀赋效应进行介绍。首先介绍禀赋效应的概念，以及塞勒等人关于禀赋效应的经典研究，接着说明禀赋效应具有跨越物品、年龄、个体和情境的稳定性；随后对禀赋效应和安于现状偏差进行辨析；接下来的部分通过当前三种主要的理论来解释禀赋效应的心理机制；然后从个体因素、物品特征因素和研究范式选择三个方面介绍禀赋效应的影响因素，最后呈现禀赋效应在经济生活中的表现和应用：对市场效率的影响和对科斯定理的挑战、安于现状偏差的经济表现和禀赋效应在营销方面的应用。

💡 课前热身

1. 思考两种情况并回答相应的问题。

(1)假如你看中了一部新款手机，你愿意以最高多少钱购买？请写下你心中愿意支付的最高价格。

(2)假如你已经买了上述这部手机，而有人提出要买你手中的这部手机，你愿意以最低多少钱出售？请写出你心中愿意接受的最低价格。

你写的这两个价格一样吗？哪个更高？

2. 罗塞特教授是一名红酒爱好者兼收藏者。他在多年前曾以5美元购买了一瓶葡萄酒，如今这瓶酒在拍卖市场上已经涨到了100美元。而罗塞特教授既不愿意以100美元卖出这瓶酒，也不愿意以100美元买一瓶同样的酒。这是为什么？

3. 假如你正参加一场艺术品拍卖。有一件不错的藏品的起拍价是20 000元，经过几轮竞拍之后，叫价已经达到48 000，这时你举牌50 000，没有人再继续举牌，你几乎感觉这件藏品已经属于你了。就在主持人落槌之前的一瞬间，突然有人报价52 000。这时你会：

A. 继续举牌   B. 放弃

一、禀赋效应的概念

禀赋效应的研究源于研究者使用条件估价法（contingent valuation method）研究调查消费者对于公共物品的估价（如前言中提到的野鸭湿地保护）。理查德·塞勒（Thaler，1980）首次提出了禀赋效应这一概念，认为禀赋效应导致了"愿意接受的最低价"（willingness to accept，WTA）与"愿意支付的最高价"（willingness to pay，WTP）之间的偏差，并将其定义为：与得到某物品所愿意支付的金钱相比，个体出让该物品所要求得到的金钱通常更多。

早期有关禀赋效应的证明是由奈什和辛顿的研究给出的。研究者随机给一半的被试2美元或等值的彩票。在他们参加一项填充任务后，告诉他们可以用自己手上的现金或彩票进行自由交换，持有彩票的人可以以2美元的价格卖掉彩票，而持有现金的人可以用2美元买进一张彩票。结果发现，很少人愿意进行交换（Knetsch & Sinden，1984）。

但也有部分学者提出质疑，认为禀赋效应的产生，可能是由于交易者缺乏市场交易经验造成的，如果将他们置于充满学习机会的市场环境中（重复交易），禀赋效应就会消失（Knez，Smith & Williams，1985）。针对此类质疑，卡尼曼、奈什和塞勒（Kahneman，Knetsch & Thaler，1990）通过一项实验研究证明，在重复交易的市场环境下禀赋效应依然能够产生。

研究者小传

理查德·塞勒（图 13-1），美国经济心理学家。1945 年，他生于新泽西的东奥兰治（East Orange），1974 年，毕业于罗彻斯特大学，获经济学博士学位，现执教于芝加哥大学布斯商学院，为金融和行为科学教授，并担任行为决策研究中心主任，同时在国民经济研究局（NBER）主管行为经济学的研究工作。

塞勒主要集中于研究心理学、经济学等交叉学科，被认为是现代行为经济学和行为金融学领域的先锋经济学家，并且在储蓄和投资行为研究中具有很深的造诣。他已经发表了很多高水平的论文和专著，其中代表著作有《赢者的诅咒》和《准理性经济学》。近年来，这位芝加哥大学教授一直为"助推小组"提供咨询，这是一个由英国政府组建的机构，旨在制定通过帮助公民做出更好的选择来提高公共福利的政策。该小组的名称来自塞勒与哈佛法学院教授卡斯·桑斯坦合著的《助推：改进有关健康、财富和幸福的决策》（Nudge：Improving Decisions about Health，Wealth，and Happiness）一书。该书将行

图 13-1　理查德·塞勒

为经济学思想运用到公共政策中。塞勒和桑斯坦指出，通过更加敏感地关注人类的行为倾向（例如，"固守"最初的价值、运用"心理账户管理"来划分不同类别的消费，以及更加偏重于现状），政策制定者可以推动人们更多地储蓄、更好地投资、更明智地消费，以及更健康地生活。2017 年 10 月，理查德·塞勒获得诺贝尔经济学奖。

二、禀赋效应的经典研究

卡尼曼、奈什和塞勒关于禀赋效应的经典研究"禀赋效应和科斯定理的实验验证"（Experimental Tests of the Endowment Effect and the Coase Theorem），1990 年 12 月发表于《政治经济学期刊》（*The Journal of Political Economy*）上（Kahneman, Knetsch & Thaler，1990）。

被试：研究者选取 44 名美国康奈尔大学法律和经济学类高年级本科生

过程：随机抽取其中的一半人，给他们一张代币券和一份说明书，说明书上写明他们拥有的代币券价值为 x 美元（x 的价值因人而异），实验结束后即可兑付，代币券可以交易，其买卖价格将由交易情况决定。让卖者（得到代币券的学生）从 0 到 8.75 美元中选择愿意出售的价格。同样，也为没有得到代币券的那一半学生指定因人而异的价值，并询问他们愿意为购买一张代币券支付的价格。之后实验者会收集他们的价格，立刻计算出市场出清价及能够交易的数量，并及时公布。参加实验的学生可以按填写的价格进行真实的交易。这个实验反复进行三次。

结果：三轮代币券交易之后，先后用杯子、钢笔和望远镜代替代币券进行实物交易的试验。交易规则不变，并反复进行多次。

显然，代币券和消费品市场的交易情况大不一样（见表 13-1 和表 13-2）。在代币券市场，买卖双方的预期价格是大致相同的。综合三次试验来看，实际成交量与期望成交量的比（V_T/V_E）是 1.0。与之相对应的是，在杯子和钢笔市场上，报出的卖价的中数是买价的 2 倍多，杯子市场的 V_T/V_E 率仅为 0.20，钢笔市场为 0.41。即使交易反复进行，这两个消费品市场的成交量也没有增加，表明参加实验者并没有学会达成一致的买卖价格以增进市场效率。

与之形成鲜明对比的是，在代币券市场的交易中，根本就没有交易不足的现象。这是为什么呢？我们可以比较代币券和消费品的不同之处：代币券的价值是事先确定的，非常精确，而人们对消费品的偏好则可能会使其价值变得含糊，也就是说，消费者难以对一件商品确定一个唯一的货币价格。因此，当购买者购买商品是为了以更高的价格转手卖出，而不是自己使用时，其对损失和盈利有明确地衡量，就不会有禀赋效应，如购买股票。

表 13-1　代币券交易市场

交易序列	实际的交易（笔）	期望的交易（笔）	价格（美元）	期望的价格（美元）
1	10	10	3.75	4.25
2	10	10	4.75	4.25
3	8	8	4.25	4.75

表 13-2　消费品交易市场

交易序列	交易	价格	买方保有价格中数（美元）	卖方保有价格中数（美元）
马克杯（期望的交易数＝9.5）				
4	3	3.75	2.75	4.75
5	3	3.25	2.25	4.75
6	2	3.25	2.25	4.75
7	2	3.25	2.25	4.25
望远镜（期望的交易数＝9.5）				
8	4	1.25	0.75	1.25
9	4	0.75	0.75	1.25
10	3	0.75	0.75	1.75
11	3	0.7	0.75	1.75

以上的实验直观地证明了禀赋效应的存在：一旦人们得到可供自己消费的某物品，人们对该物品赋予的价值就会显著增长。这种非理性的行为常常会导致市场效率的降低，而且这种现象并不会随着交易者交易经验的增加而消除。

研究所证实的禀赋效应，解释了某些市场效率的问题，具有很强的现实意义。传统经济理论认为人们为获得某商品愿意付出的价格和失去已经拥有的同样的商品所要求的补偿没区别，即自己作为买者或卖者的身份不会影响自己对商品的价值评估，但禀赋效应理论否认了这一观点。

在塞勒（Thaler，1980）所举的另一个经典的禀赋效应例子中，研究者给被试呈现如下两个情境：一，假设在一周内你有 0.001 的概率感染一种疾病，如果感染的话，会很快且无痛苦地死去，那么你最多愿意花多少钱来治愈这种疾病；二，假设某项研究需要志愿者，同样有 0.001 的概率感染这种疾病，如果你参加这项研究，你要求研究者最少付给你多少钱。结果发现，被试在两种情境中所给出的货币量并不一致，第一个情境中被试平均给出的价格是 200 美元，而第二个情境则达到了 1000 美元。在第二个情境中，因为被试将自己所拥有的健康看作一种禀赋，对其评价更加积极，而导致被试对其估价增加，所以产生禀赋效应。

三、禀赋效应的稳定性

不同领域的研究都证明了禀赋效应的存在。关于澳大利亚股票交易者的研究也发现，股票持有者（卖方）对所持股票的估值高于买方，同时估计的心理价位也接近历史最高点（Furche & Johnstone，2006）。在一项有关劳务市场中人力资本禀赋效应的研究发现，应聘者的薪酬目标总是和雇主愿意支付的金额存在一定差距（侯佳伟，窦东徽，2012）。在交友和婚恋市场上，禀赋效应也有所体现（Nataf & Wallsten，2013）。

研究证据：在线交友市场中的禀赋效应

马里兰大学的心理学家纳塔法等人通过脸书招募了 47 名男性和 70 名女性被试，给他们呈现了一些虚构的约会对象个人档案，然后询问一部分被试他们愿意花多少钱购买这些对象的联系方式；另一部分被试则假想已经拥有了这些对象的联系方式，问他们愿意接受多少钱把这些信息卖出去。结果显示，被试能接受的卖出价远高于买入价，表现出了经典的禀赋效应。更有趣的是，女性被试的卖出/买入价格比为 9.37，远高于男性被试的 2.70。也就是说女性被试更珍视已经拥有的联系方式，表现出比男性更强的禀赋效应。

禀赋效应是一种相对稳定的个体倾向，这种稳定性还表现在以下一些方面（刘腾飞等，2010）。

第一，禀赋效应具有跨物品的稳定性。除了塞勒研究所用的咖啡杯，其他研究者发现，无论是彩票（Knetsch & Sinden 1984）、巧克力（Kahneman，Knetsch & Thaler，1990）、体育纪念品（List，2003）等私人商品，还是对空气（MacDonald & Bowker，1994）、课程辅导服务（Bischoff，2008）等公共商品，个体都表现出禀赋效应。同时，禀赋效应最高的是公共或者非市场化的商品，其次是私人商品，最低的是用于实验的某种形态的货币（代价券）（Horowitz & McConnell，2003）。从这一排序可以看出，越接近自然禀赋的商品，禀赋效应越强。

第二，禀赋效应具有跨时间和跨年龄的稳定性。禀赋效应的强度不随个体的年龄和经验的增加而减弱，儿童和成人都会表现出禀赋效应（Harbaugh，Krause & Vesterlund，2001）。

第三，比较心理学研究发现，其他灵长类动物对食物产生禀赋效应。例如，布洛斯南等人（Brosnan，Jones，Lambeth et al.，2007）的研究都发现，黑猩猩不愿意以刚刚得到的食物来交易即使是它们偏好的食物。另外对僧帽猴的研究也发现了类似的现象（Lakshminaryanan，Chen & Santos，2008）。

研究证据：僧帽猴的禀赋效应

研究者（Lakshminaryanan，Chen & Santos，2008）通过四个实验考察了僧帽猴的交易行为（图 13-2）。实验 1 考察僧帽猴是否愿意以到手的食物换取等价食物（如用已有的水果换取燕麦饼，或用已有的燕麦饼换取水果）；实验 2 看僧帽猴在多大程度上愿意以手中食物换取更有吸引力的食物（如水果奶昔）；实验 3 交换内容与实验 1 相同，区别在于每次交易需要付出一定的成本（先前实验者为僧帽猴提供的生燕麦）；实验 4 则考查僧帽猴是否愿意以手中难以剥皮的食物（如坚果）换取易于吃到的食物（如已经剥好的杏仁）。结果可以看出，除非是更有吸引力的食物，其他情况下，僧帽猴愿意以手中的食物换取其他食物的比例都低于 50％的理论预期水平。

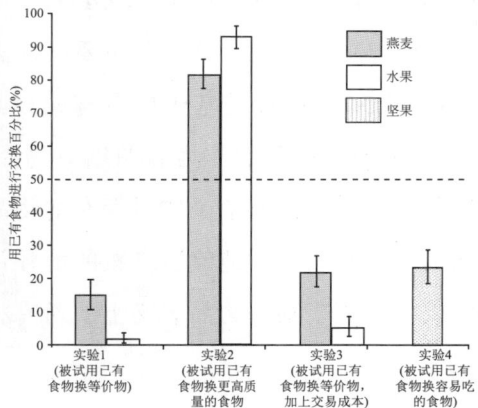

图 13-2　僧帽猴的禀赋效应（来源：Lakshminaryanan，Chen，& Santos，2008）

第四，禀赋效应具有跨情境和跨实验范式的稳定性。无论是实验室情境（Kahneman，Knetsch & Thaler，1990）还是现场研究（Hoyer，Herrmann & Huber，

2010)都证实了禀赋效应的存在。

四、禀赋效应和安于现状偏差

安于现状偏差(status quo bias)是指个体在决策时保持过去或者当前的选择的一种倾向。由于禀赋效应表现为个体对已有物品估价过高，不愿放弃或改变拥有状态，以至于有研究者甚至认为禀赋效应就等同于安于现状偏差(Samuelson & Zeckhauser，1988)。事实上，两者的相同点在于，禀赋效应与安于现状偏差都是损失规避的表现(Thaler，1980；Kahneman，Knetsch & Thaler，1991；Novemsky & Kahneman，2005)；两者的不同之处在于，禀赋效应是相对于某一物品而言，个体由于对已有物品估计增加，会尽力规避由于交易带来的损失感；而安于现状偏差是相对于某一事件的状态，为了避免改变现状所带来的损失，被试不愿意改变当前的拥有状态(Giraud，2007)(转引自刘腾飞等人 2010 年综述文章)。例如，大学生找教室上自习，占了一个位子之后就不想换到其他教室了，这时座位并非他的所有物，他只是不想改变现在已经有了座位的状态。就本质而言，如果将禀赋效应中个体失去已有物品视作一种状态改变，可以说禀赋效应是安于现状偏差的一种特例，这一点在物物交换的情境和研究中有集中体现。

五、禀赋效应的心理机制

目前，对禀赋效应的解释主要有损失规避、查询理论和纯粹所有权效应三种理论。损失规避的解释是基于前景理论，其暗含的假设是参照依赖，个体以现状(拥有某一物品这一现状)作为参照点对物品的价值进行判断；查询理论的解释则从记忆的角度深入地分析了个体对拥有的物品进行估价的建构过程，其假设是估价取决于记忆的提取过程；纯粹所有权的解释认为禀赋效应和纯粹所有权效应有关，只要个体获得了关于某一物品名义上的所有权，就会产生禀赋效应。

(一)损失规避的解释

根据损失规避理论，卖者把失去物品看作损失，把得到金钱看作收益，而买者把失去金钱看作损失，获得物品看作受益。由于相同金额的损失比收益带来的心理冲击更大，因此双方为了避免损失带来痛苦，卖者倾向于提高卖价，而买者倾向于降低买价，因而导致个体表现出禀赋效应。

交换商品是否存在禀赋效应

"交换商品"是指以交换为目的的商品。对交换商品（exchange good）而言，研究者认为卖者可能不将卖出商品看作损失，买者也不将购买一件商品看作收益，也就是说，损失规避在日常的经济交易中的影响很小，个体对交换商品并不产生禀赋效应。但是，交换商品的价值不确定阻止人们对交易中的损失与收益进行评价，此时，禀赋效应仍然存在（van Dijk & van Knippenberg，1996）。

损失规避具有参照依赖性，也就是说，损失和受益是相对于某一参照点而言的，当参照点发生改变时，个体对物品的估价也发生改变。据此，后续的研究者整合适应水平理论（adaptation-level theory）与损失规避，提出用参照点转换（shifting-reference-point）理论来解释禀赋效应（Strahilevitz & Loewenstein，1998）。在这一理论中，适应水平是个体估价的一个参照点，而且这一参照点随着时间变化。

斯特拉希莱维茨和罗文斯坦利用价值函数来描述参照点转换理论对禀赋效应的解释（Strahilevitz & Loewenstein，1998）。如图 13-3 所示，个体从拥有物品前到拥有物品一段时间后，由于个体对物品拥有状态的适应，对物品的价值判断的参照点也从适应前的水平（$r=0$）转换到完全适应水平（$r=x$）。在任何适应发生前，即 $r=0$ 时，如果个体得到某一物品，那么他将体验到正价值 $V(x)$；如果没有得到该物品，他的价值体验为中性 $V(0)=0$。在 $r=x$ 时，物品的拥有被看作现状[$V(x-r)=V(0)$]，但失去该物品被看作损失[例如，$V(0-r)=V(-r)=V(-x)$]。简言之，由于损失规避，没有拥有某物品的个体在获得某物品时，对该物品的估价 $V(x)$ 将小于拥有和适应该物品的个体在没有损失该物品时对它的估价$-V(-x)$（转引自刘腾飞等，2010）。

另外，刘欢、梁竹苑和李纾（2009）提出程数理论来解释禀赋效应产生的原因。程数是指同一拥有物（possession）经过拥有者的次数，即该拥有物的所有权变更次数。在禀赋效应的经典研究范式中，物品的获得是"单程"（one-route）——从无到有；而物品的损失是"双程"（two-route）——先获得某一物品，然后再失去该物品，也即从无到有、再从有到无。由于损失比受益多了"一程"，所以损失比获益所引起

221

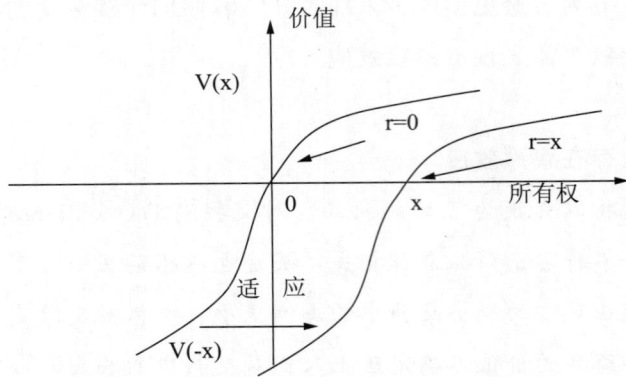

图 13-3　结合参照点变化和适应性的价值函数

(来源：Strahilevitz & Lowenstein，1998)

的心理感受更强烈，故而出现损失规避，使得个体对拥有的物品的估价更高（转引自刘腾飞等，2010）。

研究证据：赢家诅咒

拍卖会上的一种常见现象是：竞拍者最终的成交价格不仅远远高出拍卖品的真实价值，也高出竞拍者最初设定的最高价值。这一现象被称为"赢家诅咒"（the winner's curse）。

赢家诅咒的机制是可以用禀赋效应来解释的。在拍卖之初，那些势在必得的竞价者将拍卖品看作自己的拥有物。在竞价过程中，一旦有其他的竞价者提出一个更高的竞价，为了不失去"自己的"物品，竞价者就会非理性的抬高价格，最终获得物品的拥有权，但此时的竞价价格已远远高出了物品的实际价格（Ariely & Simonson，2003）。因此，研究者也将这一现象称为"伪禀赋效应"（pseudo-endowment effect）。该现象说明对于没有实际拥有权的物品人们也会体验到损失规避。

(二)查询理论

查询理论（query theory）从记忆的视角来解释禀赋效应（Johnson，Häubl & Keinan，2007）。查询理论建立在"估价取决于记忆的提取过程"这一观点上。根据这一观点，卖者和买者分别提出一系列顺序不同的问题来建构物品的价值。

查询理论对禀赋效应的解释包括：第一，无论买者还是卖者都基于一系列问题，各自先考虑当前状态或者现状的优点，然后再考虑与之相反的状态；第二，这些问题的提出有不同的查询次序；第三，问题的决策权重不同，先查询的问题比后查询的问题有更大的权重；第四，对于相同问题的查询次序取决于禀赋状态，买者倾向于首先考虑为什么他们不进行交易，然后再考虑为什么他们进行交易，而卖者则以相反的次序查询这两个相同的问题。研究者采用口语报告法的一种变式——层面列表法（aspect listing）来验证这一理论。让被试在计算机上输入他们在做估价时所考虑的问题、顺序及反应时。其研究结果表明，由于拥有某物品，个体在估价时考虑的各方面问题和改变回忆这些问题的顺序会发生变化，更加重要的是，改变查询的顺序可以消除禀赋效应（刘腾飞等，2010）。

（三）纯粹所有权

也有研究表明，禀赋效应不是由于损失规避，而是个体对物品的所有权所导致的（Morewedge，Shu，Gilbert et al.，2009），而且可能与纯粹所有权效应（mere ownership effect）具有相同的心理机制（Gawronski，Bodenhausen & Becker，2007）。派克（Joann Peck）等人的一系列有关触碰增加所有权感的研究能够从侧面反映这一理论。

触碰增加所有权感

在科幻片《星际迷航：第一次接触》中，卢克船长和下属有这样一段对话。

卢克船长：这是我儿时的梦想……我在思密森尼博物馆看过它上百次，但从没能够触摸它。

队长：长官，触摸会改变你的知觉吗？

卢克船长：当然！对人们来说，触摸能够以一种个人化的方式将你和一个物体联系起来。

2003 年，伊利诺伊州总检察院发出警告，要求节假日期间消费者在购物时要警惕那些怂恿自己手持物品并让自己想象着拥有该物品的卖家。此警告的依据大概是手持物品并想象着物品所有权会导致计划外的或者是没必要的购物。这个警告是合理的吗？

触摸一个质感很好的物体会影响购买欲望，即使触摸的物品并没有提供任何关于所要购买的商品的信息（Peck & Wiggins 2006）。触摸不仅能提高计划外的购买量，还能提高为非营利组织提供时间或金钱的自愿程度（Peck & Childers，2006）。还有研究发现，当你拿着物品并且想象着它归你所有，真的会增加你对它的所有权感知，同时还可能给予其价值以更高的估计（Peck & Shu，2009）。在其中一项实验中，研究者采用2（触摸：触摸，不触摸）×2（想象所有权：想象，不想象）×2（产品：弹簧，杯子）的被试间设计，通过指导语控制被试是否触摸物品，想象所有权的操纵方法是：对于想象组，要求被试用1分钟的时间想象"将物品带回家"，而不想象组则仅仅是停留1分钟什么也不做。结果发现：触碰物品会增加对该物品的感知所有权；当触摸行为无法实现时，想象所有权会增强个体的感知所有权和对物品的估价。

六、禀赋效应的影响因素

禀赋效应的影响因素分为两类。一类是个体的心理因素，包括认知、情绪、动机、情感依恋、认知角度等，主要影响个体在交易中的损失与受益的评价以及参照点的转换，从而导致禀赋效应的强弱变化。另一类是交易物品的特征，即禀赋效应发生的对象物，下表根据刘腾飞等（2010）综述文章内容总结而成（表 13-3）。

表 13-3　影响禀赋效应的因素

因素类别		具体因素	禀赋效应结果	证据
个体因素	认知	卖家/买家的视角不同	出现	Carmon & Ariely(2000)
	情绪	积极情绪	增加	Iness-Ker & Niedenthal(2002)
		消极情绪	减小或消失	
		厌恶	减小或消失	Lerner, Small, & Loewenstein,（2004）
		悲伤	减小、消失甚至反转	Lin, Chuang, Kao, & Kung(2006)
		预期消极情绪	增加	Iness-Ker & Niedenthal(2002)
		不行动而导致的后悔	减小	
	动机	促进定向	减小	Liberman, Idson, Camacho & Higgins (1999)
		预防定向	增加	
		交易需求	减小	Mandel (2002)

续表

因素类别		具体因素	禀赋效应结果	证据
交易物品特征因素	商品类型	公共商品或服务	最大	Horowitz & McConnell（2002）
		私人物品	中等	
		代币券	最小	
	可替代性	高	减小	Hanemann(1991)
		低	增加	
	可比较性	高	减小	van Dijk & van Knippenberg(1998)
		低	增加	
研究设计的选择	研究设计类型	维克瑞拍卖法	减小或消失	Shogren，Shin，Hayes，& Kliebenstein(1994)
		BDM 程序	稳定存在	Kahneman，Knetsch，& Thaler，1990
		重复出价	减小	Sayman & Öncüler(2005)
		被试内设计	减小	
		明确价格信息	减小	
		现金支出	增加	

这些因素对禀赋效应的影响效果大部分比较好理解。需要特别说明的有以下几点。

第一，处于厌恶情绪状态下的个体对拥有的物品和将要买进的物品有排外倾向，因此厌恶情绪会导致买方出价和卖方要价的降低，进而消除了禀赋效应；而处在悲伤情绪状态下的个体会通过改变现状来改变情绪，因此悲伤情绪会导致买方的出价偏高，卖方的要价偏低，从而导致被试出现了反转的禀赋效应。这类现象较为少见，你能想象一个生无可恋的买家遇到一个同样生无可恋的卖家，买家想要尽快将钱财散尽，而买家希望立刻将商品出清。于是出现王朔在《顽主》里描述的荒诞场景：阔太太想花钱，但嫌商品都太便宜，希望店家涨价，而店家又坚持不涨价，于是交易告吹。

第二，当交易物品的可替代性较低时，被试更不愿意交换获得的物品，可接受的卖出定价也更高，从而导致WTA/WTP比率更大。古董、艺术品的价格随着每一次拍卖都大幅走高，就是因为其稀缺性导致的禀赋效应的提高。而当交易的商品属性较为类似，可比较性较高时，交易的比率更大（如两种品牌的葡萄酒）；当交易双方的两种商品的可比较性较低（如咖啡与圆珠笔）时，交易率降低。其原因在于，效用不同的商品难以相比较。我观察过类似"闲鱼"这类二手商品交易网站，有些买家会在卖家呈现的商品下留言，提出用不同类别的物品交换，但卖家回绝这种交换请求的概率比较高。

第三，维克瑞拍卖法会降低禀赋效应，原因在于，维克瑞拍卖又叫第二价格拍卖法。规则是在竞价者各自秘密出价的情况下，出价最高者获得商品，但只需支付第二高价的价格。传统的第一价格拍卖法的弊端在于，许多买家会以低于心理预期价的价格出价，以求"捡漏"，而维克瑞拍卖的好处在于，当不知道其他买家出价的情况下，这种机制设计使得买家的最佳出价策略就是报出自己心中真实的预期价格。由于这一机制使得买家从故意压低出价变为报出实际心理价格，相当于买家提高了WTP，这就使得交易双方的WTA/WTP降低，从而减小了禀赋效应。

第四，BDM程序（Becker, De Groot & Marschak, 1964）也是一种拍卖形式设计。因为有学者质疑，买方和卖方的出价差异是由于交易双方为了自己能在交易中更多获利而进行讨价还价，买方有意识地少报了愿意支付的最高价格，而卖方有意识地多报了愿意接受的最低价（Knez, Smith, & Williams, 1985），如果在这种情况下，测量获得的禀赋效应将稳定存在；同时，也有人认为，交易双方有可能为了促成交易而做出相应的妥协，即买方有意识地多报了愿意支付的最高价格，而卖方有意识地少报了愿意接受的最低价。如果是这种情况，禀赋效应将很容易消失。BDM程序则是针对后一种情况设计，其大概机制是，先让被试报告自己对于某一商品的最高可接受购入价格和最低可接受售出价格，然后在一个价格序列中随机选择一个价格，如果该价格低于被试报告的最高买入价，则被试需以此随机价格买入商品，而如果该价格高于被试报告的最低售出价，则被试需要以此随机价格售出商品。这种设计其实是鼓励个体报告心中真实的WTA和WTP，或者说，不惮于报出心中真实的买入低价和卖出高价，这样就使得禀赋效应有比较稳定的显现。

第五，被试内设计让被试在一些轮次的交易中扮演买家，在另外一些轮次的交易中扮演卖家。由于个体有保持前后一致的自治性的倾向，因此会减小禀赋效应。

七、禀赋效应在现实中的表现和应用

(一)降低市场效率

除了之前有关野鸭的例子,在现实生活中禀赋效应的例子比比皆是。禀赋效应的存在会导致买卖双方的心理价格出现偏差,从而影响市场效率。奥地利学派经济学家罗纳德·科斯(Ronald Coase)曾提出过一条影响甚广的"科斯定理"。该定理指出,只要交易成本为零,财产的法定所有权分配就不会影响经济运行的效率,资源配置的最终状态与产权配置的初始状态无关;通过谈判和议价,要素能够在所有者之间自由流动,最终实现资源的最优化配置。科斯定理的两个前提条件:明确产权和交易成本。只要产权是明确的,并且交易成本为零或者很小,那么,无论在开始时将财产权赋予谁,市场均衡的最终结果都是有效率的,实现资源配置的帕雷托最优。在近来几十年里,科斯的思想产生了深远的影响。

但现实的经济生活中,许多现象违背了这一定理。这些例子都说明,由于禀赋效应的存在,资源配置比科斯预测的更有"黏性",由于市场效率的低下,市场最终的配置结果往往接近于最初的配置情况。因此,初始的产权配置对最终的资源分配有着决定性的作用。

(二)安于现状偏差

禀赋效应使人产生"安于现状情结"。相关的例子就是老公司往往比新公司存在更多的低效率的规章制度,这是因为新公司能够在没有先例的情况下制定规则,而老公司对原有的不合理规则进行修改时,员工往往会更觉得难以接受,从而进行阻挠。国有企业改制也会遇到这种情况。公司为提高生产效率,准备改进管理模式,这可能会遭到职工们的反对,公司领导必须充分考虑这种情况并给予职工适当的补偿。下面的例子反映了安于现状偏差是如何影响人的决策的。

车险选择问题

美国宾夕法尼亚州和新泽西州都为车主提供了两种车险险种,一种较贵,但有不受限制的诉讼权，另一种则相对便宜，但只有有限的诉讼权。不同之处在于，新泽西州将便宜险种列为默认选项，而宾夕法尼亚州则将较贵的险种列为默认选项。两个州的车主都可以自由更改险种。有研究者利用这一事实进行了研究。他们给一组被试呈现新泽西州的方案，给另一组人呈现宾州的方案，询问被试在多大程度上愿意更换自己的险种。结果发现，在新泽西方案组的被试中，只有23％的人选择更换到更贵的险种；在宾州方案组中，有53％的人选择保留原来较贵的险种不变（Hershey，Johnson，Meszaros et al.，1993）

(三)促销策略

虽然禀赋效应的存在会降低市场交易效率，但它也有很多积极的商业应用。很多精明的商家利用禀赋效应引导和改变着消费者的购买行为。最典型的例子就是"试用"。例如，服装经销商会鼓励顾客"试穿"；汽车经销商殷勤地邀请顾客"试驾"；宠物店老板热情地让顾客的小孩把小猫或小狗抱回家"试养"几天等。虽然只是短暂的试穿、驾驶新车跑一圈或让小猫小狗在自己家待几天，但这足已在顾客心理上造成"拥有感"，也就是说，参照点已经发生了向收益方向的偏移。如果试用之后不买，顾客心理上将蒙受损失（虽然他们不曾真正拥有过这些东西），为了避免损失，很多顾客都会打开钱包。

另外，现在非常火爆的网络购物也在巧妙地利用禀赋效应。你会发现，很多电商的购物页面中都有"购物车"这一功能选项，也就是说，你可以先选择心仪的商品放入购物车，但不一定真的花钱去买。但就是这么一个虚拟的"放入购物车"的举动，就会让每一个买家产生名义上的拥有感。如果放弃购买，从购物车里把商品拿出来，就是一种心理的损失。就是这样一个小小的设计，为电商不知带来了多大的收益和利润！

👥 本章要点

1. 禀赋效应的研究源于研究者使用条件估价法研究调查消费者对于公共物品的估价。禀赋效应导致了愿意接受的最低价与愿意支付的最高价之间的偏差，其定义为：与得到某物品所愿意支付的金钱相比，个体出让该物品所要求得到的金钱通常更多。

2. 禀赋效应和安于现状偏差是含义相近但又有所区别的两个概念。

3. 禀赋效应的稳定性表现在：禀赋效应具有跨物品的稳定性，无论交易商品为个人物品还是公共物品，个体都表现出禀赋效应；禀赋效应具有跨时间和跨年龄的稳定性；比较心理学研究发现，其他灵长类动物对食物产生禀赋效应；禀赋效应具有跨情境和跨实验范式的稳定性。

4. 目前对禀赋效应的解释主要有损失规避、查询理论和纯粹所有权效应三种理论。损失规避的解释是基于前景理论，其暗含的假设是参照依赖，个体以现状（拥有某一物品这一现状）作为参照点对物品的价值进行判断；查询理论的解释则从记忆的角度深入地分析了个体对拥有的物品进行估价的建构过程，其假设是估价取决于记忆的提取过程；纯粹所有权的解释认为禀赋效应和纯粹所有权效应有关，只要个体获得了关于某一物品名义上的所有权，就会产生禀赋效应。

5. 禀赋效应的影响因素分为两类。一类是个体的心理因素，包括动机、情绪、情感依恋、认知角度等，主要影响个体在交易中的损失与受益的评价以及参照点的转换，从而导致禀赋效应的强弱变化。另一类是交易物品的特征，即禀赋效应发生的对象物，这类因素与程数说相联系。

6. 科斯定理认为只要交易成本为零，资源配置的最终状态与产权配置的初始状态无关。而禀赋效应的存在预示着，资源配置比科斯预测的更有"黏性"，由于市场效率的低下，市场最终的配置结果往往就接近于最初的配置情况。因此，初始的产权配置对最终的资源分配有着决定性的作用。

7. 虽然禀赋效应的存在会降低市场交易效率，但它也有很多积极的商业应用。很多精明的商家会利用禀赋效应引导和改变消费者的购买行为。

🔧 课后练习

1. 假如说你可以花钱购买这门课的学分，你愿意花多少钱？再考虑一下，假如说你已经修完了这门课，有人提出要花钱购买你这门课的学分，你会要求多少钱？

2. 为什么公共物品比私人物品有更强的禀赋效应？

3. 阐述禀赋效应的机制理论并分析其优缺点。

4. 情绪对于禀赋效应存在哪些影响？

5. 分析禀赋效应和安于现状偏差的异同。

6. 设计一个运用禀赋效应的营销案例。

参考文献

刘腾飞，徐富明，张军伟 等. 禀赋效应的心理机制及其影响因素[J]. 心理科学进展，2010，18(4)：646-654.

侯佳伟，窦东徽. 流动人口的人力资本禀赋效应及其代际差异[J]. 南方人口，2012，6(27)：69-77.

刘欢，梁竹苑，李纾. 行为经济学中的损失规避[J]. 心理科学进展，2009，17(4)：788-794.

Andreas, F., & Johnstone, D. Evidence of the endowment effect in stock market order placement[J]. Journal of Behavioral Finance, 2006, 7(3)：145-154.

Ariely, D., & Simonson, I. Buying, bidding, playing, or competing? Value assessment and decision dynamics in online auctions[J]. Journal of Consumer Psychology, 2003, 13(1)：113-123.

Brosnan, S. F., Jones, O. D., Lambeth, S. P., et al. Endowment effects in chimpanzees[J]. Current Biology：CB, 2007, 17(19)：1704-1707.

Carmon, Z., & Ariely, D. Focusing on the forgone：how value can appear so different to buyers and sellers[J]. Journal of Consumer Research, 2000, 27：360-370.

Gawronski, B., Bodenhausen, G. V., & Becker, A. P. I like it, because I like myself：associative self-anchoring and post-decisional change of implicit evaluations[J]. Journal of Experimental Social Psychology, 2007, 43(2)：221-232.

Giraud, R. Money matters：an axiomatic theory of the endowment effect[J]. Economic Theory, 2012, 50(2)：303-339.

Hammack, J., Brown, G. M. Waterfowl and wetlands：toward bioeconomic analysis[M]. Baltimore. Johns：Hopkins University Press, 1974.

Hanemann, W. M. Willingness to pay and willingness to accept：how much can they differ[J]. The American Economic Review, 1991, 81：635-647.

Harbaugh, W. T., Krause, K., & Vesterlund, L. Are adults better behaved than children? Age, experience, and the endowment effect[J]. Economics Letters, 2001, 70(2): 175-181.

Horowitz, J. K., & Mcconnell, K. E. Willingness to accept, willingness to pay and the income effect[J]. Journal of Economic Behavior and Organization, 2003, 51(4): 537-545.

Hoyer, W. D., Herrmann, A., & Huber, F. When buyers also sell: the implications of pricing policies for customer satisfaction[J]. Psychology and Marketing, 2010, 19(4): 329-355.

Johnson, E. J., Hershey, J., Meszaros, J., et al. Framing, probability distortions, and insurance decisions[J]. Journal of Risk and Uncertainty, 1993, 7(1): 35-51.

Johnson, E. J., Häubl, G., & Keinan, A. Aspects of endowment: a query theory of value construction[J]. Journal of Experimental Psychology. Learning, Memory and Cognition, 2007, 33(3): 461-474.

Kahneman, D., Knetsch, J. L., & Thaler, R. H. Experimental tests of the endowment effect and the coase theorem[J]. Journal of Political Economy, 1990, 98(6): 1325-1348.

Kahneman, D., Knetsch, J. L., & Thaler, R. H. Anomalies: the endowment effect, loss aversion, and status quo bias[J]. Journal of Economic Perspectives, 1991, 5(1): 193-206.

Knetsch, J. L., & Sinden, J. A. Willingness to pay and compensation demanded: experimental evidence of an unexpected disparity in measures of value[J]. Quarterly Journal of Economics, 1984, 99(3): 507-521.

Knez, P., Smith, V. L., & Williams, A. W. Individual rationality, market rationality, and value estimation[J]. American Economic Review, 1985, 75(2): 397-402.

Lakshminaryanan, V., Chen, M. K., & Santos, L. R. Endowment effect in capuchin monkeys[J]. Philosophical Transactions of the Royal Society of London,

2008，363(1511)：3837-3844.

Lerner，J. S.，Small，D. A.，& Loewenstein，G. Heart strings and purse strings：carryover effects of emotions on economic decisions[J]. Psychological Science，2004，15(5)：337-341.

Liberman，N.，Idson，L. C.，Camacho，C. J.，et al. Promotion and prevention choices between stability and change[J]. Journal of Personality and Social Psychology，1999，77：1135-1145.

Lin，C. H.，Chuang，S，C.，Kao，D. T.，et al. The role of emotions in the endowment effect[J]. Journal of Economic Psychology，2006，27：589-597.

List，J. A. Does market experience eliminate market anomalies[J]. Quarterly Journal of Economics，2003，118(1)：41-71.

Macdonald，H. F.，& Bowker，J. M. The endowment effect and WTA：a quasi-experimental test[J]. Journal of Agricultural and Applied Economics，1994，26(2)：545-551.

Mandel，D. R. Beyond mere ownership：transaction demand as a moderator of the endowment effect[J]. Organizational Behavior and Human Decision Processes，2002，88：737-747.

Morewedge，C. K.，Shu，L. L.，Gilbert，D. T.，et al. Bad riddance or good rubbish? ownership and not loss aversion causes the endowment effect[J]. Journal of Experimental Social Psychology，2009，45(4)：947-951.

Nataf，C.，& Wallsten，T. S. Love the one you're with：the endowment effect in the dating market[J]. Journal of Economic Psychology，2013，35：58-66.

Novemsky，N.，& Kahneman，D. The boundaries of loss aversion[J]. Journal of Marketing Research，2005，42(2)：119-128.

Peck，J.，& Childers，T. L. If I touch it I have to have it：individual and environmental influences on impulse purchasing[J]. Journal of Business Research，2006，59(6)：765-769.

Peck，J.，& Shu，S. B. The effect of mere touch on perceived ownership[J]. Journal of Consumer Research，2009，36(3)：434-447.

Peck，J.，& Wiggins，J. It just feels good：customers' affective response to touch and its influence on persuasion[J]. Journal of Marketing，2006，70(4)：56-69.

Iness-Ker，A.，& Niedenthal，P. M. Emotion concepts and emotional states in social judgment and categorization[J]. Journal of Personality and Social Psychology，2002，83：804-816.

Samuelson，W. F.，& Zeckhauser，J. Z. Status quo bias in decision making [J]. Journal of Risk and Uncertainty，1988，1：7-59.

Sayman，S.，& Öncüler，A. Effects of study design characteristics on the WTA-WTP disparity：a meta analytical framework[J]. Journal of Economic Psychology，2005，26(2)：289-312.

Shogren，J. E.，Shin，S. Y.，Hayes，D. J.，et al. Resolving differences in willingness to pay and willingness to accept[J]. The American Economic Review. 1994，84：225-270.

Strahilevitz，M. A.，& Loewenstein，G. The effect of ownership history on the valuation of objects[J]. Journal of Consumer Research，1998，25(3)：276-289.

Thaler，R. H. Toward a positive theory of consumer choice[J]. Journal of Economic Behavior and Organization，1980，1：39-60.

Van Dijk，E.，& Van Knippenberg，D. Buying and selling exchange goods：loss aversion and the endowment effect[J]. Journal of Economic Psychology，1996，17(4)：517-524.

van Dijk，E.，& van Knippenberg，D. Trading wine：on the endowment effect，loss aversion，and the comparability of consumer goods[J]. Journal of Economic Psychology，1998，19：485-495.

第十四章　心理账户

有一件童年往事令我印象深刻。那时我在上小学，当时整个社会正在从计划经济向市场经济转型，粮票正逐渐退出流通领域，但物资和商品还没有充裕到可以拿钱随便买的地步。作为计划经济的残留物，我家所在的地方院校大院那时还流通着一种自制的饭票，大小和粮票差不多，材质是蓝色、红色的软塑料，以颜色区分面值。这种饭票在相当长的时期内在大院范围内充当着硬通货，不仅能在食堂买饭菜，还能在粮店买米面油，在商店买日用品，甚至能从外来的流动商贩手里买贴画和糖果。有一天，家人给了我一些饭票让我去商店买醋，但是我去了之后发现醋卖完了。第二天，父亲又让我去食堂买馒头，我问他要饭票，他说："昨天打醋的票不是还在你手里吗，够买馒头了。"当时我很认真地反问："可那些票不是用来打醋的吗？"父亲被我气笑了，说了一句："你这孩子，打酱油的钱不能打醋啊？"童年随时间消逝，红色和蓝色的饭票也早已退出了历史舞台，但这件事一直被我当成自己的一个笑话，作为一种极力摆脱"缺乏灵活性"的印象的动力。时间继续滚动，当我学习了心理学并成为一名心理学专业教师，特别是开始讲授《经济心理学》课程之后，我才认识到，"打酱油的钱不能打醋"正是心理账户理论的一种非常形象和概括的表述——有些时候，打酱油的钱真的是不能打醋的。

心理账户理论以前景理论为基础，深入理解前景理论有利于对这一章内容的学习。本章内容心理账户的概念，心理账户理论的基础——金钱的非替代性的概念；心理账户的四种类型，即来源、消费项目、储存方式和时间划分不同而导致的心理账户；结合理查德·塞勒的经典研究介绍心理账户的运算法则；心理账户理论对于传统经济学理论的挑战和补充，主要包括行为生命周期理论、行为资产组合理论和个体消费行为的研究。

🔆 课前热身

1. 演出问题

(1)假设你今晚打算去看一场演出，票价是 100 元，正要出发时，发现自己丢了 100 元钱。你是否还会买票去看这场演出？A. 去 B. 不去

(2)假设你已经花了 100 元钱买了一张今晚演出的门票。在你马上要出发的时候，突然发现你把票弄丢了。如果你想要看演出，就必须再花 100 元买票，你是否还会去看这场演出？A. 去 B. 不去

你对这两道问题的回答一样吗？

2. 彩票问题

(1)假如你彩票中了 200 元，你倾向于怎么支配这笔钱？A. 请朋友吃饭 B. 存起来

(2)假如你彩票中了 50 000 元，你倾向于怎么支配这笔钱？A. 请朋友吃饭 B. 存起来

一、心理账户的概念

先看看你对"课前热身"中第 1 题的回答。不知你的答案是否和卡尼曼等人已有的研究结论一致。在第一种情况下，88％的人仍然选择买票去听，而第二种情况下，54％的人回答说"不去了"。事实上，从绝对损失的角度来看，这两种情况都损失 100 元，但为什么人们的选择会出现如此大的差异呢？难道买票的 100 元和现金 100 元的价值有什么不同吗？

上述这个问题可以用经济心理学上的一个著名理论——"心理账户"(mental account)来解释。特沃斯基和卡尼曼(Tversky & Kahneman，1981)早先采用"psychological account"这一概念对"演出问题"进行了分析，并提出心理账户是指人们在心理上对结果(尤其是经济结果)的编码、分类和估价的过程，它揭示了人们在进行(资金)财富决策时的心理认知过程。理查德·塞勒认为，正如同企业组织需要建立资金账户一样，家庭和个人也会建立心理账户，用来记录、分析和汇总日常交易和其他金融活动的结果。按照塞勒的定义，心理账户是个人或家庭用来管理、评估、跟踪金融活动的一种操作定势。在引言里提到的例子中，人们其实在心中建立了"门票"和"现金"两个账户。如果丢了钱，是"现金"账户的损失，"票"的账户没有受

到影响。但如果是丢了票，再花钱买票就感觉为"票"的账户花费了 200 元，很多人就不愿意再买票了。

1985 年，理查德·塞勒发表了"心理分账与消费者选择"（Mental Accounting and Consumer Choice）一文，正式提出心理账户理论。在原先同名研究的基础上，塞勒于 2008 年在杂志《市场营销科学》（*Marketing Science*）的第 27 卷第 1 期上发表了这篇文章的更新版本，对心理账户理论进行了系统的阐述，分析了心理账户的成因以及心理账户如何导致个体对最简单的经济规律的违背（Thaler，2008）。塞勒认为：小到个体、家庭，大到企业集团，都有明确或潜在的心理账户系统。进行经济决策时，这种心理账户系统常常遵循一种与经济学的运算法则相矛盾的潜在心理运算规则，其心理记账方式与经济学和数学的运算方式都不尽相同，因此经常以非预期的方式影响着决策，使个体的决策违背最简单的理性经济法则。塞勒列举了一系列典型现象以阐明心理账户对传统经济规律的违背，并提出了心理账户的"非替代性"特征。对于理查德·塞勒，在禀赋效应一章中已有详细的介绍，读者可以参看相关的章节。

塞勒的瑞士旅行

塞勒有一次去瑞士讲课，瑞士给他的报酬还不错，他很高兴，讲课之余就在瑞士旅行，整个旅行非常愉快，而实际上瑞士是全世界物价最贵的国家。第二次在英国讲课，也有不错的报酬，就又去瑞士旅行了一次，但这一次到哪里都觉得贵，弄得特别不舒服。为什么同是去瑞士旅行，花同样的钱，前后两次的感受完全不一样呢？他认真思索了一番，认为原因就在于第一次他把在瑞士挣的钱与花的钱放在了一个账户上；第二次不是，他把在别的地方赚的钱花在了瑞士的账户上。

二、金钱的可替代性与非替代性

理解心理账户的概念首先要了解什么是金钱的"替代性"和"非替代性"。按照传统的微观经济学理论，金钱不会被贴上标签，它具有可替代性（fungibility）。人们把所有的财富放在一个整体账户进行管理，每 1 元钱与另外的 1 元钱都可以随意地替换和转移。按照非替代性的原理，先花左边口袋里的钱和先花右边口袋里的钱没有区别，花口袋里的现金和刷信用卡别无二致，预支明天即将到手的钱也没有任何问题；同时，赌徒在最近的一场赌局中赢了 100 元，但在之前的赌局中输了 1000 元，他应该认为自己目前还输 900 元；一个人先后收到两份礼物和同时收到两份价值相同的礼物应该同样高兴……

而实际研究则发现，与传统理论相反，人们会根据财富来源与用途在心理上将其划分成不同性质的多个分账户，每个分账户都有单独的预算和支配规则，金钱并不能很容易地从一个账户转移到另一个账户。这种金钱不能很好转移、不能完全替换的特点称为"非替代性"（unfungibility）。塞勒列举了四个"非替代性"的例子。

例 1：L 夫妇和 H 夫妇在西北部进行了一场海钓之旅，他们捕获了一些三文鱼，并将这些鱼打包通过航空公司寄往家中，结果包裹在运输途中丢失。他们因此获得了 300 美元的赔偿金。拿到钱后，两对夫妇去餐馆大快朵颐了一番，花了 225 美元，而在此之前，他们从来没有在饭馆里消费过这么多钱。

例 2：X 先生带了 50 美元参加每月一度的扑克大赛。他拿了一手最大为 Q 的同花顺，并以 10 美元叫牌，Y 先生拥有 100 股 IBM 公司的股票，今天上涨了 50%，账面上多了正好 50 美元。他拿了一手 K 最大的同化顺，但他选择了不跟。最后 X 先生赢了。Y 先生对自己说：如果我有 50 美元，我也会跟。

例 3：J 夫妇存了 15 000 美元准备买一栋理想的别墅，他们计划在 5 年后购买，这笔钱放在商业账户上的利率是 10%；可最近他们刚刚又贷款 11 000 美元买了一部新车，新车贷款 3 年的利率是 15%。

例 4：S 先生看中了商场里的一件羊毛衫，价格为 125 美元，他觉得贵就没舍得买。月底的时候，他妻子买下这款羊毛衫作为生日礼物送给他，他非常开心。而 S 夫妇只有一个联合的家庭账户。

三、心理账户的类型

以上四个"非替代性"的例子也说明，至少有三种原因导致了心理账户之间的非替代性。近年来的一些研究也发现诸如时间一类的因素也可能导致心理账户之间的非替代性。因此，我们总结了四种类型的心理账户。

（一）财富来源不同导致的非替代性

由不同来源的财富而设立的心理账户之间具有非替代性。意外之财和辛苦挣来的钱相比，虽然金额相同，但"意外之财"账户有着更大的边际消费倾向。人们总是会很快花掉意外收入，而辛苦挣来的钱则花得比较仔细。例1中，L夫妇的做法显然违反了传统期望效用理论的可替代性原则。300美元本来没有任何标签，但这对夫妇显然把它放在了"飞来横财"和"食物"两个账户里。即使他们两家每家的年收入增加150美元，相信他们也不会去吃那顿豪华大餐。

李爱梅、凌文辁（2006）的研究发现，个体对于不同来源的财富具有不同的支配倾向。具体来说，如果财富类型是彩票收入，按支配比例排序的项目分别为：人情花费、储蓄和享乐休闲开支；如果是奖金，最大比例是用于储蓄，其次是人情花费和家庭建设及发展支出；如果是正常工资，则最大比例用于应对日常必需开支，其次是储蓄，最后是休闲享乐开支。

回想"课前热身"问题2，你的两个选择一样吗？大部分人在第一种情况下倾向于请人吃饭，而第二种情况下则倾向于把钱存起来。这一结果还揭示了人们支配来源不同的财富的另外一个基本原则：小额的意外之财多用于支出，大额的意外之财则更偏重于储蓄。这可能是由于数额不同的意外之财对于人们来说具有不同的心理意义：小额的意外之财往往被视为"零花钱"，激发的是消费意愿，而大额的意外之财则被视为"财富"，激发的是储蓄意愿。第二次世界大战后以色列人收到西德赔款后的消费情况也能说明这一点。每个以色列家庭得到赔款数额各不相同，他们年收入的比例从7%到2/3。研究发现，接受赔款多的家庭，平均消费率为0.23，即每收到1元赔款，其中0.23元是用于消费的；而赔款少的家庭，平均消费率竟然达到2.0，即相当于每收到1元赔款，不仅会全花掉，还会从原有存款中倒贴1元用于消费（见奚恺元，《别做正常的傻瓜》）。

（二）消费项目不同导致的非替代性

消费项目不同导致的非替代性是指为不同消费项目而设立的心理账户之间具有非替代性，如之前例3和例4中的情况。例3对可替代性的违背则来源于家庭理财的自我控制问题。通常人们对已经有了预定开支项目的金钱，不愿意由于临时开支挪用这笔钱，对于J夫妇来说，存起来买房的钱，已经放在了购房这一预定账户上，如果另外一项开支（买车）挪用了这笔钱，这个账户就不完整了。从理性上说，家庭的总财富不变，在银行看来，只是从一笔账上扣除了车贷而已。但因为财富改变了存放的位置，固定账户和临时账户具有非替代性，人们的心理感觉不一样了。例4中，自己花钱购买羊毛衫，属于生活必需开支，250元感觉太贵了；而作为送给丈夫的生日礼物，属于情感开支，相对更容易接受。可见，为不同的消费项目设立的心理账户之间具有非替代性。

另外一个典型的例子就是我们常说的"穷家富路"，意思就是平时居家过日子要相对节俭、量入为出，而出外旅行时则不必那么节省，该花的钱绝不心疼，以保证旅行的最佳体验。这一理念其实是将日常活动分为了"居家"和"旅行"两个心理账户，两个账户有各自的财富支配法则："居家"账户遵循勤俭原则，以保证生存和积累为目的；而"旅行"账户遵循享受原则，以保障心理效用最大化为主要目的。

（三）存储方式不同导致的非替代性

存储方式不同导致的非替代性，即财富不同的存储方式导致心理账户的非替代性，如例2中Y先生遇到的情况。例2证明，账户兼具局部性和暂时性的特异属性。牌局中玩家的特定行为会因当前所处的资产水平而改变，但不会受整个一生的损益情况的左右，也不会受其他账户变动（如股票的账面收入）的影响。Y先生没有跟牌是因为他觉得自己没有50美元，但事实上他的股票账户里刚刚多了50美元。但正是由于这50美元存在于Y先生的股票账户上，而没有列入其赌资预算中，因此Y先生未能在赌局中"任性"地跟牌。

（四）时间划分方式不同导致的非替代性

有时候人们会根据时间单位来划分不同的心理账户。以劳动报酬为例，存在时薪、日薪、周薪、月薪、年薪等多种计算方式。根据期望效用理论，在不考虑现金时间价值的情况下，月薪5000元和年薪60 000元没有区别。但事实上，不同的时间划分方式会导致不同的心理账户，从而带给个体迥异的心理感受。以下例子的灵感来自奚恺元所著《别做正常的傻瓜》一书。

出租车司机为何一边抱怨，一边加班

出租车行业普遍存在司机超时工作、疲劳驾驶的情况。当然，行业特点决定了

增加工作时间有助于获得更多收入，如果仅仅是这样，出租车司机对于加班的态度应该是正面的。但事实情况是，出租车司机往往一边抱怨工作时间长、身体疲惫，又一边不断加班。假设一名出租车司机平均每天工作 10 小时，每月 300 小时可收入 6000 元，那么，他完全可以根据自身情况灵活安排工作时间，如今天身体感觉疲劳了，可以提前 2 小时收工，等到另外一天身体状态好的时候多工作 2 小时，将之前的损失弥补回来。但是司机们往往不会采取这样的策略。原因就在于，司机是以"天"而不是"月"为单位划分收入账户的，因此在他们看来，每天要挣够 200 元，否则这个账户就处于亏损状态。这种时间心理账户过于细微的划分，使得司机不能以全局的视野来调配自己的工作时间。

类似的例子还有，银行存款的收益是以年化收益的形式呈现的，而很多互联网理财产品往往采用"昨日收益"的方式呈现。后者引导投资者以"天"为单位感受到自己投资的收益，产生一种"每天都有收益进账"的良好感觉。

信用卡消费也是一个极好的例证。行为经济学家马修·拉宾（Matthew Rabin）曾建议：想克制冲动消费，可以尝试将信用卡冻在冰块里。这一古朴的方法显然已经无法阻挡手机支付时代的剁手党了，但拉宾的建议隐含了一个符合直觉的观点：刷信用卡比现金支付更容易让人陷入冲动消费。

麻省理工学院商学院的心理学家德拉岑·普莱莱克（Drazen Prelec）和邓肯·斯迈斯特（Duncan Siemester）组织了一次真实的密封式拍卖会，拍卖的是波士顿凯尔特人队的比赛门票。拍卖会中，一半竞拍者被告知他们需要支付现金，另外一半被告知需要用信用卡支付。研究者统计了两组的平均竞价。结果发现，信用卡组的竞价几乎是现金组的 2 倍。也就是说，当人们使用信用卡时，他们的竞价行为要冲动许多，他们不再克制自己的欲望，而是大手大脚地花钱。

普莱莱克和斯迈斯特提出的双通道心理账户理论认为，当我们购置商品时，不仅会体验到消费的快感，也会体验到支付的痛苦（支付痛感）。当消费与支付紧密连接时，人们更容易感受到支付的痛苦，从而降低消费的快感。用现金付款支付痛感是最强的，因为我们会感觉到钱当场就没有了，但是使用信用卡支付，痛感就没那么强了，因为真正还款要等到下个月，这就相当于将当期消费放在了下个月的心理账户中。当我们用现金买东西时，购买行为就涉及实际的损失——我们的钱包变轻了，账上的余额变少了。然而，信用卡却把交易行为抽象化了，又通过延期还款的机制划分了时间心理账户的，让人们感觉当期的账户没有损失，从而将支付痛感最小化了。

四、心理账户的运算法则

(一)享乐主义的加工

在日常经济活动中，人们是如何操纵和管理心理账户的，这些交易在人们心里是如何评估和被体验的呢？塞勒认为："人们在进行各个账户的心理运算时，实际上就是对各种选择的损失—收益进行估价。人们在心理运算的过程中并不是追求理性认知上的效用最大化，而是追求情感上的满意最大化。"他将这种运算规则称为"享乐主义加工"(hedonicediting)。以下就是一个享乐主义加工的例子(Prelec & Loewenstein，1998)。

情境 1：你计划 6 个月后为自己的新居添置一台洗衣机和烘干机，两台电器一共需要 1200 美元，你有两种选择。

A. 在买下洗衣机和烘干机之前的 6 个月，每月支付 200 美元

B. 在买下洗衣机和烘干机之后的 6 个月，每月支付 200 美元

情境 2：你计划 6 个月后去加勒比海群岛度假一周，旅行需要花费 1200 美元，你有两种选择。

A. 旅行之前的 6 个月里，每月支付 200 美元

B. 在旅行回来之后的 6 个月，每月支付 200 美元

结果发现，在情境 1 中，参与选择的 91 名被试中只有 16％的人选择 A 方案，而有 84％的人选择 B 方案。这是由于对于存在折旧的物品而言，先享用后付款能够实现情感效用的最大化；而在情境 2 中，参与选择的 91 名被试中，60％的人选择 A 方案，40％的被试选择 B 方案，这是因为，对于体验性消费，保持美好的回忆能够带来积极的体验，而后续的付款会让这种体验降低。这个例子说明，情感体验在人们的现实决策中起着重要作用。

(二)分账和合账的法则

现实生活中，决策者常常需要同时面对多个决策问题(或多个期望)进行选择

（如同时买进和卖出多只股票）。心理账户和价值函数理论的结合，可以分析决策者面对多个期望时的决策行为。举例来说，假设某投资者在项目 A 上损失 100 元，在项目 B 上获利 200 元。他在心里如何处理呢？有两种方式。

第一种，分账：分成两个账户，感受到一个亏损 100 美元，一个盈利 200 美元。

第二种，整合：合成同一账户，感受到 100 美元的盈利。

按照这种思路，根据损益情况和金额的高低，任何两项投资都可能出现四种组合（图 14-1）：

(1)复合收益(multiple gains)：二者均得；

(2)复合损失(multiple losses)：二者均失；

(3)混合收益(mixed gains)：得大失小；

(4)混合损失(mixed losses)：得小失大。

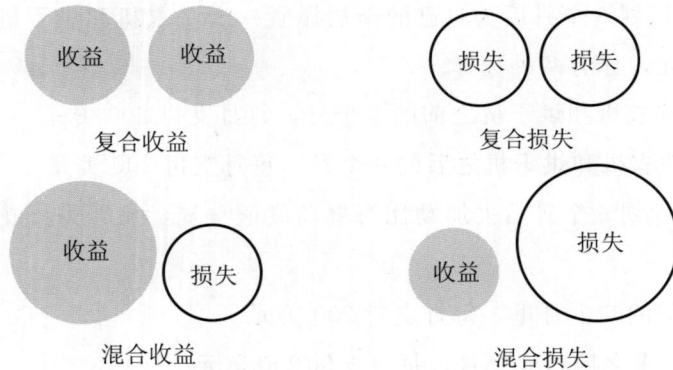

图 14-1　损失和收益的四种可能组合

那么，个体面对这些情境会选择合账还是分账呢？心理账户的运算法则的主要依据是卡尼曼在前景理论中提出的价值函数。价值函数理论对理解心理账户的运算法则有两个重要启示：(1)损失或收益框架会影响个体的风险偏好，进而影响心理账户的操作；(2)设置不同的参照点会改变人们对决策结果的认知。因此对于前景理论的理解有助于更好地了解心理账户背后的心理机制。

塞勒采用了一个小实验来证明分账和合账的假设。被试为 87 名康奈尔大学的大学生。研究思路是给被试呈现成对的分账或合账的结果，然后让他们选择自己更偏好哪种框架。实验采用 4 种情境，每种情境对应上述 4 种组合之一。指导语如下：下面你将看到四种情境。每个情境中都有两个事件，分别发生在 A 先生和 B 先生的生活中。你需要判断 A 先生和 B 先生谁会更开心一些。每种情况的分析见图 14-2。

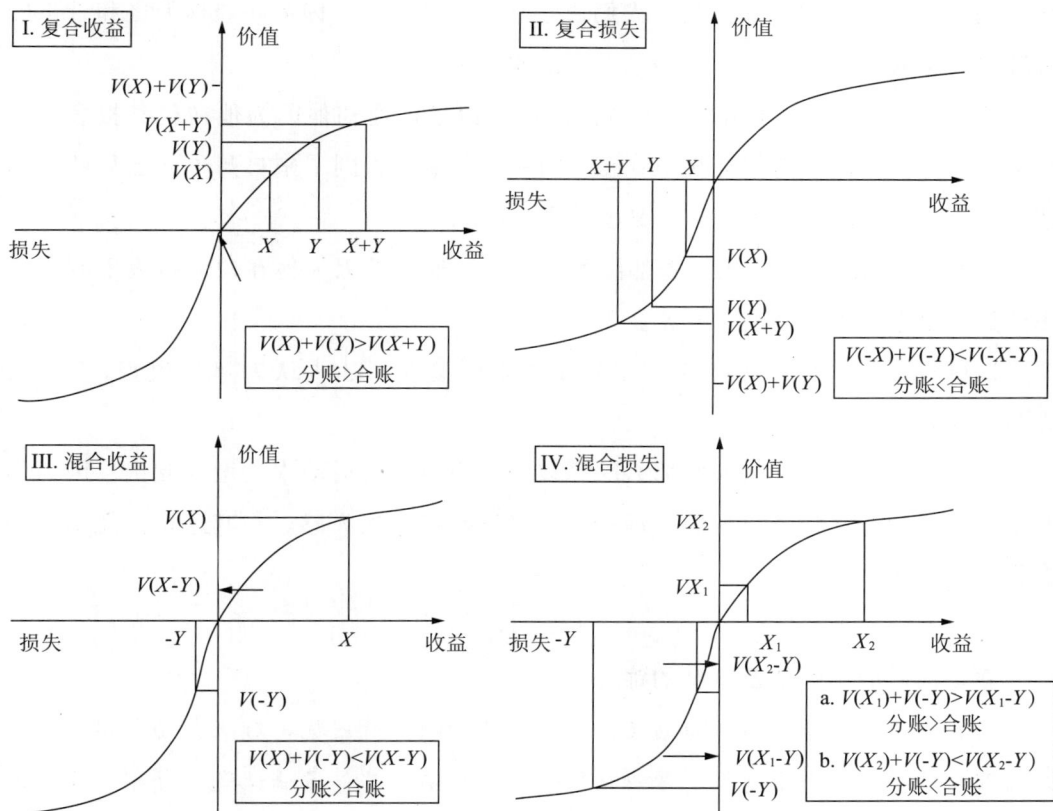

图 14-2　四种损益情况下的心理账户运算法则

（1）假如两笔收入 X、Y 均为正，分账价值为 $V(X)+V(Y)$，合账价值为 $V(X+Y)$。因为价值曲线在右上角为内凹形，所以 $V(X)+V(Y)>V(X+Y)$。也就是说，两项皆是收益，人们通常选择心理分账，因为两项收益带来的心理效用的叠加大于两项收益之和带来的心理效用（见图 14-2）。

例 1：A 先生获得了参加全球大乐透的票，可以参加多场抽奖。他在一期乐透中赢得了 50 美元，在另一期中赢了 25 美元。

B 先生获得了一张参加一场全球大乐透的票。他赢得了 75 美元。

谁更开心一些呢？结果发现，56 人认为 A 先生更开心，16 人认为 B 更开心，

15 人觉得两人一样开心。

（2）假如两笔收入 X、Y 均为负，分账价值为 $V(-X)+V(-Y)$，合账价值为 $V(-X-Y)$。因价值曲线在左下角为外凸形，所以 $V(-X)+V(-Y)<V(-X-Y)$。也就是说，两项皆是损失，人们通常选择心理合账，因为两项损失之和带来的心理损失感要小于两项损失分别呈现带来的损失感。

例 2：A 先生收到来自收入调查部门的一封信，通知他因为他在税务报表上有一个小的计算错误，需要补交 100 元。同一天，他又收到了来自州税务当局的一封信，内容与之前的那封差不多，又要补交 50 元。

B 先生收到了来自收入调查部门的一封信，通知他因为他在税务报表上有一个小的计算错误，需要补交 150 元。

谁更沮丧一些？结果，66 人认为 A 先生更沮丧，14 人认为 B 更沮丧，7 人认为两人没有区别。

这也可以解释为什么人们那么厌恶装修及旅游这类活动中的增项支出。因为不断增加的费用每项都是单独的心理账户，会不断带来损失感。与其这样，还不如一次告知所有费用。

塞勒同事的小烦恼及塞勒的锦囊

塞勒的一个同事曾为不断的交通罚款和各种账单所困扰，后来泰勒利用心理账户的理论给了他一个小建议，帮他克服了这一烦恼。具体做法就是：每年预存一笔费用以应付各种罚款，每次罚款、扣税都从这个账户扣除，就像银行预提了坏账准备一样，这样不断的小额支出带来的痛苦就小了很多。

（3）假如两笔收入 X、$-Y$，且余额为正，分账价值为 $V(X)+V(-Y)$，合账价值为 $V(X-Y)$。因价值曲线在右上角为内凹形，所以 $V(X)+V(-Y)<V(X-Y)$。也就是说，一得一失，得大于失，宜选择心理合账，感受为收益，因为人们对损失敏感度更高。

例 3：A 先生在他的第一次纽约州乐透中赢得了 100 美元，同时，在一场离奇的事故中，他损毁了公寓的地毯，必须赔偿房东 80 元。

B 先生在他的第一次纽约州乐透中赢得了 20 美元。

谁更开心一些？结果：22 人认为 A 先生更开心，61 人认为 B 先生更开心，4 人认为没有区别。

(4)假如两笔收入 X、$-Y$，且余额为负，分账价值为 $V(X)+V(-Y)$，合账价值为 $V(X-Y)$，则有两种情况。

①小得大失且差距悬殊，应分开估价。从图 14-2 中看出 $V(X)+V(-Y)>V(X-Y)$，也就是说，一得一失，损失更大，且得失差异悬殊，那么采取分账的方式，人们会感觉在损失基础上有一点小小的安慰，看到一线希望。这叫作一线光明（silver lining）法则。

②小得大失且差距不悬殊，应整合估价。从图 14-2 中看出 $V(X)+V(-Y)<V(X-Y)$，也就是说，一得一失，损失更大，且得失差距不悬殊，合账能降低人们对损失的敏感度。

例 4：A 先生的车在一个停车场撞坏了，他不得不花费 200 美元去修。同一天，他在办公室的足球押注中赢了 25 美元。

B 先生的车在一个停车场撞坏了，他不得不花费 175 美元去修。

谁更沮丧？结果，19 人认为 A 先生更沮丧，63 人觉得 B 更沮丧，5 人觉得没有区别。

赌徒的口袋为什么总是空的

这一问题可以用心理账户的运算法则来解释。我们知道，就赌博而言，输钱是大概率事件，所谓"十赌九输"。在多轮次的赌博中，赌徒可能已经输掉很多钱，但也有可能在某些轮次赢钱。但总体来说，赢的钱数不足以弥补之前的损失。这就相当于上文所述的"得小失大"的情形。在这种情况下，由于之前的损失和当前的收益差距悬殊，因此赌徒会在心理上进行分账考虑，即让当前小小的一点儿盈利让自己感觉到无限希望，从而不断地赌下去，最终的结果是导致更大的损失。也就是说，由于赌徒不会将当前的一点儿盈利和过去的损失联合考虑，因此会将刚刚赢来的钱立刻投入赌博，所以"口袋总是空的"。

如何在赌博游戏中避免更大的损失呢？其实也可以利用心理账户的原理。拉斯维加斯流传着一句话："永远不要输掉左边口袋的钱。"意思就是，进入赌场之前，要将所有的钱分别放在左右两个口袋。右边口袋里的钱是用来参加赌博游戏的，做好输光的预期；而左边口袋里的钱是买回家车票和口粮用的，无论输到什么程度，都不能动用左边口袋里的钱。这其实是心理账户理论的一个反应用：用现实的存储位置来建立不同的心理账户，提醒赌徒不要将所有的钱都视为赌资，懂得"止损"。

大部分被试的选择符合心理账户运算法则。面对两项收益，大部分人采取分账的方式，将两项收益放在两个心理账户里，让效用最大化；面对两项损失，大部分采取合账的方式，利用损失敏感性递减的特性，减少损失对心理造成的冲击；面对一项损失和一项收益，而收益金额大于损失时，人们选择合账的方式，尽量避免损失的感知；面对一项损失和一项收益，损失大于收益且悬殊较大时，人们遵从一线光明法则，采取分账的方式，尽可能地放大收益的功效，抵消损失带来的冲击，并获得希望感。

另外一些基于现实数据的研究也支持了这一理论。有研究发现，当投资者决定出售盈利的股票时，一般会分几天来完成出售盈利股票的行为，以延长这种良好的感觉。当投资者决定出售亏损的股票时，可能倾向于同一天卖出多只亏损股票（Lim，2006）。

五、心理账户对投资、储蓄和消费研究的启示

(一)行为生命周期理论

经典的生命周期理论建立在理性人假设和生命周期持久收入假说基础之上，认为人总是能够深谋远虑，在任何时候都会考虑几十年以后的长远利益，并站在这种高度，根据一生的总财富来合理安排一生中每个阶段的消费，使一生的总效用达到最大。按照生命周期假说，人们应该这样安排收入和消费。(1)年轻时期：收入较低，消费为主，消费大于收入。理论上，年轻人应该在消费效用最大（或体验效用的能力最强）时尽可能消费，哪怕是贷款消费，因为今后增加的收入可以偿还贷款。(2)中年时期：收入增加，偿还负债，增加储蓄。理论上这一时期，人们应该用增加的收入偿还年轻时的消费贷款，并为养老而储蓄。(3)老年时期：收入下降，消费大于收入。老年阶段，除了生活基本支出和医疗、养老费用，老年人应该将所有的资金用于消费。但事实上，现实中人们的表现却很大程度上偏离了这种预期。年

轻时大手大脚的人是有的，但更多人却是根据当期收入来进行消费，也就是"量入为出"；很多人在中年时期达到消费高峰，因为这和他们当期收入匹配，同时，很多人不愿意进行养老投入（如进行养老金储蓄）；老年时期，许多人反而变得更为节俭了。

其实上述不符合生命周期理论的行为与自我控制和心理账户有关，其中心理账户的影响尤为明显。谢夫林和塞勒（Shefrin & Thaler，1988）提出行为生命周期理论（behavior lifecycle hypothesis）修正了传统的生命周期假说，使之能更好地描述现实中人们的消费行为。和生命周期持久收入假说的消费函数相比，行为生命周期理论在分析消费者行为时强调的是心理方面的因素，这些心理因素主要是通过心理账户加以描述。因此，心理账户的划分及其性质是理解行为生命周期理论的关键。根据行为生命周期理论，消费者根据生命周期不同财富的来源和形式，将它们划分为三个心理账户：（1）现期可花费的现金收入账户（I）；（2）现期资产账户（A）；（3）未来收入账户（F）。三者之间有如下关系：$1 \approx C/I > C/A > C/F \approx 0$。这就是说，现金收入账户的边际消费倾向最大，接近于1；现期资产账户次之；未来收入账户最小，接近0。也就是说，正是心理账户的存在，让人们不愿意寅吃卯粮，并总是倾向用当前收入决定消费（李爱梅，凌文辁，2008）。

（二）行为资产组合理论

如果问人们一个问题：你是会将所有的钱投入到无风险但是收益低的投资项目上，还是拿所有的钱去冒更大的风险以获得高额回报？而按照传统的经济学预期，风险回避者会选择前者，而风险偏好者会选择后者。事实上，大部分人的投资理财习惯并不是这样的，人们更倾向于选择"留一些保底的，然后拿一部分钱去冒更大的风险"。谢夫林和斯塔特曼（Shefrin & Statman，2000）提出的行为资产组合理论（behavior portfolio theory，BPT）就比传统的模型更好地解释了人们的这种倾向。按照这一理论，人们在投资时会依据风险不同而把资金分别放在不同的投资账户中。基金公司也会建议投资者建立一个资产投资的金字塔，把现金放在金字塔的最低层，把基金放在中间层，把股票放在金字塔的最高层。这样的投资模式和心理账户相对应，能够有效地避免资金风险。

行为资产组合理论认为投资者的资产结构应该是金字塔式的分层结构（这里的

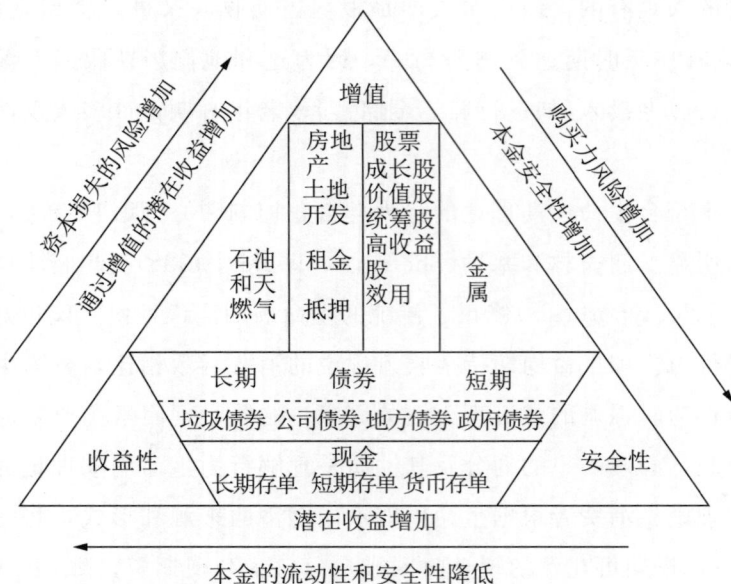

图 14-3　行为资产组合理论

（来源：李爱梅，凌文铨，2008）

层就是心理账户），投资者对其资产分层进行管理，每一层对应投资者的一个目标。
底层是投资者为"避免贫穷"而设立的，所以其投资对象通常是有稳定收益、风险较
低的证券；高层是为使其"富有"而设立的，其投资对象通常是高风险、高收益
证券。

（三）个体消费预算的研究

首先，消费者有为支出账户建立预算的倾向。比如，某人每月收入 6000 元，
他可能会建立消费预算，其中家庭日常支出 2000 元，娱乐支出 500 元，餐饮食品
支出 1500 元、子女教育支出 500 元，储蓄 1000 元，应对各类突发事件 500 元。如
果一段时间某一项目的总消费额超过了预算，他会停止购买此类项目的消费。例
如，这个月看了一场演唱会花费 500 元，用光了娱乐消费"账户"的钱，他就可能不
会再去看电影或观赏话剧。即使在同一个消费项目中，不同的消费也可能有不同的
预算。比如，在娱乐支出中，他给自己规定看电影的支出不超过 200 元，而购买娱
乐杂志的支出不超过 100 元等。

其次，心理账户通过心理预算调节人们的消费行为。有研究认为，心理账户通

过心理预算调节人们的消费行为（Heath ＆ Soll，1996）。表现在：人们会为不同的消费设置预算，但预算通常会低估或者高估购买特定商品的价格，因此常使人们产生"穷鬼"和"大富翁"的认知错觉，从而出现消费不足和过度消费的消费误区（李爱梅，凌文辁，2008）。我曾经看到过一则社会新闻，一对未婚先孕的年轻男女，因为无力抚养孩子，竟然以几万元的价格将婴儿通过地下黑市卖给了别人，而之后这个年轻女孩又因为感到寂寞，花 6000 元买了一条狗做伴。在这对年轻人的心理账户中，抚养孩子会带来沉重的负担，财力无法应付，几万块钱就能将亲生骨肉卖掉，而饲养宠物则更为重要，6000 元似乎不觉得贵。

最后，人们会建立多种构架的心理账户。有研究表明：在购买和消费暂时分离的商品交易中，人们会建构多种框架的心理账户（Shafir ＆ Thaler，2006）。奢侈品的购买更多的被认为是一种"投资"而不是一种消费，因此，当消费很早以前购买的高档产品时，通常被编码为"免费"的或者是储蓄。但如果消费方式不是按原意愿进行时，对该产品的消费预算就会发挥作用（李爱梅，凌文辁，2008）。比如，某人在 30 年前以 100 元购买了一瓶茅台酒，现在这瓶酒已经涨到了 5 万元一瓶。在女儿出嫁这天因为高兴，他拿出了这瓶酒请客人品尝，这时他感觉几乎是以很低的成本让大家喝到了好酒。但是，如果他不慎失手将这瓶酒摔碎了，他一定会痛心损失了 5 万元。我也曾经经历过这样一件事：我在很早之前就报名了驾校，并交了 5000 元费用。但是由于工作繁忙，直到 3 年之后才去驾校学习。那时，同样的课程已经涨价到了 6000 元。我很高兴，感觉自己用 5000 元的代价享受到了 6000 元的服务。但是，我又设想，如果我最终不想学习驾驶，希望驾校退还学费，驾校最终给我退还 5000 元，我还会高兴吗？

🄑🄑 本章要点

1. 心理账户是指人们在心理上对结果（尤其是经济结果）的编码、分类和估价的过程，它揭示了人们在进行（资金）财富决策时的心理认知过程。心理账户系统常常遵循一种与经济学的运算法则相矛盾的潜在心理运算规则，其心理记账方式与经济学和数学的运算方式都不尽相同，因此经常以非预期的方式影响着决策，使个体的决策违背最简单的理性经济法则。

2. 按照传统的微观经济学理论，金钱具有可替代性（fungibility）。人们把所有的财富放在一个整体账户进行管理，每1元钱与另外的1元钱都可以随意地替换和转移；与传统理论相反，人们会根据财富来源与用途在心理上将其划分成不同性质的多个分账户，每个分账户都有单独的预算和支配规则，金钱并不能很容易地从一个账户转移到另一个账户。这种金钱不能很好转移、不能完全替换的特点称为"非替代性"（unfungibility）。

3. 存在四种非替代性导致的心理账户类型：第一种是财富来源不同导致的非替代性；第二种是消费项目不同导致的非替代性；第三种是储存方式不同导致的非替代性，第四种是由于时间划分不同而导致的心理账户。

4. 心理账户的运算法则遵循"享乐主义的加工方式"，人们在心理运算的过程中并不是追求理性认知上的效用最大化，而是追求情感上的满意最大化。

5. 心理账户的分账和合账法则是（1）复合收益情境下，人们通常选择心理分账，因为两项收益带来的心理效用的叠加大于两项收益之和带来的心理效用。（2）复合损失情境下，人们通常选择心理合账，因为两项损失之和带来的心理损失感要小于两项损失分别呈现带来的损失感。（3）混合收益情境下，宜选择心理合账，因为人们对损失敏感度更高。（4）混合损失情境下则有两种情况。①小得大失且差距悬殊，应采取分账的方式，人们会感觉在损失基础上有一点儿小小的安慰，看到一线希望。这叫作一线光明法则。②小得大失且差距不悬殊，应选择合账。合账能降低人们对损失的敏感度。

6. 行为生命周期理论修正了传统的生命周期假说，使之能更好地描述现实中人们的消费行为。行为生命周期理论的两个最重要的概念是自我控制和心理账户。根据行为生命周期理论，消费者根据生命周期不同财富的来源和形式，将它们划分为三个心理账户：(1)现期可花费的现金收入账户（I）；(2)现期资产账户（A）；（3)未来收入账户（F）。现金收入账户的边际消费倾向最大，接近于1；现期资产账户次之；未来收入账户最小，接近0。

7. 行为资产组合理论：人们在投资时会依据风险不同而把资金分别放在不同的投资账户中。基金公司也会建议投资者建立一个资产投资的金字塔，把现金放在金字塔的最低层，把基金放在中间层，把股票放在金字塔的最高层。这样的投资模式和心理账户相对应，能够有效地避免资金风险。

8. 心理账户理论对消费者行为研究的启示是：首先，消费者有为支出账户建立预算的倾向；其次，心理账户通过心理预算调节人们的消费行为；最后，人们会建立多种构架的心理账户。

课后练习

1. 简述心理账户类型。

2. 简述心理账户的分账和合账法则。

3. 从心理账户的视角分析，我们借钱给赌徒的风险在哪儿？为什么？

4. 如果有几个好消息要告诉别人，是一起说好，还是分开说好？如果有几个坏消息要宣布，是一起说好，还是分开说好？如果有一个好消息和一个坏消息要宣布，应该先说好消息还是先说坏消息？

5. 简述行为资本组合理论的基本含义。

参考文献

李爱梅，凌文轻. 心理账户：理论与应用启示[J]. 心理科学进展，2008，15 (5)：727-734.

奚恺元. 别做正常的傻瓜（第2版）[M]. 北京：机械工业出版社，2009.

Feldman，N. E. Mental accounting effects of income tax shifting[J]. Review of Economics and Statistics，2010，92：70-86.

Heath，C.，& Soll，J. B. Mental budgeting and consumer decisions[J]. Journal of Consumer Research，1996，23(1)：40-52.

Lim，S. S. Do investors integrate losses and segregate gains? Mental accounting and investor trading decisions[J]. Journal of Business，2006，79(5)：2539-2573.

Prelec，D.，& Loewenstein，G. The red and the black：mental accounting of savings and debt[J]. Marketing Science，1998，17(1)：4-28.

Prelec，D.，& Simester，D. Always leave home without it：a further investigation of the credit-card effect on willingness to pay[J]. Marketing Letters，2001，12 (1)：5-12.

Shafir，E.，& Thaler，R. H. Invest now，drink later，spend never：the mental accounting of delayed consumption[J]. Journal of Economic Psychology，2006，27

(5)：694-712.

Shefrin，H．，& Thaler，R．The behavior life cycle hypotheses[J]．Economic Inquiry，1988，26(4)：609-644.

Shefrin，H．，& Stadman，M．Behavior portfolio theory[J]．Journal of Financial and Quantitative Analysis，2000，35(2)：127-151.

Thaler，R．Mental accounting and consumer choice[J]．Marketing Science，2008，27(1)：15-25.

Tversky，A．，& Kahneman，D．The framing of decisions and the psychology of choice[J]．Science，1981，211：453-458.

第十五章 具身经济学

传统的经济学长期以来一直将身体性因素排除在理论体系之外，是一种"离身"化的经济学。具身经济学(embodied economics)是在具身理论框架下对个体经济行为进行解释的一种(神经)经济学取向，它考虑身体信号、肌体状态、他人动作或位移(或其位移)所提供的信息对个体经济决策的影响。近期大量有关动作、姿势、肌体状态影响决策、估价及消费行为的心理学研究已经为具身经济学奠定了坚实的实证基础。深入理解动机主体间的身体性互动，有助于更好地理解个体经济决策的动力机制，让经济学和心理学更贴近现实生活。

在第一部分我们首先介绍基于具身理论的具身经济学的概念；第二部分回顾从离身的经济学向具身的经济学转变的历程；第三部分分析身体性因素影响经济决策的两种路径；第四部分列举大量具身经济学的实证研究；第五部分针对人们对于具身经济学的一些疑惑进行澄清；第六部分讨论具身经济学的理论意义，证明它为非理性决策提供了另外一种根源性的解释；第七部分是该研究领域存在的问题和未来研究的展望。

💡 课前热身

1. 有人提出一种理论，在批判思维方面，中国人和西方人存在差异，原因是中国古代的书都是竖排的，人们在看书时会不停地点头，然后就会不由自主地赞同书中的观点；而西方的书是横排的，人在看书时就像在不停地摇头，因此对书中的观点将信将疑。当然，这一假说尚未听说得到有效验证。请分析一下这一假说是否具有合理性？

2. 有研究发现，人在饥饿的时候会更多购物(非食品类商品)，你觉得可能的原因是什么？

一、具身经济学的概念

具身经济学的理论架构直接来自具身理论(theory of embodiment)。具身理论是继计算隐喻、联结主义之后解答人类是如何获取外部世界知识建构内部概念系统的一种诠释的视角,其核心是关注模拟、情境性的行动和身体状态对人的心理和行为的作用(Barsalou,2008)。具身理论的倡导者认为,认知不能与身体和物理、社会环境间的互动方式相分离,相反,应当植根其中(Goldman & de Vignemont,2009)。随着认知科学的快速发展,具身理论已从原始阶段的哲学思辨成为认知心理学、社会认知等领域解释各种现象的一种新的研究范式(李其维,2008;叶浩生,2010)。同时具身理论(尤其是具身社会认知理论)的大量研究(尤其是行为实验)也为具身经济学提供了丰富的实证基础。具身经济学是在具身理论框架下对个体经济行为进行解释的一种(神经)经济学取向,它强调身体信号、肌体状态、他人动作或位移所提供的信息对个体经济决策的影响。

二、具身经济学的发展历程

长期以来,传统经济学注重数学形式化的表达而极力避免主观性的分析,并将此作为与社会学和心理学相区分的手段。这种倾向的一个典型反映便是:将身体的影响及其动力性排除在经济理论体系之外。这种认为身体因素会"干扰"理性的观念可以追溯到柏拉图先天理念(inborn ideas)的思想。他认为身体体验有助于揭示部分先天知识,但也会扭曲这种知识。在《裴多篇》中柏拉图指出:"⋯⋯眼睛、耳朵乃至整个身体都是干扰性的因素,阻碍灵魂对知识的获取(Plato,2010)。"因此,一直以来关注身体性因素及其对行为影响的是心理学家而非经济学家。由于经济学和各类决策模型避而不谈潜在的生理机制,大部分经济学研究者认为神经科学和生物学变量与经济学理论验证毫不相干(Gul & Pesendorfer,2008);还有一些经济学家尽管意识到了内体性因素(visceral factor)对认知活动的影响,但仍然拒绝将其纳入经济学理论。例如,奥地利学派经济学家代表人物米泽斯(Mises,1944)在他的人类行为学观点中指出,经济学应该只研究"意愿"和"意图行为":"经济学不考虑⋯⋯部分身体器官和本能对于刺激的被动反应,因为其不受意志控制。"这些观点及衍生的行为互为因果,共同导致了传统经济学长期以来始终忽视行为主体(agency)的身体因素对决策、偏好等经济行为的影响，成为一种"离身"化的经济学。

在经济学界最早呼吁应该将身体性因素纳入经济学分析的是赫伯特·西蒙和弗里德希·哈耶克（Friedrich Hayek）。他们提出了一系列对具身经济学的产生具有启发意义的前瞻性观点。兼具经济学家和心理学家双重身份的西蒙对身体（的感觉和动机系统）在行为、情绪和决策方面的决定性重要作用进行了探究。谈到情绪的作用时西蒙认为，情绪能够延缓判断，让个体对信息进行排序，截留决策所必需的信息（Simon，1967）。新古典主义经济学的代表人物哈耶克是最早主张经济学应当借鉴心理学研究成果的经济学家之一、他首先对拟人论（anthropomorphism）做出了解释："我们将观察到的事物进行拟人化的倾向可能是一种运用图式的结果，而这些图式是我们自己的身体运动所提供的。"这一观念强调了个体和他周遭世界之间的"因果性"联系，为理解这个信息冗余的世界提供了一个把手（handle）。同时，在身心关系的问题上，哈耶克坚持一元论的观点，认为身体和大脑不可分割，以往研究多考察感觉系统（心）对动力系统（身）的影响，而现在应该更多关注"身"对"心"的影响。

神经经济学（neuroeconomics）则从生物水平上证明了具身经济学存在的必要性和合理性。首先，神经经济学的研究已从生理层面上证实了西蒙有关情绪对决策的影响的观点，这使得经济学家重新将情绪考虑进经济推理之中，也让神经科学家重新思考他们关于情感与理性关系的观点（Knoch，Pascualleone，Meyer et al.，2006；Tassy，Oullier，Cermolacce et al.，2009）。其次，神经经济学有助于更深刻地理解造成个体间行为决策的异质性（heterogeneity）。例如，当不同个体面对压力源响应方式不同时，对其生物学指标（皮质醇水平）进行测查，就能有效辨别这种外显的行为差异源于个体内部差异还是外部压力源的不同影响，进而排除竞争性的解释。从某种角度看，或许神经经济学只是通过新的研究范式证实了过去有关经济决策的行为实验的结论，但它给予人们这样一种启示：决策行为并非人类所独有的，而是物种长期演化和适应环境的结果，因而与生物基础具有广泛的联系，并受到各种生物因素的制约。

如今已经有越来越多的经济决策研究者认识到，只有将身体因素——身体的生理状态、运动、姿势及其所承载的各种信息作为变量纳入经济学的研究范畴，才有可能更好地理解个体的经济决策。将这些因素纳入经济学分析当中，有助于解释为何特定的决策会偏离经济主体的期望或理性选择理论的预期。

三、身体性因素影响经济决策的两种路径

身体性因素是多维度的,包括内脏活动(如心率、血压、胃肠的蠕动等),腺体分泌和骨骼肌肉运动等。具身理论的倡导者倾向于用形式符号及其表征(formal symbols and representations)解释人类的高级认知过程,并认为形式符号对于解决人类身心脑之间的关系有着重要意义(Barsalou,2008)。巴萨卢(Barsalou,1999)提出的知觉符号理论强调人们加工知识信息的过程包括两种状态,一种是真实的身体状态(actual bodily states),一种是对经验进行模拟的心理状态(个体的身体以及身体同环境的相互作用为个体认识世界提供了原型)。纵观具身经济学的实证研究,身体性因素对经济决策的影响也存在这样两种可能的路径。

(一)生物(生理)特征和情绪对于个体经济决策的直接影响

首先,按照具身社会认知的观点:人类的认知功能受到相对稳定的生态的、物质的、生物的条件的限制(Schubert & Semin,2009)。许多有关经济行为的认知活动本质是具身的,是因为这些认知过程与神经生理过程存在密切关联。大量认知神经科学的研究已经涉及生物(或生理)因素对于经济决策的影响,发现类似新陈代谢和荷尔蒙水平等生物(生理)特征对于个体的风险偏好、选择和消费行为具有和信念等认知因素等同的影响作用。例如,对于皮质醇水平的测查可以解释当不同个体面对同一压力源时,有人会改变自己的选择而另外一些人则不会。这类针对内部异质性的生物数据和指标能够为行为实验的结果增加额外的解释效力。其次,情绪对于经济决策的直接影响。情绪是最早被倡导纳入经济分析的身体性因素。后来的决策研究者遵循西蒙的主张,证实了情绪在决策中的多种作用。洛温斯坦等人(Loewenstein,Weber,Hsee et al.,2001)提出风险即情感假设(risk-as-feelings hypothesis)来解释为何决策时的情感体验能够使个体决策偏离传统经济学所认为的最优解,并指出以往研究者往往关注预期(anticipated)情绪而忽略预先(anticipatory)情绪对于决策的影响。情绪在决策过程中的作用机制可以概括为两种。第一种是心境一致性效应(mood congruency),即后续判断在效价上与先前被启动的情绪一致,这其实是一种情绪启发式(Bower,1981;Forgass,1995);第二种是情绪作为躯体变化影

响决策行为的中介。按照贝沙拉和达马西奥(Bechara & Damasio,2005)提出的躯体记号假设(somatic marker hypothesis)指出,决策不仅仅涉及对事件结果及其发生可能性的纯粹计算,还可能是由情绪信号(即躯体状态)所引导的,甚至有时是由躯体状态所决定的过程。

(二)借助符号和表征实现的躯体——认知隐喻

首先,身体为认知部分提供了基础内容。按照卡萨桑托(Casasanto,2009)的观点,个体的身体是进行心理活动的情境中不可分割、永续存在的组成部分,因此身体对表征的形成具有普遍的影响。这种表征其实构成了关于外部世界的认知隐喻。拉考夫和约翰逊(Lakoff & Johnson,1999)认为隐喻性解释对于理性选择非常重要:"…… 无隐喻性的解释,单独的数学展示对于理性选择就像什么都没说一样。"虽然经济学分析一直排斥身体性因素,但在现实生活中不乏有关于身体隐喻在经济方面应用的例证。例如,在技术分析(图表)中,身体隐喻用于描述经济趋势的图形表征,当图表中出现一个高于以往和后期的峰值时,其具身性的原型就是"头肩型"。其次,身体隐喻也会影响与之相关的认知加工的进行方式。例如,身体的物理属性决定了个体只能感知到一定阈限上的刺激;人们经常使用的一些抽象概念(如提拔、贬低、热情、冷淡等)也都能在以身体为中心或身体感知环境的概念中(如上、下、热、冷等)找到原型。因此躯体变化也会在一定程度上成为塑造认知的动力,进而影响包括经济决策在内的各种认知过程和行为。

四、具身经济学的实证研究

(一)激素水平

和生态理论强调新生物的觅食行为对新陈代谢状态的依赖不同,传统的经济学理论并未更多关注生理状态对经济决策的影响。生理心理学和神经经济学的研究已经发现,如新陈代谢和激素水平之类的生理线索会直接影响个体决策中的偏好和选择。

1.新陈代谢

史蒂芬斯(Stephens,1981)认为,动物有时会面临两个能带来平均数相同而变

257

异程度不同的能量回报的觅食方案，当高于新陈代谢参照点时（如维持一天能量所需），有机体寻求的是"健康"最大化（如生存概率），因而偏好更安全的方案（低变异程度）；而当新陈代谢水平低于参照点时，有机体会偏好高风险的方案。麦克纳马拉和休斯顿（McNamara & Houston，1992）认为，风险偏好的动态调整取决于三方面：代谢状态、能量储备和摄取率。如果能量摄入率低于参照点，将导致个体更大的风险寻求，高于参照点则将转向更大的风险厌恶。代谢参照点通常是达到生存阈值所需要的摄取率。当摄取率下降低于阈值时，饥饿的概率就会增加以促进风险寻求行为。基线风险态度取决于基线的能量储备，能量储备增加，基线风险厌恶水平也随之超过阈值。在饱食状态下，能量的边际变化预计不会显著影响生态适应性，有机体将变得对风险不再敏感（风险中立）。西蒙兹和伊曼纽尔等人（Symmonds，Emmanuel，Drew et al，2010）采用进食控制的方式测查了人类被试在风险决策中的表现。他们给被试呈现 200 对风险程度不同的彩票，让被试进行选择，同时测量了被试体内的瘦蛋白（leptin）和胃饥饿素（ghrelin）水平，结果发现，风险偏好的变化与个体的瘦蛋白和胃饥饿素的基线水平呈正相关。研究者认为，能量摄入、能量储备以及对风险的态度之间的这种关系基本上反映了前景理论对于资金风险态度、经济参照点，以及财富的变化的效果之间关系的解释。这类风险偏好根据食物获得量的相对损益（甚至是在整体营养摄入量得到控制，即对参照点的实验操控的情况下）而变化的研究都预示了心理学和生态学概念框架之间存在直接关联。

2. 激素水平

还有研究证明，激素（包括催产素、雄性激素等）水平会影响经济决策。

催产素（Oxytocin）。催产素是一种男女都有的由 9 个氨基酸构成的荷尔蒙。以往人们对其主要作用的认识是在孕妇分娩时促进子宫收缩和催乳。然而，近年来，神经科学家和心理学家逐渐发现催产素广泛地影响了人类的各种社会行为。首先，催产素能够增加亲社会性的决策。例如，扎克等人（Zak，Stanton & Ahmadi，2007）在传统的最后通牒博弈中分别给被试注射催产素和安慰剂，发现催产素组的被试作为提议者（提议给对方分多少钱的一方）比安慰剂组的开价多了 21%。但在独裁者博弈（响应者无权否决提议者的分配方案）中，催产素不影响响应者最低可接受的报价。这说明高催产素水平让提议者更多考虑自己行为会对他人造成何等影响，因而变得更加慷慨和无私。其次，催产素能够提高经济活动中个体承担风险的意愿。科斯菲尔德等人(Kosfeld，Heinrichs，Zak et al.，2005)发现鼻腔喷入催产素能显著增加信任游戏中投资人的投资金额，但并不影响受托人的返还金额。研究者进而推论，催产素能增加人际信任，从而提高个体在人际交往中承担社会风险的意愿。这一观点也得到了脑成像研究的证实。鲍姆格特纳等人(Baumgartner，Henrichs，Vonlanthen et al，2008)使用功能性核磁共振成像技术(fMRI)考察了信任游戏中个体的脑部活动，结果发现，喷了催产素的投资人得知受托人的背叛行为后，投资金额并没有显著降低，但杏仁核(与恐惧情绪相关的主要脑区)的活动却显著减弱。研究者推断，当投资人得知受托人的背叛行为时，催产素通过降低与恐惧加工相关的脑区激活以促进信任行为。最后，需要指出的是，催产素所引发的也并不都是亲社会行为。在一项研究中，研究者根据被试在赌博游戏的表现分配收益，结果发现催产素组的被试在得知别人的收益高于自己时，表现出更强的嫉妒；而当别人的收益比自己低时，则会表现出更强的幸灾乐祸。可见催产素的亲社会作用可能只发生在对个体有利的情境中，在纯粹的竞争情境中反而会增加嫉妒(Shamay-Tsoory，Fisher，Dvash et al，2009)。

睾酮(testosterone)。睾酮作为一种类固醇激素，广泛涉及男性的交配、觅食和攻击等诸多带有一定程度风险的行为。首先，有关风险偏好的性别差异的研究已经证实，男性比女性有更强的风险偏好。其次，不同雄性激素水平的个体在风险偏好方面也存在差异。例如，科茨等人(Coates，Gurnell & Rustichini，2009)测量了伦敦证券交易所49名男性交易员的食指和无名指长度比(2D∶4D)(这个比值越高说明在产前雄性激素暴露水平越高)，发现该比值能够正向预测交易员的长期收益率及从业时间(从业时间越长说明成功交易率越高)。阿皮塞拉和德雷尔等人(Apicella，Dreber，Campbell et al.，2008)在一个以真实货币作为回报的投资游戏中，测查了98名男性在出生前和青春期睾酮环境、当前睾酮和经济风险偏好之间的关系。结果发现风险偏好与被试唾液中的睾酮水平呈正相关，而面部的雄性特征(青春期激素环境的影响表现)则与风险偏好不存在相关。虽然这只是一个相关研究，但其结果仍然预示了风险偏好具有生物性的决定因素。此外，高睾酮水平还可能使个体在经济博弈中有更强的竞争意识，对公平性更为敏感。例如，伯纳姆(Burnham，2007)在最后通牒游戏中有意让响应者(接受报价提议的一方)面对容易遭受否决的提议(提议方将40美元中的5美元留给响应者)，同时研究者让被试提交唾液样本检测睾酮含量，结果发现，在否决提议者中高睾酮水平者占到了 80%，高睾酮水平组的 7 名响应者有 5 人否决了提议，而睾酮水平较低组中只有 1 人。除了否决对方侮辱性的出价，高睾酮水平的个体在面对不公平的对待时表现出更多的报复性行为。例如，库利和卢卡斯等人(Kouri, Lukas, Pope et al.，1995)给被试注射睾酮或安慰剂，然后让他们单独面对一个按钮，并告诉他们按下按钮就可以给另外一个看不见的同伴扣钱，而这个同伴面前也有一个按钮，他可能采取同样的行为进行报复。结果，注射睾酮组的被试更倾向于采取报复行动。这类研究都表明，个体在现实世界的经济活动中所表现出的情绪行为有可能基于更基本、更生物性的原因。

皮质醇(cortisol)。皮质醇也可称为"氢化可的松"，是肾上腺在应激反应里产生的一种类激素。压力状态下身体需要皮质醇来维持正常生理机能。如果没有皮质醇，身体将无法对压力做出有效反应。梅塔等人(Mehta, Yap & Mor，2010)发现，皮质醇水平的变动与谈判和议价游戏中的决策存在关联，最佳谈判表现与升高的睾酮水平和下降的皮质醇水平(高竞争性和低紧张性)存在关联。在另外一些与压力有关的消费者的决策行为中也能发现皮质醇的影响，诸如在时间和预算有限情况下的食物选择与压力的关联可以从消费行为与皮质醇水平的变动的联系中观察到(如紧张工作一天后去购物有助于降低皮质醇水平)。在个体应对压力源的研究中，皮质醇水平的数据能够清晰揭示出个体对重复出现的压力源的习惯化机制(Yoon, Gonzalez, Bechara et al.，2012)。

(二)情绪效价

传统的经济学观点认为，决策者应当用"冷静的头脑"思考，决策应该出自能够产生最优结果的理性和认知过程。但决策过程中情绪的存在能够显著影响决策的结果。贝沙拉和达马西奥(Bechara & Damasio，2005)提出的躯体标记假说甚至认为，决策是由情绪引导甚至决定的过程。一系列采用情绪诱发程序的实验都证明，情绪线索能够对个体的判断、风险偏好和经济决策造成影响。

1. 情绪效价与价值估计

情绪状态能够影响判断。锚定效应的研究发现，消极情绪会导致被试更强的锚定偏差，这可能是因为消极情绪引发的精细化的加工让个体更关注非信息性的线索(Englich & Soder，2009)。另外，在营销行为的文献中被广泛引用的一个发现便是：积极情绪引发个体对物品更高的估价，这种效应在原始估价后还能保持数天（Pocheptsova & Novemsky，2010；Sar，Duff & Anghelcev，2011）。相比处于消极情绪的个体，快乐情绪下的个体对商品的喜欢程度更高，更可能做出快速的决策（如可选项中选择第一项）（Qiu & Yeung，2008）；有研究让被试想象受到他人拒斥的经历或者直接经历被人拒绝的事件以诱发被试的消极情绪，然后让被试评估实验室的温度或询问被试要热饮料还是冷饮料。被拒绝体验让被试对室内温度的估计更低，同时更想要热的饮料（Zhong & Leonardelli，2008）。

2. 情绪效价与风险偏好

帕克等人（Park，Lennon & Stoel，2005）以网上交易的方式考察了情绪效价对风险行为的影响，结果发现消极情绪会降低交易中的风险寻求的行为，而积极情绪则会提高交易意向。与之相似，格拉布尔和罗什科夫斯基（Grable & Roszkowski，2008）发现，积极情绪与更高的经济风险容忍度相关联。德弗里斯等人（de Vries，Holland & Witteman，2008）让被试完成爱荷华赌博任务（Iowa gambling task），结果发现消极情绪下的被试更依赖直觉，而消极情绪下的被试则采取更为审慎和分析性的决策策略。德弗里斯等人（de Vries，Corneille，Rondeel et al.，2012）还发现，在博弈过程中，积极情绪下的被试比消极情绪下的被试更少采用能使期望收益最大化的基于规则的策略。

3. 情绪效价与理性决策

另外一些证据则证明，消极情绪与非理性的判断相关，而积极情绪则于理性选择相关。同时德里查迪斯等人（Drichoutis，Rodolfo & Stathis，2010）通过偏好反转和拍卖程序发现，处于积极情绪状态的被试相比处于消极情绪状态的被试会表现出更多的理性行为。费多里琴等人（Fedorikhin & Patrick，2010）发现，被诱发积极情绪的被试表现出更强的抵制诱惑的能力［选择健康但味道一般的食品（如葡萄），而非可口的非健康食品（如巧克力）］。另外还有研究发现，消极情绪导致个体为自己购买更多计划外的商品（Atalay & Meloy，2011）。

需要注意的一点是，社会认知研究中一个普遍的结论是"好的情绪导致坏的判断"。许多关于情绪影响社会判断的研究都表明，积极情绪让个体在做判断时更依赖直觉或启发式，表现在认知上采用的是一种"快而脏"的加工，从而导致判断的偏差；消极情绪则引发精细化思维，让个体的判断更为准确。但上述研究结论都显示，情绪对决策行为的影响似乎呈现相反的模式。

（三）躯体信号

巴萨卢（Barsalou，2008）认为，高级的认知过程与知觉、运动过程之间是相互作用的。已有大量研究发现，经济决策依赖或受制于感知觉、情绪和动作之类的躯体线索。

1. 视听觉

消费者对价格的知觉是一种数字感知。根据德阿纳（Dehaene，1992）的三重编码模型，数字以三种不同的形式进行表征：视觉、听觉和类比。视觉编码表征空间的视觉媒介上的书面数字形式（如 72）；听觉口语编码通过语音表征生成，其中每个数字都被一系列音素所表征（例如，"seventy" and "two"）；类比数量编码则将数字表征为存在于从左到右排列的心理数字线上的相对大小。这三种表征存在神经上的关联：不同表征在能够实现跨通道、跨左右脑的联合。

视觉方面，有关尺寸—价值一致性（size-value congruency）的研究已经证实，当被试尝试两个数相对大小时，如果较大的数以较大的字体呈现，则被试的反应时较短；反之，如果较大的数以较小的字体呈现，被试的反应时增加（Dehaene，1989）。数值的字体大小和数值大小有密切的关系，而在价值和大小不一致的情况下会出现干扰，进而影响价格感知。例如，一项有关价格感知的研究发现，当较低的折扣价格以相比正常价格更大的字体呈现时，被试对折扣量的感知就会变得相对较小。这说明字体的"大小"和心理上的"贵贱"存在隐喻性的关联（Lin & Wang，2011）。

听觉方面，库尔特等人（Coulter & Coulter，2010）认为，价格名称音素可能由于价格的加工和编码的方式而影响价格感知。当消费者接触到比较价格广告时，语音和类比数量表征将被激活，语音表征可能会影响相关的类比编码。具体来说，已被证明与"小"（摩擦音和前元音）的知觉相关联的促销价格的语音编码会增加与正常价格相比被知觉为"小"的可能性，同时正常售价被知觉为比较大，从而使消费者感知到的折扣量的增加；相反，与"大"相关联的语音编码（后元音和休止音）通常减少促销价比正常价"小"的感知，从而降低了知觉到的折扣量。

2. 触觉

（1）冷与热。物理的冷热是人际关系冷暖的隐喻（俗语"人走茶凉""人情冷暖"）。威廉姆斯和巴奇（Williams & Bargh，2008）让被试触摸冷或热的刺激，结果发现，触摸了热咖啡杯的被试对他人的评价更积极；接触了热的治疗垫的被试更有可能选择一份礼物给朋友而不是自己。

（2）轻与重。物理的轻重是重要性的隐喻（俗语说"重于泰山""轻于鸿毛"）。乔斯特曼等人（Jostmann，Lakens & Schubert，2009）让被试手拿轻或重的写字板对外国货币进行估价，结果发现，拿重写字板的被试相比于拿轻写字板的被试对外国货币有更高的估值，同样方式启动下，被试对公共事务发言权的重要性评估也更高。此外，轻重启动的重要性概念能够影响经济决策。阿克曼等人（Ackerman，Nocera & Bargh，2010）在虚拟的财政决策任务发现了轻重启动和性别的交互作用，具体表现为重物启动组的男性更倾向于将资金分配到重要的社会项目中，女性则倾向于将资金最大化地投入到所有社会项目中。

（3）顺滑与粗糙。顺滑与粗糙能启动容易和困难的认知（俗语形容容易说"如履平地"，形容困难说"问题棘手"）。粗糙和顺滑感知会影响态度和决策。阿克曼等人（Ackerman，Nocera & Bargh，2010）先让被试玩不同纸质（光滑或粗糙）的拼图，然后进行以彩票为支付道具的最后通牒游戏，结果显示，经历光滑手感的被试作为提议者会将更多的彩票分给同伴。

（4）软与硬。对硬度的感知能够启动稳定、严格或严厉的认知（俗语如"心如磐石""铁板一块"）。阿克曼等人（Ackerman，Nocera & Bargh，2010）让被试坐在软或硬的椅子上完成一个想象中的购车议价任务。车的标价是＄16 500，被试可以出价两次，研究者计算两次出价的变化。结果显示，相比坐软椅子的被试，坐硬椅子的被试两次出价的变化更少。这说明硬椅子的触感所激活的严格的、稳定的概念减弱了被试决策的弹性或改变出价的意愿。

（四）躯体动作

躯体动作对于经济决策的影响其实可以追溯到控制幻觉（illusion of control）的研究。一类典型的控制幻觉表现就是个体由于参与性的动作而扭曲了对于随机性的知觉（如认为自己抽取的彩票比被动分派的更有可能中奖、想扔大点数的时候用力掷骰子而想要小点数的时候则轻轻掷等)。在控制幻觉中，参与性的动作产生了"控制感"的隐喻，让个体认为自己能够控制随机事件的发生。但是控制幻觉中的躯体性动作是整体性和泛指意义上的动作或操作，很难厘清具体动作和决策行为的关系；具身经济学则要特异性的动作对于特定决策行为的影响，而具身的社会认知研究则已经涉及这一方面，对此问题伍秋萍等人（2011）曾进行了较为细致的归纳，在此仅列出与偏好及决策相关的结论，并在此基础上进行补充。

1. 点头或摇头

具身认知的观点假设，点头的动作代表赞同和喜欢，隐喻的是对事物的积极态度，而摇头则代表反对和厌恶，隐喻的是对事物的消极态度。做出点头或摇头的动作能够强化两种态度并影响个体对事物的偏好。威尔斯和佩蒂（Wells & Petty，1980）以测试耳机性能为由将被试分为头部平行移动组（摇头）、垂直移动组（点头）和对照组（不需做动作，只要打分即可）。然后给被试听一段音乐，接着是广告商对这款耳机的推荐。被试需要给这款耳机打分，并回答是否同意广告商的推荐意见。结果表明，点头组给耳机的打分和对广告商推荐意见的赞同程度都大大高于另外两组，而摇头组在两个项目的分值上则远远低于其他两组。汤姆和彼得森等人（Tom，Pettersen，Lau et al，1991）以类似的方式诱导被试做出点头或摇头的动作，考察其对新旧物品的偏好。结果发现，在测试耳机的过程中点头的被试会更倾向于选择旧钢笔，而摇头的被试更倾向于选择新钢笔。在有关锚定效应（anchoring effect）的研究中，研究者让一组被试在答题过程中持续点头，另一组持续摇头，结果发现在自发锚定效应情境中，点头的被试回答问题的时间显著快于摇头的被试，且更依赖锚定信息（Eply & Gilovich，2001）。可能的原因是，由于自发锚定效应是不充分调整造成的，如果被试更愿意赞同并接受某一数值，他便会产生认知闭合的需要，很快停止调整，从而产生更大的锚定偏差。

2. 趋近与回避

趋近与回避（拉或推）的动作能够启动喜欢或排斥的心理表征，进而影响偏好或选择。卡西奥普等人（Cacioppo，Priester & Bernston，1993）给被试呈现一系列图片，并让被试做出趋向图片的上推动作或远离图片的下推动作，结果发现被试对在趋近动作中看到的图片的评价比在逃避动作中看到的图片更积极。福斯特和斯特拉克(Förster & Strack，1997)在提名任务中诱导被试做出趋近的动作或者逃避的动作。结果做出趋近动作的被试提出了更多他们喜欢的名人的名字，而做出逃避动作的被试则提出了更多他们不喜欢的名人的名字。还有研究也发现被试对于积极刺激和消极刺激的反应也与回避动作和趋近动作具有一致性(Centerbar & Clore，2008)。

(五)空间方位

具身认知理论用身体投射(bodily projections)来说明身体对于概念结构的塑造作用(Lakoff，1999，2008)。空间关系概念是主体从自己的身体与外界事物的接触中最直接感受到的关系。具身理论认为，所有的空间关系结构最初都是以身体为参照物或者与身体有关的，因为人认识世界是从自己的身体感知开始的，而身体及其空间关系是概念和意义的本源，各种空间关系反复作用于我们的身体，于是形成了丰富的记忆意象，继而又形成更具抽象性的意象图式。这种有关空间的抽象符号或图式能够产生丰富的隐喻和表征，继而影响偏好和决策。

1. 左与右

一般而言，个体对空间方位的界定和表征是以自身为参照的。按照卡萨桑托(Casasanto，2009)提出的身体特异性假设(body-specificity hypothesis)，依据心理的内容对身体结构的依赖程度不同，具有不同身体结构的个体也会呈现不同的思维模式。首先，在空间观念上，人们关于空间和效价的内隐关联是身体特异性的。对右利手者而言，"好"往往与空间上的"右"相联系，而"坏"则与"左"相联系，因而形成所谓"右就是好"(right is right)的信念，左利手者的模式则正好相反。其次，这种空间和效价的隐喻性关联会对个体的偏好和选择产生重要影响。卡萨桑托(Casasanto，2009，2011)对此进行了一系列研究。例如，在面对二选一的决策(两样物品中选择购买一个、在两个求职者中进行择优、判断两个外星生物哪一个看起来更可信)时，右利手者倾向选择右边的物品、人物和生物，而左利手者会选择左边的物品。相对于非利手方向，5岁的儿童将主利手方向的动物评价为更聪明和更友善的(Casasanto & Henetz，2012)。关于总统竞选的一项研究也发现，在两位右利手的总统候选人中，积极的竞选演说与右侧的动作相关更强，消极的演说则与左侧的动作存在更强的相关，而两位左利手的竞选者则呈现相反的模式(Casasanto &

Jasmin，2010)。

根据心理学数字线理论(mental number line theory)，数字被认为是在空间上以一条水平的心理数值线表征的，较小的数字在左，较大的数字在右。小左和大右的联结会影响人们在空间和数值任务中的表现，意味着数字信息加工与空间信息加工存在一定的关联(Casarotti，Michielin，Zorzi et al，2007；Nicholls & McIlroy，2010；Eerland，2011)；另外，有研究表明，当商品价格以数字方式呈现时，人们对左边数字的变化更敏感，如有研究发现，改变目标价格最左边的数字(如＄300变为＄299)比改变最右边的数字(如＄370变为＄369)会引发被试更强的价格变化感知(Lin & Wang，2011)。

2. 上与下

空间距离和数量表征的联合编码有利于价格的比较。库尔特和诺伯格(Coulter & Norberg，2009)发现，两个价格之间的水平距离越大，知觉差异也越大。但当这两个价格以较大的距离上下垂直排列时，这种效应就消失了。林和王(Lin & Wang，2011)的研究也证实了这一现象。这可能是由于，在传统的加减法运算(竖式计算)中，两个数字是上下排列的。在对价格进行比较时其实是在进行减法运算，人们也会以竖式的形式进行心理表征。当呈现方式与心理表征方式相匹配时，将更有利于个体进行价格比较并消除距离产生的影响。

3. 远与近

平等人(Ping，Dhillon & Beilock，2009)指出，人们更喜欢相对容易知觉和进行互动的事物。空间距离的远近在很多情景下决定着这种可接近性和易得性。空间距离同样也是心理距离的一种隐喻，物理空间的远近对应心理上的亲疏。有研究发现，人际的物理距离越近越有可能带来更大的金钱回报。研究者让服务员在服务顾客时与顾客的餐桌保持远(0.75 米)和近(0.15 米)两种距离，结果发现近距离条件下顾客付小费的频率更高且金额更多(高出约 22.6%)(Jacob & Guéguen，2012)。

(六)人际互动

在社会互动中，他人运动的方式所包含的重要信息，能够用于预测其行动的目标及意图；另外，动作和姿势也是信息交换的媒介。在非具身化的交易互动发生时，信息只通过价格交换。但与价格和价值的经济行为很可能依赖身体性的社会互动(Oullier & Basso，2009)。

1. 触碰(touching or tactile)

触碰是来自他人肢体的轻微接触。触碰是安全感和权力的隐喻，能够启动风险偏好行为、亲社会行为和遵从行为。已有许多研究表明，触碰能够使个体遵从他人的请求。例如，被触碰的被试更愿意答应他人的要求填写申请表格或问卷；被触碰两次的被试比被触碰一次的被试更愿意填答问卷；承诺服用处方抗生素时被医生轻轻触碰一下病人比没有被触碰的病人更愿意遵循医嘱等。

(1)触碰与风险偏好。首先，触碰能够增加个体对异性触碰者的好感，促进风险寻求行为出现的概率。一系列研究发现，夜店中的男性在邀请陌生女性跳舞时触碰一下对方的手臂，邀请获准的可能性会大大增加；如果男性在街上与异性搭讪时触碰几下对方，要到电话号码的概率也会大大增加。同样，在酒吧里女性如果在向男性求助时触碰一下对方，会比没有触碰时获得更多的帮助(Guéguen，2007，2010)。这类研究都说明，触碰提高了个体在异性交往方面的风险偏好。其次，勒瓦夫和阿尔戈(Levav & Argo，2010)在让被试完成假想和真实的风险决策任务时，安排一个女性实验人员轻柔地拍一下被试的肩膀，结果显著地促进了被试的风险偏好行为；但当这个触碰的发出者为男性的时候这种效应就不再显著。这一结果说明细微的身体接触能够显著影响个体决策和承担风险的意愿。同时研究者认为，身体触碰对风险偏好行为的促进取决于这种触碰是否能提高人们的安全感受。

(2)触碰与潜在消费意愿。触碰这种令他人遵从指令或意愿的功能具有潜在的引导消费行为的作用。早先的一项研究发现，销售人员触碰顾客能够增加顾客的购物时间、对店铺的评价和购物总量(Hornik，1992)。在一个二手车交易市场进行的研究中，销售人员按照指导触碰一下对车辆感兴趣的顾客，事后的印象评级发现，触碰组的被试对销售人员友善性、宜人性和诚实度等评价更高，而且认为自己和这个销售人员商量价钱时的风险更低(Erceau & Guéguen，2007)。

(3)触碰与金钱回报。库鲁斯科和韦策尔(Crusco & Wetzel，1984)在餐馆中让女服务员给顾客找零时看似无意地触碰一下顾客的肩膀或手，然后计算顾客给予的消费与就餐费用的比例。结果发现，这两种触碰条件下的小费比率都显著高于没有触碰的控制组，而且这种差异与顾客的性别、餐馆氛围和就餐体验无关。除了瞬时的触碰，长时间的身体接触也具有相似的功能。莫亨和帕克等人(Morhenn & Park et al，2008)以是否进行按摩作为触碰操作，发现经历按摩组的被试比未经历按摩组的被试会更愿意为陌生人做出金钱上的牺牲。研究者推测，按摩作为一种肢体接触，能够增加后叶催产素的产生，继而通过激活信任感和安全感引发为陌生人做出金钱上的让步。这类研究都证明，简单的触碰能够引发以生理因素为中介的亲社会心理反应。

(4)触碰其他效果。但如果将触碰作为一种商业技术进行应用时应当注意文化和性别差异。在某些文化中，非本人意愿的被动触碰可能引发消极的情绪和行为反应。例如，道林斯基(Dolinski，2010)在波兰进行的一项研究中就发现：(1)男性的触碰会导致女性的积极反应，但会引发男性的不悦和非合作行为；(2)触碰的劝服作用不能被无限夸大。研究发现，触碰并不能促进人们献血的意愿(Guéguen & Afifi，2011)。这说明触碰可能对有助于他人顺从一些小的请求，但涉及较大的、实体性的请求(尤其是这些请求包含有心理成本的行为时)，触碰的影响作用就显得非常微弱了。

2. 模仿(imitation or mimicry)

模仿是一种特殊的人际性的躯体互动。模仿对于选择和偏好的影响发生在两种不同的情境下：模仿他人或被模仿(Tanner，Ferraro，Chartrand et al.，2008)。大量动物和人类行为实验都证实，模仿行为有利于交往。例如，一项关于僧帽猴的研究发现，当实验者模仿僧帽猴的行为(如触碰一个皮球)时，僧帽猴会凝视模仿者，更愿意靠近模仿者，并从模仿者那里获得报酬(蜜饯)，也就是说，与模仿者有更多的互动和交流(Paukner，2009)。有关人类模仿行为的一系列研究也发现，在交流过程中，模仿对方的表情等非语言信号可以更快地识别和理解他人情绪。研究者推测模仿具有重要的进化和生存意义，在语言还未得到充分发展的人类早期，模仿可能是人类相互交流的主要形式。模仿一方面有助于理解他人行为背后的情绪和动机，另一方面能够减少被模仿者的威胁感，从而促进交流与合作，使模仿者获得更多的生活资源和更大的生存概率，因此模仿作为一种行为性状被传承了下来。

事实上，模仿行为促进人际交往实际是个体风险偏好提高的外在表现。近年来一些研究也证实模仿行为会影响个体的风险偏好和经济决策。例如，如果在最后通牒游戏中模仿他人动作，被模仿者由于对模仿者的好感会提高对于不公平提议报价的感受阈限(Chartrand & Bargh，1999)。在零售业中，店员模仿顾客语言或非语言动作后，顾客消费的概率更高，更愿意听从店员的意见，对店铺的评价也更积极(Jacob，Guéguen，Martina et al.，2011)；还有研究发现，在服务过程中模仿顾客动作的导购人员获得了更多的小费(van Baaren，Holland，Kawakami et al.，2010)。相关研究证明模仿行为能够促进定向的消费行为(Tanner，2008)。研究发现，模仿他人的被试在物品选择方面更倾向于与被模仿者一致，而被模仿者也对模仿者有更积极的印象。被模仿的经历所带来的积极态度甚至能够延续到其他对象身上。在一项研究中，实验者安排实验人员在街上随机找人问路，并在问路时模仿或不模仿对方的动作。被问路者走到下一个路口时会遇到一个假扮的乞讨者，这时，之前有被模仿经历者会给予乞讨者更多的金钱帮助(Fischer-Lokou，Martin，Guéguen et al.，2011)。

但是也有例外。有研究发现，当金钱概念被启动的时候，人们会对模仿者格外敏感。研究者让被试先在电脑上填一份问卷，两组被试填写的问卷背景分别是钞票和贝壳，然后每个被试与一名受过训练的实验助理假扮的谈话对象进行交流，后者在交谈中会不明显地模仿前者的一些细微动作。结果发现，所填问卷的背景是金钱的被试对于别人模仿自己的行为表现得更敏感，并且在交谈中明显感觉受到了威胁，对交谈对象的评价也更低。这是因为当参与者被启动了金钱的概念后，更喜欢保持独立性而不是和他人存在相似。这类研究的启示是，模仿是相似性的隐喻，有助于缩短与他人的心理距离，增加亲社会行为，但这种作用具有情境特异性，涉及金钱概念时，这种相似性的隐喻会产生威胁感。

3. 同向与反向移动

同方向的位移能构成"目标一致"的心理隐喻，不同或相反方向的位移构成的则是"分道扬镳或背道而驰"的隐喻。这种相对位移引发的表征性隐喻能够影响态度、偏好，甚至是幸福感受。在一项研究中，研究者让两位被试分别走到各自的工作间举10下哑铃，然后回到原点，共重复10次。在一种条件下，被试各自的工作间在同一个方向，两位被试向着同一个方向行走；在另外一种条件下，被试需要向着相反的方向走到各自的工作间。任务完成后，研究者让两名被试分别到不同的房间里填写一份问卷，题目中包括他们对搭档的印象以及对接下来要进行的和搭档一起讨论的期望。结果显示，那些同方向行走的被试对搭档的印象会比走不同方向的被试要好,同时他们对下一个任务的期待度也更高(Huang,Dong,Dai et al.,2012)。研究者还分别对280位美国及139位中国香港的已婚上班族的上班路线和幸福感进行了调查,结果发现,上班方向的相似程度会正向影响人们的婚姻幸福感。那些上班方向比较接近的夫妻,相对来说有着更高的婚姻满意度(即便是那些不同时上班的夫妻,或者搭乘不同交通工具的夫妻)。

五、对具身经济学的思考

(一)具身经济学是一种"纯神经化"的经济学吗

具身经济学试图在具身理论与经济行为间建立一种本体性的关联。上述大量来自神经经济学和具身认知领域的研究在证明这种关联的同时,也清晰勾勒出具身经济学在研究范式和取向方面的一个重要特点:它会借鉴认知神经科学(尤其是神经经济学)的某些范式和结论。因此,有研究者认为,研究身体因素对于经济决策的影响需要借助神经科学工具和神经经济学的出现(Glimcher,Camerer,Poldrack et al.,2008)。这种观点为具身经济学蒙上了一层还原论的色彩,也引发了对于具身经济学的一种质疑:具身经济学是一种纯神经化的经济学吗?

具身经济学被定义为一种神经经济学的取向,但这并不意味着具身经济学一定是纯神经的。首先,大脑是身体的一个重要组成部分,但大脑并不等于身体,更进一步地说,离开了身体,大脑的功能也无法执行;其次,具身经济学研究中许多导致决策变异的内部刺激并不直接来源于大脑,同时,许多引起躯体感觉变化的外部刺激也更多地直接作用于身体而非大脑。大脑在其中最重要的功能是处理肌体与环境的互动信息并形成符号化的表征或隐喻,离开了身体,大脑无法获得感觉经验的信息,更无法实现加工结果的动作性输出。在研究对象和范式上,大量具身经济学的研究采用的是行为实验的范式,关注点聚焦于躯体状态、躯体动作和空间知觉对经济决策的影响而非大脑的活动。

但具身经济学之所以被定义为一种神经经济学的取向,是因为其与神经经济学存在着密切的关联。这种关联性表现在以下两个方面:首先,生理指标(如激素水平)的变化能够直接影响个体的经济决策行为,它本身就是具身经济学研究范畴之内的对象;其次,能够影响偏好和决策的躯体状态与躯体动作就其根源来说都具有生物和神经的基础，因此借助神经经济学的工具和范式所提供的信息更好地解释躯体状态和动作影响偏好与决策的内部机制。

总而言之，具身经济学不是一种纯神经的经济学取向，也不等同于神经经济学，它探究的不是经济决策活动和神经机制的一一对应关系，而是嵌套在环境中的、与环境进行整体性互动的身体对于经济决策的影响作用；同时，具身经济学也不排斥来自神经经济学的数据和解释。由此延伸出的一个问题是：具身经济学和神经经济学的关系究竟是怎样的？根据之前的分析，具身经济学和神经经济学之间应该是既存在交叠又互为有益补充的关系：具身经济学既直接探讨生理或神经因素对决策、消费、风险知觉等的影响，也为神经经济学提供可供探究的外显行为的数据及实验操作范式；神经经济学则一方面为具身经济学提供有关生理方面（特别是激素水平）的基础性研究例证，另一方面对具身经济学中行为实验的结果在生理和神经水平上给予更深刻的解释。这种身心一体化取向有助于具身经济学摆脱身心二元论的局限，也使之避免陷入还原论的漩涡。

（二）具身经济学是一种"行为主义"的经济学吗

具身经济学面临的第二种质疑与具身理论自身所遭受的质疑有关。由于强调认知过程对身体和环境的依赖，具身认知研究被认为是一种新形式的行为主义（叶浩生，2010）。而在具身主义阵营内部，这种行为主义的取向也得到了积极的响应，一部分激进具身主义者主张放弃非具身的高层次认知过程，认为传统认知观中的内部表征和计算等概念是不充分的也是没有必要的（何静，2007）。同时对于经济学的行为主义倾向的指责也由来已久。让经济决策研究大受其益的外显偏好本身就来源于行为主义，它关注可观察到的人们的真实选择（或选择意图）。在某些极端的形式中，外显偏好的取向会让经济学研究者忽视产生决策的"黑箱"（black box，即高级认知过程）。对于具身理论和经济学研究的"行为主义化"的质疑势必会牵连具身经济学。

事实上，虽然具身经济学关注从身体到行为的关联模式，但具身经济学并非一种行为主义取向的经济学。首先，行为主义贬低认知过程的重要性，将心理活动还原为"肌肉收缩"和"腺体分泌"，认为认知过程处于"黑箱"之中，看不见摸不着，无法客观测量，因此也无须关注。而具身经济学则大量借鉴神经经济学的工具、范式和结果，目的便是揭示"黑箱"中的认知加工过程。例如，波特拉克（Poldrack，2006）通过功能磁共振成像（fMRI）的数据证明了不同亚群体在决策任务中的不同表现与不同的脑部活动有关。其次，行为主义强调环境对行为的塑造作用，认为只要有合适的客观环境和物理刺激，经过不断地强化和练习，个体就能建立行为和刺激之间的联结从而形成某一特定的行为，认知可以从这个过程中被排除。具身经济学和具身认知理论一样，看待身体和环境的关系时采用的是一种"格式塔"式的整体观，强调身体是环境中的身体，环境是嵌入了身体的环境，将身体视为环境的一部分，而不是被动响应环境刺激的某种装置。认知在其中仍然发挥着重要作用，只不过这种认知并非纯精神的，而是与身体和环境密切相关的，或者通过身体及其活动方式而实现的适应环境的活动，在这里认知的作用没有被贬低（叶浩生，2010）。最后，具身经济学利用形式符号及其表征来解释个体经济决策的认知机制，所涉及的符号化表征、图式和隐喻等概念及过程都与高级认知过程有关。从以上的分析可以看出，具身经济学并没有将经济决策行为还原为简单的躯体运动和对环境物理刺激的单纯反应，也不排斥高级认知活动，它只是强调了以往被传统经济学所忽略的身体和身体所属环境对于经济决策的影响，因此，具身经济学不是一种行为主义的经济学。

六、具身经济学对非理性根源的解释

具身经济学也有助于更深刻地反思传统经济学中的理性人假设。作为经济学的基本假设之一，理性人假设除了强调每一个从事经济活动的人都是利己的、始终以追求利益最大化为目标的，同时也暗示着经济活动中的人都是精于"计算"和"算计"的，总是寻求以最小的成本获得最大化的个人利益，即人们进行决策时的逻辑性很强，遵循一种经济理性（彭凯平，2009）。但实际上，有很多心理因素限制了人的理性思维。首先，赫伯特·西蒙用"有限理性"驳斥了新古典主义经济学的数学化模型。有限理性主张，一方面人并非完全理性的，总是受到其所拥有信息、认知和时间的有限性的制约；另一方面，正因为能力和资源的限制无法达致最优解，所以决策者往往放弃"最优原则"而遵循"满意原则"，即寻求能让自己感到满意的方案而不是一味追求最优方案（Simon，1957）。由此可以认为，西蒙指出了决策非理性的第一个根源：认知、信息和时间资源的有限性。其次，行为经济学的兴起指出了决策非理性的第二个根源。长期以来，建立在理性人假设和伯努力函数基础上的期望效用理论(expected utility theory)主导着经济决策理论的研究。然而随着研究的进展，经济学者发现，许多真实的个体消费和决策行为背离了期望效用理论的一系列公理假设(特别是在不确定情境下)。在模型的不断更新演进中，行为经济学的代表人物卡尼曼和特沃斯基提出的前景理论成功揭示了人们风险决策行为背后的心理机制。前景理论所提出的确定效应、反射效应、损失厌恶、决策权重和参照点等概念和理论解释了人们的行为背离理性预期的原因。行为经济学揭示了决策非理性的第二个根源：对风险和不确定性的厌恶和对启发式及参照框架的过度依赖。

　　具身经济学的理论和研究预示了决策非理性的第三个可能的根源：决策者的身体性因素。众多具身经济学的研究都指向同一个结论：人们的经济决策受生理基础、身体信号或空间线索影响，有时甚至是被这些因素所决定的。而人们在利用身体性的信息进行决策时有时能够意识到这些信息线索的存在，有时则意识不到，所做出的选择常常处于无意识、自动化的水平上。行为经济学者丹·艾瑞里就曾提出"连贯任意性"(coherent arbitrary)的概念，它指人们在做决策和判断时会受到非信息性线索的干扰或影响。这种任意性意味着，人们有时其实并不知道自己真正喜欢什么，他们对物品的偏好、为物品支付金钱时并不与价值或效用挂钩。具身经济学的许多研究都揭示出，在许多本应依据效用、需求或数据做出判断和决策的任务中，人们无意识地运用了躯体性的无关线索，而这些线索本身无关任务，也无关效用和需求，其实这类决策行为也是连贯任意性的表现。对于这种经济决策中的盲目性和非理性，艾瑞里在"汤姆·索亚和价值建构"(Tom Sawyer and the Construction of Value)一文中曾不无忧虑地指出："在这样一个人们不知道自己真正喜欢什么的世界上，自愿的交易不一定会提高幸福感，同样市场交易也不一定能改善社会福利。"艾瑞里的这种担忧不无道理，但未免太过悲观。首先，要考虑到具身经济学所揭示的种种非理性行为背后的适应意义。对于躯体线索的快速提取其实是一种具有进化意义的启发式，它有助于个体在决策时快速做出决断；激素水平作用下的风险偏好和决策的变化，也是朝着有利于生存和繁衍的方向而产生的；同时，躯体和生理线索有时也构成了个体的驱力或动力机制，有助于个体发挥潜能、消除紧张，通过决策以实现肌体和环境间的能量平衡。其次，揭示决策行为受生理和躯体因素的影响也并非坏事。一方面，能让人们在经济活动中更加注意可能出现的非理性决策，尽量摆脱这些非理性因素的束缚，如减少启发式的使用，避免无关信息的影响等，从而做出相对理性的决策，降低过度消费、低估风险、错误估价和盲目选择等行为出现的概率；另一方面，对于商家来说，在不违反政策法规和商业伦理的情况下，了解身体性因素对消费者行为的影响也有助于提高商业利润。当然这种应用不是设置消费陷阱，而是从关注消费者心理感受出发，巧妙利用购物环境、商品摆放位置、定价策略等营造具身性的消费体验，启动顾客的购买欲望，在实现自身商业利益最大化的同时，促进买卖双方经济效用和心理效用的双赢。

七、问题与展望

首先，和具身认知所面临的问题一样，具身经济学的大量研究和理论需要梳理和整合。虽然有大量研究证实了躯体化因素对于偏好、判断、估值、消费、决策和风险知觉等经济行为的影响，而且形成了一系列具有领域特点的新理论。例如，前文提到的躯体记号假说、风险即情感假设和有关数字知觉的心理数字线理论等，这些理论都在各自领域得到了实证证据的有力支持，但就整个具身经济学研究领域来说，尚未出现一个类似行为经济学中的前景理论一样能够统摄众多决策模型和解释各类个体经济决策行为的框架性理论。其次，要重视对启动的效果问题。具身经济学的许多行为研究基本采用的是启动范式，而且很多情况下是阈下的启动（被试不能口头报告当前决策受到了先前动作或行为的影响），这就要求对实验有精巧的设计和精细的控制来排除其他无关因素的启动对实验结果的影响。另一方面，也需要研究者对结果进行重复验证。再次，具身经济学的未来研究需要更多关注文化差异和领域特异性。目前，有关具身经济学的研究多以美国或欧洲被试为研究对象。但不同文化下思维方式的不同，有可能针对相同的身体线索启动不同的符号表征或隐喻。以触碰研究为例，在一些文化或国家中，来自陌生人的肢体接触可能被视为一种冒犯，所引发的不是亲社会的决策和行为（Willis & Rawdon，1994；Dolinski，2010）。

毋庸讳言，在很长的一段时期内，经济学和心理学曾互相排斥。事实上，经济学和心理学都是关于人类行为的科学，很多经济现象基于个体的选择和互动，其本质都是心理现象，而经济现象和行为也应该在心理学的研究视野之内。行为经济学有关决策和判断的研究让心理学和经济学的界限变得模糊起来，神经经济学让人们开始重视经济行为的神经生物基础之间的联系，并衍生出神经管理学、神经营销学等众多分支。在经济学和心理学两门重要的学科不断融合并相互借鉴的大背景下，具身经济学这样一种关注整个身体（包括大脑在内）在经济行为中的作用的取向的出现，有助于人们能够更好地理解人类在经济活动中的偏好、选择和决策的内部动力机制，从而让心理学和经济学更加贴近现实生活。

本章要点

1. 具身经济学是在具身理论框架下对个体经济行为进行解释的一种（神经）经济学取向，它强调身体信号、肌体状态、他人动作或位移所提供的信息对个体经济决策的影响。

2. 传统经济学经历了从离身到具身的取向转变，如今已经有越来越多的经济决策研究者认识到，只有将身体因素作为变量纳入经济学的研究范畴，才有可能更好地理解个体的经济决策。

3. 躯体性因素影响个体经济决策的路径主要有两条：第一是生物（生理）特征和情绪对于个体经济决策的直接影响；第二是借助符号和表征实现的躯体—认知隐喻。

4. 激素水平、情绪效价、躯体信号、躯体动作、空间方位和人际互动都可能成为影响个体经济决策的身体性因素。

5. 具身经济学被定义为一种神经经济学的取向，但并不意味着具身经济学一定是纯神经的；同时，具身经济学涉及行为、动作，但它也不是一种行为主义的经济学。

6. 在有限理性和前景理论的解释之外，具身经济学为非理性决策的根源提供了另外一种解释：决策者的身体性因素。

课后练习

1. 我们经常说"人情冷暖""重于泰山，轻于鸿毛"等，为何我们的语言中会存在各种具身性的隐喻？

2. 如果想证明"饥饿会使人更多购物"这个命题，你将如何设计实验？

3. 假如让你来管理一家超市，根据具身经济学的理论，你会实施哪些举措以提高超市的营业额？

4. 课外阅读：约翰·科茨(John Coats)所著《冒险与知觉：金融市场的涨落之谜》。

参考文献

窦东徽，彭凯平，喻丰等. 经济心理与行为研究的新取向：具身经济学[J]. 华东师范大学学报(教育科学版)，2015,(1)：67-76.

何静. 具身认知的两种进路[J]. 自然辩证法通讯，2007，29(3)：30-35.

李其维. "认知革命"与"第二代认知科学"刍议[J]. 心理学报，2008，40：1306-1327.

彭凯平. 经济人的心理博弈：社会心理学对经济学的贡献与挑战[J]. 中国人民大学学报，2009，3：61-69.

伍秋萍，冯聪，陈斌斌. 具身框架下的社会认知研究述评[J]. 心理科学进展，2011，19(3)：336-345.

叶浩生. 具身认知：认知心理学的新取向[J]. 心理科学进展，2010，18：705-710.

Ackerman, J. M., Nocera, C. C., & Bargh, J. A. Incidental haptic sensations influence social judgments and decisions[J]. Science, 2010, 328：1712-1715.

Apicella, C. L., Dreber, A., Campbell, B., et al. Testosterone and financial risk preferences[J]. Evolution and Human Behavior, 2008, 29：384-390.

Ariely, D., Loewenstein, G., & Prelec, D. Tom sawyer and the construction of value[J]. Journal of Economic Behavior and Organization, 2006, 60(1)：1-10.

Atalay, A. S., & Meloy, M. G. Retail therapy: A strategic effort to improve mood[J]. Psychology and Marketing, 2011, 28(6)：638-659.

Barsalou, L. W. Perceptual symbol systems[J]. Behavioral and Brain Sciences, 1999, 22：577-660.

Barsalou, L. W. Grounded cognition[J]. Annual Review of Psychology, 2008, 59：617-645.

Baumgartner, T., Heinrichs, M., Vonlanthen, A., et al. Oxytocin shapes the neural circuitry of trust and trust adaptation in humans[J]. Neuron, 2008, 58：639-

650.

Bechara, A., & Damasio, A. R. The somatic marker hypothesis: a neural theory of economic decision[J]. Games and Economic Behavior, 2005, 52: 336-376.

Bower, G. H. Mood and memory[J]. American Psychologist, 1981, 36: 129-148.

Burnham, T. C. High-testosterone men reject low ultimatum game offers[J]. Proceedings of Royal Society of London, 2007, 274: 2327-2330.

Cacioppo, J. T., Priester, J. R., & Bernston, G. G. Rudimentary determination of attitudes: II. Arm flexion and extension have differential effects on attitudes [J]. Journal of Personality and Social Psychology, 1993, 65: 5-17.

Casarotti, M., Michielin, M., Zorzi, M., et al. Temporal order judgment reveals how number magnitude affects visuospatial attention[J]. Cognition, 2007, 102: 101-117.

Casasanto, D. Embodiment of abstract concepts: Good and bad in right-and left-handers[J]. Journal of Experimental Psychology: General, 2009, 138: 351-367.

Casasanto, D. Different bodies, different minds the body specificity of language and thought[J]. Social Science Electronic Publishing, 2011, 20(6): 378-383.

Casasanto, D., & Henetz, T. Handedness shapes children's abstract concepts [J]. Cognitive Science, 2012, 36(2): 359-372.

Casasanto, D., & Jasmin, K. Good and bad in the hands of politicians[J]. PLOS ONE, 2010, 5(7): 11805.

Centerbar, D. B., Clore, G. L., Schnall, S., et al. Affective incoherence: when affective concepts and embodied reactions clash[J]. Journal of Personality and Social Psychology, 2008, 94(4): 560-578.

Chartrand, T. L., & Bargh, J. A. The chameleon effect: the perception-behavior link and social interaction[J]. Journal of Personality and Social Psychology, 1999, 76: 893-910.

Coates, J. M., Gurnell, M., & Rustichini, A. Second-to-fourth digit ratio predicts success among high-frequency financial traders[J]. PNAS, 2009, 106(2):

623-628.

Coulter, K. S. , & Norberg, P. A. The effects of physical distance between regular and sale prices on numerical difference perceptions[J]. Consumer Psychology, 2009, 19: 144-157.

Coulter, K. S. , &Coulter, R. A. Number sounds and price perceptions: the effects of phonetic symbolism on price discount and value perceptions[J]. Journal of Consumer Research, 2010, 37(2): 315-328.

Crusco, A. , Wetzel, C. The effects of interpersonal touch on restaurant tipping [J]. Personality and Social Psychology Bulletin, 1984, 10(4): 512-517.

de Vries, M. , Corneille, O. , Rondeel, E. , et al. Mood effects on dominated choices: positive mood induces departures from logical rules[J]. Journal of Behavioral Decision Making, 2012, 25(1): 74-81.

de Vries, M. , Holland, R. W. , & Witteman, C. L. M. In the winning mood: affect in the Iowa gambling task[J]. Judgment and Decision Making, 2008, 3(1): 42-50.

Dehaene, S. The psychophysics of numerical comparison: a reexamination of apparently incompatible data[J]. Perception and Psychophysics, 1989, 45(6): 557.

Dehaene, S. Varieties of numerical abilities[J]. Cognition, 1992, 44: 1-42.

Dolinski, D. Touch, compliance, and homophobia[J]. Journal of Nonverbal Behavior, 2010, 34(3): 179-192.

Drichoutis, A. , Rodolfo, N. , & Stathis, K. The effects of induced mood on preference reversals and bidding behavior in experimental auctions[D] (Unpublished MPRA Paper). 2010.

Eerland, A. , Guadalupe, T. M. , & Zwaan, R. A. Leaning to the left makes the Eiffel Tower seem smaller: posture-modulated estimation[J]. Psychological Science, 2011, 22(12): 1511-1514.

Englich, B. , & Soder, K. Moody experts—how mood and expertise influence judgmental anchoring[J]. Judgment and Decision Making, 2009, 4: 41-50.

Epley, N. , & Gilovich, T. Putting adjustment back in the anchoring and adjustment heuristic: differential processing of self-generated and experimenter-provided anchors[J]. Psychological Science, 2001, 12: 391-396.

Erceau, D. & Guéguen, N. The effect of touch on the evaluation of the toucher [J]. The Journal of Social Psychology, 2007, 147(4): 441-444.

Fedorikhin, A. , & Patrick, V. M. Positive mood and resistance to temptation: the interfering influence of elevated arousal[J]. Journal of Consumer Research, 2010, 37(4): 698-711.

Fischer-Lokou, J. , Martin, A. , Guéguen, N. , et al. Mimicry and propagation of prosocial behavior in a natural setting[J]. Psychological Reports, 2011, 108(2): 599-605.

Forgas, J. P. Mood and judgment: the affect infusion model [J]. Psychological Bulletin, 1995, 117: 39-66.

Förster, J. , & Strack, F. Motor actions in retrieval of valenced information: a motor congruence effect[J]. Perceptual and Motor Skills, 1997, 85: 1419-1427.

Glimcher, P. W. , Camerer, C. F. , Poldrack, R. A. et al. Neuroeconomics: decision making and the brain[M]. London, UK: Academic Press, 2008.

Goldman A. , & de Vignemont, F. Is social cognition embodied[J]. Trends Cognition Science, 2009, 13: 154-159.

Grable, J. E. , & Roszkowski, M. J. The influence of mood on the willingness to take financial risks[J]. Journal of Risk Research, 2008, 11(7): 905-923.

Guéguen, N. Courtship compliance: the effect of touch on women's behavior [J]. Social Influence, 2007, 2(2): 81-97.

Guéguen, N. The effect of a woman's incidental tactile contact on men's later behavior[J]. Social Behavior and Personality: an international journal, 2010, 38(2): 257-266.

Gueguen, N. , Afifi, F. , Brault, S. , et al. Failure of tactile contact to increase request compliance: the case of blood donation behavior[J]. Journal of Articles in Support of the Null Hypothesis, 2011, 8(1): 1-8.

Gul, F. , & Pesendorfer. W. The case for mindless economics[M]// A. Caplin

& A. Shotter（Eds.），The foundations of positive and normative economics. Oxford：Oxford University Press，2008.

Hayek，F. A. The counter-revolution of science[J]. Economica，1941，8(31)：281-320.

Hayek，F. A. Rules，perception and intelligibility[M]//Studies in philosophy，politics and economics. Chicago，IL：University of Chicago Press，1963：43-65.

Hornik，J. Effects of physical contact on customers' shopping time and behavior[J]. Marketing Letters，1992，3(1)：49-58.

Houston，A. I.，& McNamara，J. M. Models of adaptive behavior：an approach based on state. Cambridge[M]. UK：Cambridge University Press，1999.

Huang，X. I.，Dong，P.，Dai，X.，et al. Going my way? the benefits of traveling in the same direction[J]. Journal of Experimental Social Psychology，2012，48(4)：978-981.

Jacob，C.，Guéguen，N.，Martina，A.，et al. Retail salespeople's mimicry of customers：effects on consumer behavior[J]. Journal of Retailing and Consumer Services，2011，18(5)：381-388.

Jacob，C.，& Guéguen，N. Effect of physical distance between patrons and servers on tipping[J]. Journal of Hospitality and Tourism Research，2012，36：25-31.

Jostmann，N. B.，Lakens，D.，& Schubert，T. W. Weight as an embodiment of importance[J]. Psychological Science，2009，20：1169-1174.

Kahneman，D.，& Tversky，A. Prospect theory：an analysis of decision under risk[J]. Econometrica，1979，47：263-291.

Knoch，D.，Pascualleone，A.，Meyer，K.，et al. Diminishing reciprocal fairness by disrupting the right prefrontal cortex[J]. Science，2006，314(5800)：829-832.

Kosfeld，M.，Heinrichs，M.，Zak，P. J.，et al. Oxytocin increases trust in humans[J]. Nature，2005，435：673-676.

Kouri，E. M.，Lukas，S. E.，Pope，H. G.，et al. Increased aggressive re-

sponding in male volunteers following the administration of gradually increasing doses of testosterone cypionate[J]. Drug and Alcohol Dependence, 1995, 40(1): 73-9.

Lakoff, G. The neural theory of metaphor[M]//the Cambridge handbook of metaphor and thought. Cambridge, UK: Cambridge University Press, 2008: 17-38.

Lakoff, G., & Johnson, M. Philosophy in the flesh: the embodied mind and its challenge to western thought[M]. New York, NY: Basic Books, 1999: 3-36.

Levav, J., & Argo, J. J. Physical contact and financial risk taking[J]. Psychological, 2010, 21: 804-810.

Lin, C., & Wang, J. Effect of font size and appearance in left-digit price cognition[J]. African Journal of Business Management, 2011, 5(22): 9541-9547.

Liu, J., Vohs, K. D., & Smeesters, D. Money and mimicry: when being mimicked makes people feel threatened[J]. Psychological Science, 2011, 22(9): 1150-1151.

Loewenstein, G. F., Weber, E. U., Hsee, C. K., et al. Risk-as-feelings[J]. Psychological Bulletin, 2001, 127: 267-286.

McNamara, J. M., & Houston, A. I. Risk-sensitive foraging: a review of the theory[J]. Bulletin of Mathematical Biology, 1992, 54(2): 355-378.

Mehta, P. H., Yap, A., & Mor, S. The biology of bargaining: dynamic hormone changes during negotiation predict economic profit[C]. Talk presented at the conference for the Social and Affective Neuroscience Society, Chicago, IL. 2010.

Morhenn, V. B., Park, J. W., Piper, E., et al. Monetary sacrifice among strangers is mediated by endogenous oxytocin release after physical contact[J]. Evolution and Human Behavior, 2008, 29(6): 375-383.

Nicholls, M. E., & McIlroy, A. M. Spatial cues affect mental number line bisections[J]. Experimental Psychology, 2010, 57(4): 315-319.

Baaren, R. B. V., Holland, R. W., Kawakami, K., et al. Mimicry and prosocial behavior[J]. Psychological Science, 2010, 15(1): 71-74.

Oullier, O., & Basso, F. Embodied economics: how bodily information shapes the social coordination dynamics of decision-making[J]. Philosophical Transactions of the Royal Society, 2009, 365(1538): 291-301.

Park, J., Lennon, S. J., & Stoel, L. On-line product presentation: effects on mood, perceived risk, and purchase intention[J]. Psychology & Marketing, 2005, 22 (9): 695-719.

Paukner, A., Suomi, J., Visalberghi, E., et al. Capuchin monkeys display affiliation toward humans who imitate them[J]. Science, 2009, 325(5942): 880-883.

Ping, R. M., Dhillon, S., & Beilock, S. L. Reach for what you like: the body's role in shaping preferences[J]. Emotion Review, 2009, 1(2): 140-150.

Pocheptsova, A., & Novemsky, N. When do incidental mood effects last? lay beliefs versus actual effects[J]. The Journal of Consumer Research, 2010, 36 (6): 992-1001.

Poldrack, R. Can cognitive processes be inferred from neuroimaging data[J]. Trends in Cognitive Sciences, 2006, 10(2): 59-63.

Qiu, C., & Yeung. C. W. M. Mood and comparative judgment: does mood influence everything and finally nothing[J]. The Journal of Consumer Research, 2008, 34(5): 657-669.

Sar, S., Duff, B. R., & Anghelcev, G. If you feel it now you will think it later: the interactive effects of mood over time on brand extension evaluations[J]. Psychology and Marketing, 2011, 28 (6): 561-583.

Schubert, T. W., & Semin, G. R. Embodiment as a unifying perspective for psychology[J]. European Journal of Social Psychology, 2009, 39(7): 1135-1141.

Shamay-Tsoory, S. G., Fisher, M., Dvash, J., et al. Intranasal administration of oxytocin increases envy and schadenfreude (gloating)[J]. Biological Psychiatry, 2009, 66(9): 864-870.

Simon, H. A behavioral model of rational choice[M]//Models of man, social and rational: mathematical essays on rational human behavior in a social setting. New York: Wiley, 1957.

Simon, H. A. Motivational and emotional controls of cognition[J]. Psychological Review, 1967, 74(1): 29-39.

Stephens, D. W. The logic of risk-sensitive foraging preferences[J]. Animal Behavior, 1981, 29(2): 628-629.

Symmonds, M., Emmanuel, J. J., Drew, M. E., et al. Metabolic state alters economic decision making under risk in humans[J]. PLOS ONE, 2010, 5(6): e11090.

Tanner, R. J., Ferraro, R., Chartrand, T. L., et al. Of chameleons and consumption: the impact of mimicry on choice and preferences[J]. Journal of Consumer Research, 2008, 34(6): 754-766.

Tassy, S., Oullier, O., Cermolacce, M., et al. Do psychopathic patients use their DLPFC when making decisions in moral dilemmas[J]. Mol Psychiatry, 2009, 14(10): 908-909.

Tom, G., Pettersen, P., Lau, T., et al. The role of overt head movement in the formation of affect[J]. Basic and Applied Social Psychology, 1991, 12(3): 281-289.

van Baaren, R. B., Holland, R. W., Kawakami, K., et al. Mimicry and prosocial behavior[J]. Psychological Science, 2010, 15(1): 71-74.

von Mises, L. The treatment of "irrationality" in the social sciences[J]. Philosophy and Phenomenological Research, 1944, 4(2): 527-546.

Wells, G. L., & Petty, R. E. The effects of overt head movements on persuasion: compatibility and incompatibility of responses[J]. Basic and Applied Social Psychology, 1980, 1(3): 219-230.

Williams, L. E., & Bargh, J. A. Experiencing physical warmth promotes interpersonal warmth[J]. Science, 2008, 322(5901): 606-607.

Willis, F. N., & Rawdon, V. A. Gender and national differences in attitudes toward same-gender touch[J]. Perceptual and Motor Skills, 1994, 78(3): 1027-1034.

Yoon, C., Gonzalez, R., Bechara, A., et al. Decision neuroscience and consumer decision making[J]. Mark Lett, 2012, 23(2): 473-485.

Zak, P. J., Stanton, A. A., & Ahmadi, S. Oxytocin increases generosity in humans[J]. PLOS ONE, 2007, 11(2): e1128.

Zhong, C. B., & Leonardelli, G. J. Cold and lonely: does social exclusion literally feel cold[J]. Psychological Science, 2008, 19(9): 838-842.